AF549463

Die beiden Bäume im Paradies

Aus dem Französischen übersetzt
Originaltitel:
»Les deux arbres du paradis«

Diese Angaben sind zugleich Pflichtinformationen nach der EU-Produktsicherheitsverordnung GPSR.

ISBN 978-3-89515-079-1

2. Auflage

Druck 2026: Interpress, Ungarn

Omraam Mikhaël Aïvanhov

DIE BEIDEN BÄUME IM PARADIES

Gesamtwerke Band 3

Prosveta Verlag

Inhalt

Einführung 9

Kapitel 1
Das theozentrische, das biozentrische
und das egozentrische System 15

Kapitel 2
Die beiden ersten Gebote 41

Kapitel 3
Was das menschliche Gesicht offenbart 61

Kapitel 4
Die magische Kraft der Gesten und des Blickes 83

Kapitel 5
»Schreitet voran, während ihr das Licht habt!« 109

Kapitel 6
Der Rat des Weisen 125

Kapitel 7
Das Gleichnis von den fünf klugen
und den fünf törichten Jungfrauen 147

Kapitel 8
Das Öl der Lampe 167

Kapitel 9
Die beiden Bäume im Paradies 183

Teil 1: Die Achsen Widder-Waage und Stier-Skorpion 185
Teil 2: Die Schlange in der Genesis 201
Teil 3: Die Heimkehr des verlorenen Sohnes 237

Da Meister Omraam Mikhaël Aïvanhov seine Lehre ausschließlich mündlich überlieferte, wurden seine Bücher aus den Stenomitschriften, Tonband- oder Videoaufnahmen seiner frei gehaltenen Vorträge zusammengestellt.

OMRAAM MIKHAËL AÏVANHOV

Einführung

»Allen meinen Freunden nah und fern, die bei uns teilgenommen haben und die bewusst an der wunderbaren Arbeit der Universellen Weißen Bruderschaft teilnehmen, schicke ich von ganzem Herzen mein »pozdrav i privet«* für ihr Glück und dauernde Freude.«

»Pozdrav i privet« allen meinen geliebten, in Freundschaft verbundenen Brüdern und Schwestern, die dem inneren Ruf, und somit der Einladung gefolgt sind, das neue Leben aus den himmlischen Regionen anzunehmen und zu leben, als Mittler für andere Menschen, die sich nach dem reinen Wasser der Quelle sehnen, nach der belebenden Luft der Berge, nach den leuchtenden Strahlen der Sonne, damit die ganze Welt endlich eine große, lichtvolle Familie wird, in der man sich versteht und in Frieden lebt.

* Eine bulgarische Begrüßungs-Formel, mit der man dem Gegenüber Gesundheit und Wohlergehen wünscht. Der erste Begriff betrifft die physische Gesundheit, der zweite drückt eher einen Wunsch auf spiritueller Ebene aus.

Das Goldene Zeitalter der Dichter ist keine Fabel. Das Goldene Zeitalter gab es wirklich. Gott lebte unter den Menschen, die Menschen lebten nach den Gesetzen der Liebe, Güte und Harmonie.

Was in der Vergangenheit möglich war durch die Arbeit herausragender Menschen, kann auch heute Wirklichkeit werden. Dazu muss man mit ganzer Kraft und mit allen Mitteln, die uns die einzigartige Lehre der Liebe bringt, den Segen des Himmels und alle Macht der hohen Hierarchien erbitten.

Alles ist möglich für den starken entschlossenen Willen, für den erleuchteten und in den Gesetzen der Weisheit unterrichteten Intellekt, für Herzen, die im heiligen Feuer göttlicher Liebe erglühen, für Seelen, die so weit sind wie das All und für mächtige, mit Gott vereinte Geister.

Es gibt nichts Schöneres und Großartigeres, als an diesem wunderbaren Werk unserer edlen älteren Brüder teilzuhaben, unter der Führung desjenigen, der uns ein einzigartiges Beispiel gab und da sagte: »Mir ist gegeben alle Macht im Himmel und auf Erden. Gehet hinaus und lehret alle Völker, …und lehret sie halten alles, was ich euch gelehrt habe. Seht, ich bin bei euch alle Tage bis ans Ende der Welt.« (Mt. 28,18)

Nichts ist ruhmvoller, als alle seine Kräfte, sein Denken und seine Gefühle auf die Verwirklichung dieses großartigen Vorhabens hin auszurichten: Das Reich Gottes auf der Erde.

»Pozdrav i privet« meinen geliebten Freunden, Brüdern und Schwestern, die Hoffnung, Glaube und Liebe in ihren Herzen bewahrt haben, trotz aller Hindernisse, gegen alle Schicksalsschläge beim Aufstieg zu den höchsten Höhen spiritueller Gipfel, die sich ihren Glauben und ihr Vertrauen in die Kraft der Güte und Liebe bewahrt haben, um Schärfe und Gift menschlicher Herzen zu neutralisieren, die den Glauben an die Macht und Wirksamkeit der Güte bewahrt haben, welche die magische Kraft besitzt, das menschliche Herz zu erleichtern, zu trösten und zu verwandeln.«

»Pozdrav i privet« allen Freunden nah und fern, die voller Freude und Zuversicht, voller Liebe und Mut unermüdlich weitermarschiert sind auf steinigen Wegen, staubtrockenen Pfaden, vorbei an Schluchten und Abgründen, und die trotz heftiger Stürme und Gewitter, trotz giftiger Insekten und wilder Tiere ihren Weg zum gelobten Land gegangen sind und immer noch gehen, wo Flüsse lebendigen Wassers fließen, wo Blumen von göttlicher Schönheit blühen, wo köstliche und duftende Früchte reifen, wo Vögel in himmlischer Harmonie singen und wo die Menschen brüderlich zusammenleben.

Zu diesem schönen Land zeigt uns die selbstlose Liebe den Weg. Die Sonne strahlt; sie geht schon auf über der Welt. Die Luft ist rein, der Raum ist unendlich, der Geist ist unsterblich, Gott ist ewig. Seine Schönheit ist unbeschreiblich, Seine Güte ist unerschöpflich, Seine Weisheit unergründlich und Seine Liebe allmächtig!

»Pozdrav i privet« an alle!

Kapitel 1

Das theozentrische, das biozentrische und das egozentrische System

Freier Vortrag

Ich bin sehr glücklich, dass ich euch heute den Brief vorlesen konnte, den ich vor kurzem von meinem Meister* erhielt.

Ihr habt seinen Inhalt verstanden; alles ist klar, einleuchtend und verständlich. Aber es gibt in diesem Brief vielleicht einen Satz, dessen Sinn ihr nicht vollständig erfasst habt, und zu dem ich euch gerne einige Erklärungen geben würde. Der Meister sagt: »Es gibt drei Systeme im Leben: das egozentrische, das biozentrische und das theozentrische. Alle Menschen lassen sich in eines dieser Systeme einstufen.«

Die Bedeutung dieser Begriffe ist leicht zu definieren. Das egozentrische System (vom griechischen »ego« – ich) hat als Zentrum das Ich, das Individuum. Das biozentrische System (vom griechischen »bios« – Leben) hat als Zentrum das Leben mit all seinen verschiedenen Manifestationen. Und das theozentrische System schließlich (vom griechischen »theos« – Gott) hat Gott als Zentrum. Ihr seht also, drei Zentren: das Ich, das Leben und Gott. Übrigens kann man diese drei Systeme auch im Menschen selbst wiederfinden. Das egozentrische System hat

* Meister Peter Danov aus Bulgarien. Näheres über ihn siehe Band 1 der Gesamtwerke »Das geistige Erwachen«, Kap. 7 »Bei Meister Peter Danov in Bulgarien Erlebtes« oder Band 200 der Reihe Izvor »Hommage an Meister Peter Danov«.

seinen Sitz im Bauch und in den Eingeweiden, das biozentrische System hat seinen Sitz im Herzen und in der Lunge und das theozentrische System hat ihn im Zentrum des Gehirns, in der Zirbeldrüse, der Epiphyse.

Das egozentrische System ist mit der »Personalität« verbunden, mit all den Kräften im Menschen, die sich ausschließlich egoistischer Mittel bedienen, um seine rein materiellen Interessen zu wahren und sein Hab und Gut zu schützen.

Das biozentrische System ist bereits mehr den anderen zugewandt. Es versetzt die Menschen in die Lage, Handel zu betreiben, eine Familie zu gründen und am sozialen Leben teilzunehmen. Im Unterschied zum egozentrischen System, welches das Individuum dazu drängt, nur für sich selbst zu leben, treibt ihn das biozentrische System dazu, für die Gemeinschaft zu arbeiten, den Kreis seiner Aktivität, seiner Beschäftigungen zu erweitern.

Das theozentrische System übertrifft noch das biozentrische System. Im Inneren dieses Systems gibt es nur Platz für all das, was unpersönlich und göttlich ist, für die Qualitäten und Aktivitäten unseres höheren Ichs, das seine Aufgabe darin sieht, alles zu Gott hinzuführen und in jedem Geschöpf Sein Reich zu errichten.

Die Menschen des egozentrischen Systems sind begrenzt, geistig unbeweglich und grob. Sie sind unfähig zu sehen, dass es eine Welt gibt, in der man sich mit Dingen befasst, die den ihren überlegen sind. Sie stellen den Großteil der Menschheit dar, der nur daran denkt, seine primitivsten Bedürfnisse zu befriedigen. Das sind die Menschen, die manchmal für sehr intelligent gehalten werden, weil sie ihre Probleme immer auf Kosten der anderen lösen, sie wissen jedoch nicht, dass sie mit solch einer Haltung nach und nach zerfallen, bis sie zu chemischem Dünger werden.

Die Menschen, die zum biozentrischen System gehören, arbeiten daran, Kommunikationswege vorzubereiten und spirituelle Brücken zu bauen. Sie begeben sich hinaus in den Raum, um zu studieren, zu forschen und anderen von ihren Entdeckungen zu berichten. Sie dienen als Mittler zwischen den Menschen der ersten und der dritten Kategorie. Unter ihnen findet man Künstler, Philosophen und Forscher.

Die Menschen, die dem theozentrischen System angehören, dienen ebenso als Bindeglied. Sie führen die Menschen des biozentrischen Systems zu einem erhabeneren Ideal, zum Schöpfer des Universums. Diese Kategorie umfasst die bemerkenswertesten Mystiker und Philosophen, die Eingeweihten und die großen Meister.

Diese drei Systeme, das egozentrische, das biozentrische und das theozentrische, finden sich überall in der Natur wieder: in den Steinen, in den Pflanzen, den Tieren, den Sternen... Aber wir werden sie besonders im Menschen untersuchen.

Ich habe euch gerade gesagt, dass diese drei Systeme ihren Sitz in uns im Magen, im Herzen und in der Lunge sowie im Kopf haben. Aber man findet sie auch wieder im Gesicht: das egozentrische System im Mund, das biozentrische System in der Nase und das theozentrische System in den Augen. Durch den Mund nimmt der Mensch ständig Nahrung zu sich, die einzig seiner eigenen Lebenserhaltung dient. Bei den Tieren dient der Duft dazu, den ersten Kontakt herzustellen. Und selbst beim Menschen regelt der Spürsinn seine Beziehungen zum Nächsten. Auch das Leben dringt dank der Luft durch die Nase in den Menschen ein. Es heißt in der Genesis, dass Gott dem Menschen eine lebendige Seele durch die Nasenlöcher einhauchte. Man atmet durch die Nase, und die Atmung – sie ist das Leben. Was nun die Augen angeht, so stehen sie für das theozentrische System, weil man mit den Augen das Licht, die Wahrheit und die Schönheit betrachtet.

Diese Entsprechungen sind allerdings nicht absolut, denn je nachdem auf welche Art es sich manifestiert, kann jedes Organ eines dieser drei Systeme repräsentieren. Nehmen wir als

Beispiel den Mund. Der Mund repräsentiert das egozentrische System, wenn er Hähnchen, Schinken oder Blutwurst isst; er repräsentiert jedoch das biozentrische System, wenn er sich zu Gespräch und Austausch an andere Menschen wendet, und er repräsentiert das theozentrische System, wenn er über etwas Hochstehendes, etwas Erhabenes spricht, über etwas, was dem Leben einen Sinn verleiht. Das Gleiche kann man von den anderen Organen sagen; in ihnen findet man ebenso die drei Ebenen von Aktivitäten wieder.

Untersuchen wir diese Frage jetzt aus der Sicht der Phrenologie, der Schädellehre. Im Bereich um das Ohr herum, hinterhalb und oberhalb, sowie auf dem höchsten hinteren Punkt des Schädels findet sich das egozentrische System. Seht euch diese Abbildungen an: Das Zentrum 1 versucht, die Personalität und die egoistischen Neigungen in den Vordergrund zu stellen. Die Zentren 2, 3 und 4 versuchen, die Personalität zu verteidigen und sie zu schützen, damit sie ihre Neigungen realisieren kann (Abb. 1).

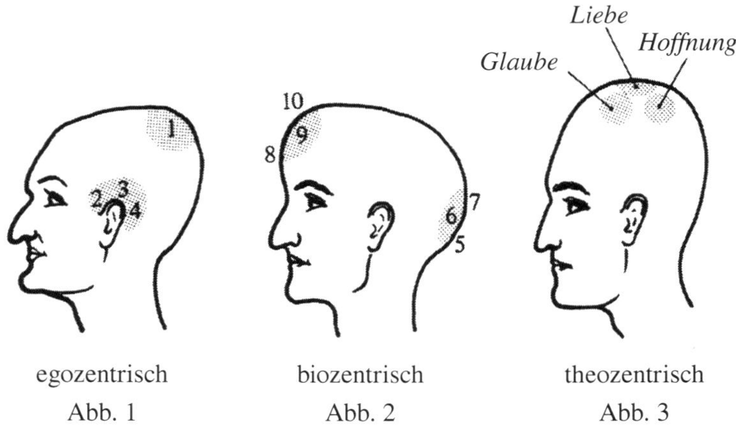

egozentrisch — Abb. 1

biozentrisch — Abb. 2

theozentrisch — Abb. 3

Das biozentrische System ist ebenfalls durch zwei Bereiche vertreten. Das eine befindet sich am Hinterkopf und das andere vorne, an der Stirn (Abb. 2). Die Bereiche 5, 6 und 7, am Hinterkopf gelegen, regen im Menschen den Wunsch an, zu heiraten, eine Familie zu gründen und Kinder zu haben. Die Bereiche 8, 9 und 10 sind bemüht, ihm alle intellektuellen Mittel zu verschaffen, die ihn zur Verwirklichung seiner Wünsche führen werden.

Das theozentrische System schließlich, wird durch die auf dem Oberhaupt gelegenen Bereiche repräsentiert, auf beiden Seiten der Schädelmittellinie (Abb. 3). Dort liegen drei Zentren: die Zentren der Liebe, der Hoffnung sowie des Glaubens an Gott – die drei Tugenden, die man die göttlichen Tugenden* nennt.

Je nach Entwicklung eines jeden dieser Schädelteile kann man die Menschen einstufen und ihre Neigungen und Vorlieben erahnen.

Die Ohrmuschel repräsentiert ebenso diese drei Systeme:

1. – Der Lobulus (Ohrläppchen) steht für das egozentrische System; je dicker und größer er ist, desto mehr dominiert dieses System.

2. – Die Anthelix (innerer Teil der Ohrkrempe) steht für das biozentrische System.

3. – Die Helix (äußere Ohrkrempe) steht für das theozentrische System.

* Gemeint sind die drei göttlichen Tugenden (frz.vertus theologales) Liebe, Glaube, Hoffnung, wie sie im Alten und Neuen Testament erwähnt werden; nicht zu verwechseln mit den vier Kardinaltugenden, mit denen sie in den Schriften der Kirchenväter ergänzt werden.

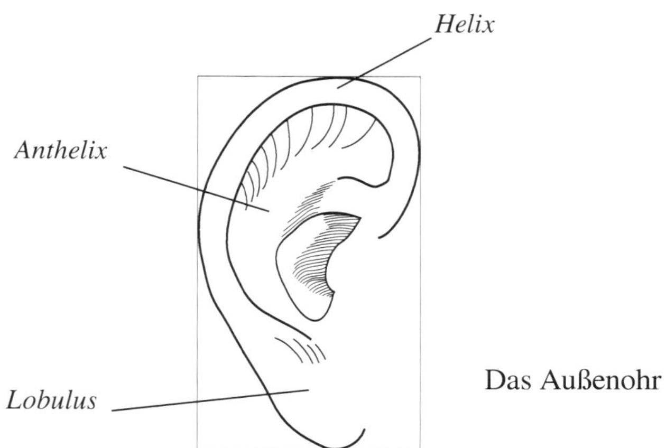

Das Außenohr

Diese drei Systeme lassen sich ebenfalls im Lebensablauf des Menschen wiederfinden. Wenn das Kind noch ganz klein ist, macht es nichts anderes als zu essen und zu trinken: Es steckt alles in den Mund; alles, was ihm in die Finger kommt, erscheint ihm zum Essen geeignet, und es bildet sich ein, man müsse auf alle seine Quengeleien eingehen. Es denkt weder an seine Eltern noch an seine Brüder oder Schwestern, es ist das perfekte Beispiel des egozentrischen Systems. Dennoch unterstützt, liebt und schützt man das kleine Kind, weil man weiß, dass es eines Tages in ein anderes System wechseln wird... Wenn das Kind dann größer wird, tritt es nicht vollständig aus diesem egozentrischen System heraus, aber es fängt an, sich im biozentrischen System zu entwickeln, es knüpft Freundschaften und nimmt Beziehungen auf. Jahre später wird es zu einem Erwachsenen, der eine Familie gründet und durch seinen Beruf und seine politischen Überzeugungen am sozialen Leben teilnimmt. Es steht vollständig im biozentrischen Leben. Aber die Zeit vergeht und der Mensch wird älter, er fühlt sich erschöpft vom vielen Denken an sich selbst und an die anderen, weil er oft enttäuscht wurde. Er bereitet sich darauf vor, ins Jenseits hinüberzugehen, er entledigt sich seiner Reichtümer, und die Vorstellung von Gott und dem Jenseits beschäftigen ihn. Sein Denken nähert sich dem theozentrischen System.

Natürlich spreche ich hier nur allgemein, denn in Wirklichkeit muss man nicht erst alt werden, um in das theozentrische System einzutreten. Manche jungen Leute sind dort schon sehr früh angelangt, während es Greise gibt, die im egozentrischen System gefangen bleiben.

Nehmen wir jetzt ein Beispiel aus der Astronomie – mit den Sonnen, den Planeten und den Kometen. Die Kometen sind Himmelskörper, die um keine Sonne kreisen. Ihre Bahn ist unvorhersehbar, sie sind die Vagabunden des Raumes. Das Leben von Menschen, die mit dem egozentrischen System verbunden sind, ist identisch mit dem der umherirrenden Kometen; sie hören nur auf ihre Launen und man kann nicht auf sie zählen. Es ist besser, eine Begegnung mit ihnen zu vermeiden, denn sie sind gefährlich, und ihr Erscheinen in unserem Leben gilt, alten Überlieferungen zufolge, wie bei den Kometen, als Vorzeichen von Unglück.

Im Unterschied zu den Kometen kreisen die Planeten um ein Zentrum, um eine Sonne, und sie beschreiben im Raum eine regelmäßige Bahn. Auf die gleiche Weise kreisen die Schüler um einen Eingeweihten oder einen Meister. Das Leben, das sie in Kontakt mit diesem Zentrum führen, lehrt sie jeden Tag neue und nützliche Dinge. Auf den Planeten entwickelt sich eine Flora, eine Fauna, eine Zivilisation. Das gilt ebenso für Menschen, die Planeten gleichen. Die Bewegung der Planeten ist nicht vollkommen regelmäßig – einmal entfernen sie sich etwas von der Sonne, dann nähern sie sich ihr wieder. Das Gleiche geschieht auch mit den Schülern: Einmal nähern sie sich ihrem Ideal, dann wieder entfernen sie sich davon, sie befinden sich abwechselnd in der Freude und im Leid.

Nun, die Menschen, die den Sonnen gleichen, sind die großen Eingeweihten und Meister der Menschheit. Sie tragen Licht, Wärme und Leben in sich, und sie kreisen um ein den Menschen noch fast unbekanntes Zentrum: um Gott. Sie wechseln nicht, wie die Planeten, vom Licht zur Dunkelheit oder von der Freude zur Traurigkeit, sie kennen keine inneren Veränderungen.

Werfen wir ganz kurz einen Blick auf die Bewegungen von Kometen, Planeten und Sonnen. Die Kometen beschreiben keine durchgehende Bahn, die Planeten beschreiben eine spiralförmige Bahn, und von der Bahn der Sonnen kann man sagen, dass es sich um einen Kreis handelt, mit dem Zentrum im Unendlichen.

Wenn wir den Menschen betrachten, finden wir die unterbrochene Linie, wie bei Kometen, in seinen Gliedern wieder, in Beinen und Armen. Die Spirale befindet sich im Torso, im Brustkasten, mit den Bewegungen des Ein- und Ausatmens sowie in den beiden Kreisläufen, dem venösen und dem arteriellen; das ist das Leben der Planeten mit dem Wechsel von Tagen und Nächten... Und der Kreis schließlich, das ist der Kopf, der symbolisch die Bewegung der Sonnen um das Zentrum beschreibt: um Gott in der Unendlichkeit. Das bedeutet, dass die Menschen, die sich im egozentrischen System befinden, in den Armen und Beinen des »kosmischen Menschen« leben, des Adam Kadmon, wie ihn die Kabbalisten nennen. Diejenigen, die mit dem biozentrischen System verbunden sind, leben in seinem Herzen und in seinen Lungen. Und diejenigen schließlich, die mit dem theozentrischen System verbunden sind, leben in seinem Kopf.

Wenn wir nun diese drei Systeme unter den Insekten suchen, finden wir die Spinne als Symbol für das egozentrische System, die Ameise als Symbol für das biozentrische und die Biene als Symbol für das theozentrische System. Viele andere Insekten können diese drei Systeme ebenso repräsentieren, doch diese drei Beispiele sollen genügen.

Die Spinne lebt ungesellig, alleinstehend, sie fängt die Mücken, und sobald sich eine in ihrem Netz verfangen hat, eilt sie zu ihr hin, um sie ins Zentrum ihres Netzes zu bringen und sie zu fressen. Die Ameisen, obgleich sie noch zum egozentrischen System gehören, sind bereits ins biozentrische System eingetreten: Sie leben in gemeinschaftlich organisierten Staaten. Die Bienen jedoch übertreffen sie, denn das Ziel ihrer Arbeit ist es, anderen Wesen auf einer höheren Entwicklungsstufe als der ihren etwas Wertvolles zu geben. Die Spinnen und Ameisen arbeiten nur für sich selbst, die Bienen jedoch stellen ein Nahrungsmittel für die Menschen her.

Ihr seht, das Wort »theozentrisch« bedeutet nicht, dass alles auf Gott ausgerichtet ist, sondern dass jede Manifestation eines Wesens über die Personalität hinausgeht. Und die Aktivität der Bienen geht über die Personalität hinaus, da sie Honig für die Menschen zubereiten. Sie tun es zwar nicht für Gott, aber es ist bereits nicht mehr einzig für sie selbst. Dieser Akt ist unpersönlich und gehört daher ins theozentrische System. Manch einer mag entgegnen, dass die Bienen den Honig für sich selbst herstellen, und dass die Menschen ihn stehlen. Einverstanden, doch in Wirklichkeit lässt die Natur die Bienen den Honig sehr wohl auch für die Menschen zubereiten, genauso wie sie die Bäume dazu drängt, ihre Früchte hervorzubringen, um andere Geschöpfe als nur sich selbst zu ernähren.

Der Begriff »theozentrisch« bedeutet daher nicht zwingend: »der Gott als Zentrum hat«, sondern kann vielmehr auf alle wahrhaft selbstlosen Taten angewandt werden. Es gibt Personen, die – ohne religiös zu sein und sogar ohne an die Existenz Gottes zu glauben –, ein edleres und selbstloseres Verhalten an den Tag legen als mancher Religionsanhänger, der an Gott denkt, Ihm Gebete sendet, aber in seinem Egoismus und seinen kleinlichen Berechnungen stecken bleibt. Was also zählt, sind die tief im Menschen verborgenen Beweggründe und Motive. Es sind diese Beweggründe, die ihn in das eine oder andere System einstufen.

Beim Baum findet sich das egozentrische System in den Wurzeln wieder, die im Boden verankert sind, aus dem sie die Nährstoffe ziehen. Der Stamm mit den Ästen und Zweigen steht für das biozentrische System, denn dort im Stamm steigen all die Vitalkräfte auf und ab. Er stellt die Brücke dar, die Verbindung, welche die Wurzeln mit den Blättern, Blüten und Früchten vereint. Mit den Blättern beginnt sich das unpersönliche Leben des Baumes zu manifestieren, und es endet in den Früchten, dem höchsten Ausdruck von Unpersönlichkeit. Die Bäume, die keine Früchte tragen, sind noch nicht entwickelt und bleiben an das biozentrische und egozentrische System gebunden.

Je nach seinem Evolutionsgrad kann der Mensch sich entweder um sich selbst drehen, um seine Familie und die Gesellschaft kreisen oder um Gott. Um sich selbst herum zu kreisen ist der schlimmste Zustand, weil der Kreis, den man so beschreibt, extrem begrenzt ist, und jeden Tag wird er noch enger. Auch um seine Familie oder die Gesellschaft zu kreisen, bietet noch nicht die besten Bedingungen zur Entwicklung, obwohl der Kreis, den man auf diese Weise beschreibt, schon viel größer ist. Die besten Bedingungen sind verwirklicht, wenn man um Gott kreist, denn nach und nach lösen sich die Verbindungen mit der Erde und man fühlt sich bereit, sich in den Weltenraum aufzuschwingen und im Universum zu reisen. Die großen Eingeweihten sind frei, ihren Körper zu verlassen, weil sie im theozentrischen System leben. Ihre innere Bewegung ist so intensiv, dass nichts ihren Elan bremsen oder sie daran hindern kann, zu handeln.

Es existieren also mehrere Arten von Liebe, und jede von ihnen wird von ihrem Aktionsbereich charakterisiert. Auf diese Weise unterscheidet man zwischen der Liebe zu sich selbst, der Liebe zu seiner Familie, der Liebe zu seinem Land, der Liebe zu seiner Rasse, der Liebe zur Menschheit und der Liebe zum Schöpfer. Bei jeder dieser Arten von Liebe erweitert sich der Kreis – der Aktionsrahmen erweitert sich ständig. Im egozentrischen System gibt es nur einen Weg, eine Richtung: Man steigt zum Zentrum der Erde hinab. Das biozentrische System bietet zwei Möglichkeiten: nach links oder nach rechts, nach unten oder nach oben, vor oder zurück. Im theozentrischen System hingegen findet man sehr zahlreiche Wege, eine unbegrenzte Auswahl: die vollständige Freiheit.

In den Annalen der Menschheit sind die Aufzeichnungen über den Fall der ersten Menschen aufbewahrt. Mit der Ursünde wurde die gesamte Schöpfung mit in den Fall hineingezogen, alle, die Tiere, die Vegetation und selbst die Erde. In dem Moment geschah es auch, dass die Erdachse sich neigte und einen Winkel von 23° 27' bildete, bezogen auf ihre ursprüngliche Position.

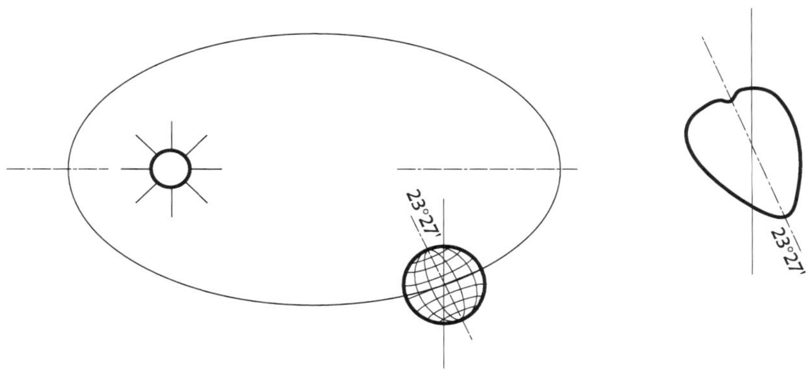

Der Sündenfall hatte also die Neigung der Erdachse zur Folge, was eine Veränderung der Position der magnetischen und elektrischen Erdströmungen nach sich zog. Und gleichzeitig neigte das menschliche Herz, das bis dahin genau im Zentrum der Brust platziert war, seine Spitze nach links.

Jetzt ist die Erdachse auf dem Rückweg zu ihrer ursprünglichen Position, und diese Bewegung wird zu großen Erdumwandlungen führen. Die Pflanzen werden dann Früchte mit neuen Kräften und Qualitäten hervorbringen, die sie aus dem Mineralreich ziehen werden. Das Tierreich wird gleichfalls Veränderungen erfahren, aufgrund der bei den Pflanzen auftretenden Veränderungen, und für die Menschen gilt das Gleiche. Im Augenblick erscheint noch keine dieser Transformationen, sie bleiben verborgen, und allein sensitive Menschen nehmen sie wahr. Aber bevor die Erdachse ihre ursprüngliche Position wieder einnimmt, wird die Menschheit große Prüfungen durchlaufen, um sich zu reinigen. Später wird dann alles leuchten: Die Steine und das Wasser der Flüsse werden leuchten und die Materie wird transparent werden…

Im Augenblick ist die Vegetation – Obst und Gemüse, welches wir essen – von negativen Kräften durchdrungen. Die Erde ist ein großer Friedhof, mit dem Blut der Menschen bewässert und von ihren Verbrechen geprägt. Die Menschen, die auf den Feldern und in den Gärten arbeiten, tun es allzu oft ohne Liebe, in einem Zustand innerer Auflehnung. Ihre Gedanken und ihre Gefühle dringen in die Samen ein und vergiften die Erde und die Früchte. Eines Tages jedoch werden die Menschen in der Kunst unterrichtet werden, wie man die Erde nach den Regeln der Einweihung kultiviert. Die Samen absorbieren dann die kosmischen Kräfte auf ganz andere Weise, und die Früchte, welche die Menschen verzehren, vermitteln ihnen ihre Qualitäten. Die Menschen sind nur deshalb krank, weil sie sich in ihrer Unwissenheit unablässig Bedingungen für ein ungesundes Leben schaffen. Ohne es zu wissen, essen sie Kadaver, gehen über Kadaver und schlafen auf Kadavern.

Mit Hilfe des theozentrischen Systems wird alles wieder richtig gestellt werden in der Welt. Dieses System muss im weitesten Sinne dieses Begriffes verstanden werden, als ein Leben voller Liebe, Gerechtigkeit und Güte. Um ein ausgeglichenes Leben zu führen, muss der Schüler um Gott herum kreisen, Ihm dienen und Seinen Willen erfüllen. Aber der Mensch kann nur für den Herrn arbeiten, indem er die anderen aufklärt, indem er sie zur Quelle führt und ihnen ein Beispiel an Liebe, Güte und Opferbereitschaft gibt, was dem biozentrischen System entspricht. Um jedoch diese Arbeit tun zu können, muss man stark sein, gesund, robust, widerstandsfähig, selbst gut entwickelt, was alles dem egozentrischen System entspricht. Egozentrisches und biozentrisches System haben also ihren Daseinsgrund: Sobald sie in den Dienst des theozentrischen Systems gestellt werden, haben sie ihre Daseinsberechtigung. Der Mensch wird zu einem vollständigen, geeinten Wesen. Ist er jedoch nicht zuerst wieder an das theozentrische System angeschlossen, verliert das Leben, das er im Kontakt mit anderen führt, und auch sein persönliches Leben, vollständig seinen Sinn. Genau das muss man richtig verstehen.

Ich bin sehr glücklich, dass ich euch ein paar Erläuterungen zu diesem Satz aus dem Brief des Meisters geben konnte. Ich hoffe, dass sie es euch ermöglichen, eure Lebenslage besser einzuordnen und euch im Leben besser zu orientieren. Dies sind einfache, elementare, aber außerordentlich wichtige Erklärungen.

Und zum Schluss möchte ich euch jetzt einige Passagen aus dem Buch »Die heiligen Worte des Meisters« vorlesen:

»Wenn etwas deinen Blick beunruhigt, erfasse hinter dem Schleier der vorüberziehenden Formen das unermüdliche Wirken des Geistes, der die Seelen zum Ewigen zu erheben sucht. Hinter jeder Form erblicke das Bild des Ewigen.

Die Formen sind nur die Hülle, sie beunruhigen den Schüler in keiner Weise, denn er sucht immer nach der ewigen Idee, die in den Formen wirkt und ihnen ihren Wert verleiht. Er verbindet sich auf diese Weise mit der Welt des Geistes, mit dem Leben des Universums.

Niemand sollte von deinen spirituellen Erfahrungen wissen, solange du nicht in dir selbst einen sicheren Stützpunkt geschaffen hast.

Sei immer in Verbindung mit dem Gott der Liebe. Die Sünde entsteht außerhalb von Gott.

Es ist notwendig, dass der Schüler einige Zeit in der Einsamkeit verbringt, damit er stark wird. Auf diese Weise festigt sich sein Denken.

Unter den Strahlen der Sonne öffnen sich die Blüten und die Früchte reifen. Die Seele des Schülers wächst nur in der Liebe Gottes.

Der Schüler freut sich über die Erhebung einer jeden Seele, und er trägt dazu bei. Es gibt ein Gesetz in der spirituellen Welt, das besagt: »Wenn einer sich erhebt, erheben sich alle! «

Wenn der Schüler seinen Meister richtig versteht, ist er bereit zu empfangen, und ihm wird immer gegeben werden.

Intensiv ist das Leben des Schülers! Der Schüler durchläuft Freuden und tiefes Leid, das die Welt nicht kennt. Das ist das Leid aller in der dunklen Erde verborgenen Samen und die Freude aller Blumen, die emporgewachsen und im Licht aufgeblüht sind.

Wahrheit schließt jegliches Vergnügen aus. Weisheit schließt jegliche Leichtfertigkeit aus. Liebe schließt jegliche Gewalt aus.

Der Schüler lebt im Licht. Das ist die einzig wirkliche Welt. Schatten ist nicht wirklich. Suche das Licht, das ohne Schatten ist. Vermeide jeden Gedanken, jedes Gefühl, deren Natur es ist, Finsternis in dein Bewusstsein hereinzulassen.

Sei dir deiner selbst bewusst, doch nur als Seele! Betrachte dich als lebendige Seele, die sich nach der Einheit mit Gott sehnt.

Kontemplation – das sind die heiligen Minuten, in denen erhabene Bilder vom Bewusstsein des Schülers Besitz ergreifen. Kontemplation ist für den Schüler unverzichtbar, damit er in sich selbst klar sieht und dementsprechend handelt.

Der Schüler hört beständig Gott in seiner Seele sprechen. Damit verschwindet jegliche Furcht und ein tiefer Friede herrscht in ihm. Er ist frei.

Der Schüler erwartet sein Glück nicht von außen. Er lernt, er arbeitet an sich selbst und in der Welt, ohne sich jedoch darin zu vergessen. Das sogenannte Glück der Welt, das ist der Kerkermeister im Gefängnis: Er öffnet die Türen, lässt die Gefangenen für kurze Zeit hinaus und sperrt sie dann aufs Neue ein.

Du sollst dich wie eine lebendige Seele fühlen und ein dreifaches Ziel verfolgen: fühlen, denken und handeln in Übereinstimmung mit Gott. All die anderen Menschen sind für dich Seelen, die Gott lieben sollen. Die Schüler der Universellen Bruderschaft sind keine Männer und Frauen, sondern Seelen.

Die Prüfungen sind nicht stärker als das Ideal des Schülers; auch kann man den Schüler nur in den Prüfungen erkennen. Der Schüler ist stärker als die schwierigen Umstände, er stellt sich über sie. Er trägt das Göttliche in sich.

Es gibt auch Seelen, die den Umständen ausgeliefert sind, aber solche Seelen können überhaupt kein Ideal haben. Eine Seele mit einem unbezwingbaren Willen, das ist das Ideal.

Der Schüler löst die schwierigsten Fragen inmitten von absoluter Stille, wenn alle schlafen und allein Gott wacht.

Die sanfte Stimme Gottes lässt sich nur in der Stille vernehmen.

Die Seele lebt in der absoluten Reinheit! Wenn der Schüler die Liebe seines Meisters nicht als Seele empfängt, dann entartet diese Liebe. Wenn er das Wissen nicht als Seele empfängt, dann wird dieses Wissen entstellt.

Möge der Schüler das Licht in sich selbst suchen. Wenn im Außen die Finsternis erscheint, wenn der Sturm wütet, dann erhellt genauso ein inneres Licht sein Bewusstsein, und die Liebe zu dem, was groß ist, erwacht in ihm. Möge er dieses innere Licht als Kostbarkeit bewahren!

Wenn die Seele alles mit Liebe empfängt, wird ihr alles mit Liebe gegeben. Für Gott ist das ein Gesetz.

Öffne dein Herz jeden Tag vor dem Geliebten deiner Seele, damit sein Blick in die geheimsten Bereiche deines Herzens vordringt. Öffne jeden Tag deine Seele vor dem Herrn!

Demut ist der Ausdruck von Liebe zum Höchsten Wesen. Die unerreichbaren Gipfel senden ihre Segnungen ins Tal.

Die intelligente Natur hat die heiligen Dinge auf die höchsten, unerreichbaren Gipfel gestellt, damit nur die Seelen, die auch bereit sind, fähig, ihren großen Wert zu schätzen, sich ihrer reinen Schönheit erfreuen können. Der Schüler darf die heiligen Dinge nicht der Welt mitteilen.

Von außen kann niemand dich verderben, wenn du es selbst nicht willst. Es ist die erhabene Freiheit, welche die ‚Erste Ursache' (causa prima) dem Menschen nach eigenem Ermessen überlassen hat.

Der Schüler liebt die in seiner Seele erblühten Blumen: Das sind seine schönen Gedanken, seine edlen Gefühle und seine guten Taten. Er bewacht sie mit eifersüchtiger Sorgfalt und erlaubt dem Raureif – der Sünde – nicht, sie zu beschädigen. Der Schüler verwendet Sorgfalt auf die in seiner Seele erblühten Blumen!

Die Sehnsucht nach der Reinheit ist die Sehnsucht nach der Liebe. Sie offenbart, dass der Mensch dem gewöhnlichen Leben entwachsen ist und sich auf ein höheres Leben ausrichtet. Sobald der Schüler die Reinheit erlangt, erhellt ihn der erste Strahl der Liebe. Dann erscheint vor ihm das lichtvolle Leben der großen Seelen, Leben, für das die menschliche Seele vorherbestimmt ist. Das richtet Gott so ein.

Für den Menschen ist es großartig, Gott zu dienen und in Seiner Liebe zu verweilen!

Die Quelle, die den Gipfeln entspringt, bewässert alles auf ihrem Weg. Wenn du der Menschheit hilfreich sein willst, kümmere dich zunächst darum, dein Leben zu erneuern. Du handelst dann nach dem Gesetz der Quelle.

Die Demut ist eine große, reine Quelle im Leben. Sei immer demütig und halte alles in deiner Seele heilig, was dieser Quelle entspringt!

Das wahrhaft Große befindet sich jenseits des Materiellen. Das Wirkliche, das Erhabene im Leben, das ist das Unsichtbare.

Auch der Schüler sagt sich nach und nach davon los, sich an alles Materielle und Vergängliche zu klammern. Er betritt dann die Welt, wo das Licht herrscht. Dort wird der Meister richtig verstanden, und das Leben des Schülers wechselt dann auf eine neue und höhere Tonleiter. Das kann augenblicklich geschehen, es hängt ganz vom Schüler ab.

Solange der kleine Zweig, den der Wind bewegt, fest am Baum angewachsen bleibt, besteht für ihn keine Gefahr. Die Gefahr tritt ein, sobald er sich löst. Solange der Schüler für Gott lebt, ist er der kleine Zweig, der gut am Baum angewachsen ist.

Jede vergängliche Form ist ein unvollendetes Bild, an dem der göttliche Geist arbeitet. Der Schüler bemüht sich darum, nur das Gute in allem und jedem zu sehen.

Die Geburt ist ein kontinuierlicher Vorgang. Der Schüler muss jeden Tag in einer neuen Welt geboren werden; das heißt, dass er jeden Tag eine neue Auffassung von Liebe gewinnen muss, eine umfassendere Kenntnis vom Gottesdienst, einen tieferen Einblick in die unerforschlichen Wege Gottes. Der Geist Gottes besucht jeden Tag den Schüler und wendet sich aufs Neue mit Seinem Wort an ihn. Dieses Wort lässt die Reinheit in sein Bewusstsein eindringen und transformiert es vollständig. Es erhebt sein Denken. Erwarte jeden Tag den Besuch Gottes!

Wenn die Seele des Schülers für Gott erwacht, ist sie frei. Und der Schüler darf sie nicht durch die Launen des Körpers begrenzen. Das Gesetz des Karma begrenzt den Menschen, aber sobald er beginnt, für Gott zu leben, erreicht er den Zustand der Gnade, der Liebe. Und dort ist er bereits frei.

In der Natur sind alle Formen Symbole einer idealen, ewigen Welt. Sie sind das Buch, in dem der Schüler liest, was Gott geschrieben hat. Der Schüler beginnt seinen Unterricht, indem er die Natur erforscht: die Quellen, die Gräser, die Blumen, die Berge. Genau dort sucht er die richtigen Methoden des Lebens und der Reinheit.

Der Schüler umgibt sich kraft seiner Gedanken immer mit einem Schutzwall aus Licht. Er muss seine Aura undurchdringlich halten gegenüber allem Unbeständigen. Indem er an Gott denkt, nährt er seine Aura mit göttlichem Licht.

Der Schüler soll nur das Wasser aus der Quelle trinken. Er soll lieber Durst leiden, als unreines Wasser trinken.

Das, woran du denkst, das nimmst du auf in dir. Denke oft an die Wahrheit, an die Liebe, an die Weisheit, an die Gerechtigkeit und an die Tugend. Und sie werden in dir ihre Heimstätte finden. Das Wasser, das aus den Tiefen kommt, ist rein.

Der Schüler muss sein Denken beherrschen und mit dem Denken der Wahrheit dienen. Daher ist es für ihn unverzichtbar, dass er sich innerlich konzentriert. Er kann an das belebende Licht denken, an das schöne Gewand aus den sieben Farben, in das es gekleidet ist, und an seine klangvolle Sprache. Das ist die große Weltenharmonie. Er kann auch an die belebende Sonne Gottes denken, zu der alles hinstrebt. Auf diese Weise stellt sich ein vollkommener Einklang im Bewusstsein des Menschen ein.

Auf einem See mit bewegter Oberfläche sieht man nichts. Ist der See aber ruhig, spiegelt er die Gipfel der Berge, den Himmel, die Sonne und die Sterne wider. Der Schüler braucht eine ruhige Seele und ein wohlausgewogenes Denken. Dann kommt der klare Blick für die Dinge, und viele Widersprüche lösen sich auf.

Sobald du in der Liebe bist, glaubst du, und alles ist Klarheit für dich. Daran wirst du erkennen, dass du dich in der Welt der Liebe befindest. Dort gibt es keinen Zweifel. Wenn du zweifelst, hast du den sicheren Beweis, dass du dich nicht in der Liebe befindest.

Der Schüler muss die Seele der Menschen lieben, und da dies so ist, darf er niemanden hassen. Die Seele desjenigen, den du liebst, und die Seele desjenigen, den du nicht liebst, lieben sich in gleicher Weise in der höheren Welt. Und wenn du, leiblich betrachtet einen Unterschied zwischen ihnen herstellst, bist du im Unrecht.

Der Schüler darf nicht krank sein. Oder er sollte wenigstens jede Krankheit als erzieherisches Mittel ansehen, durch das die Natur die Kräfte des Organismus ins Gleichgewicht bringt. Liebe schließt jegliche Krankheit aus. Sie bringt überströmendes Leben. Der in Gottes Liebe eingebettete Kranke kann augenblicklich gesunden!

In ihren Beziehungen müssen die Schüler folgende Regel beachten: Dienst für Dienst, aber nicht für Geld. Geld kann den Menschen verderben. Es trägt ein anderes Bild mit sich; ein erwiesener Dienst hingegen trägt das Bild der Liebe in sich. Durch den Dienst übermittelt und empfängt der Schüler das Bild der Liebe. Das Tauschgeld der Zukunft wird Freundschaft sein, das wahre Tauschgeld der Zukunft wird die Liebe sein!

Der Schüler darf keinen Dienst für Geld leisten; das ist gegen jede Regel einer göttlichen Schule. Man darf den anderen nur aus Liebe dienen!

Der Schüler muss Beziehungen mit denen unterhalten, die weiter fortgeschritten sind als er, damit er von ihnen lernt. Er sollte mit denen verkehren, die ihm gleichgestellt sind, um an

Eifer für das Studium zu gewinnen, dank des Wettstreites, der zwischen ihnen entsteht. Und er sollte zu jenen hinuntersteigen, die sich weiter unten befinden, um ihnen zu Hilfe zu kommen. Wenn er jene, die weiter unten sind, unterstützt, wird er unterstützt von denen, die weiter oben sind.

Die Seele kann ihre Kraft manifestieren, wenn sie nicht an die Materie gebunden ist. Sie ist stark, wenn sie die Materie durchdringt, ohne sich an sie zu binden. Der Schüler soll nur durch die Materie hindurch schauen, aber nicht in ihr leben.

Wenn der Schüler das Gefühl hat, sein Leben sei leer und sinnlos, dann sollte er am Abend das Firmament still betrachten, und die Großartigkeit dieses Schauspiels wird ihn mit Mut erfüllen.

Verzeihe immer wegen Gott. Das Verzeihen kommt nicht vom Menschen. Es kommt von Gott. Du kannst mit dir selbst ringen, dich fragen, ob du verzeihen solltest, aber du musst als Sieger aus diesem Kampf hervorgehen. Der erste Schritt, durch den der Schüler in das spirituelle Leben eintritt, ist das Verzeihen. Ja, verzeihen wegen Gott!

Der Schüler muss durch das Feuer und durch das Wasser gehen. Durch das Wasser, um sich zu reinigen, und durch das Feuer, um zu strahlen.

Man unterscheidet drei Zustände im Leben des Menschen. Den physischen Zustand, wo alles Rastlosigkeit ist. Den spirituellen Zustand, in dem man ein Ideal anstrebt. Und schließlich den göttlichen Zustand, in dem absoluter Friede herrscht. Der Schüler muss den ersten Zustand durchschritten haben.

Die Kirche des Schülers muss in ihm selbst sein. »Ihr seid der Tempel Gottes und der Geist Gottes wohnt in euch«.

Der Mensch durchschreitet manchmal eine Phase mystischer Zurückgezogenheit, in der sich seine Verschmelzung mit Gott vollzieht. Aber dies geschieht einzig bei demjenigen, der versteht. Es gibt in der Seele einen heiligen Bereich, der unantastbar ist. Niemand kann diese Schwelle überschreiten. Es ist ein heiliger Ort, allein für Gott bestimmt.

Die Biene, die den Nektar der Blüte sammelt, versteht es, Honig daraus zu gewinnen. Der gewöhnliche Mensch pflückt die Blumen, atmet ihren Duft und wirft sie dann fort. Das Rind wird sie mit seinen schweren Hufen zertreten. Der Schüler muss dem Beispiel der Biene folgen.

Man wird den Schüler nicht danach fragen, wie viel Leid er ertragen musste, sondern danach, was er daraus gelernt hat.

Der Schüler muss beständig seine Liebe reinigen, damit er schließlich mit der Liebe seines Meisters verschmilzt. Das Kleine kann sich nur durch die Liebe bis zum Großen erheben. Allein die Liebe bewirkt die Größe zahlloser Dinge. Allein die Liebe vermag es, Großes zum Kleinen herabsteigen zu lassen, und Kleines in den Dienst des Erhabenen zu stellen.

Der Schüler muss immer nach dem Guten streben. Das Gute ist die Frucht der Liebe. Die Liebe ist die Frucht des Geistes. Und der Geist ist die Manifestation Gottes.

Das Gebet bringt augenblicklich eine Reinigung. Der Schüler muss zu jeder Zeit beten. Er muss sich vor den Einflüssen des Vergänglichen schützen, indem er um sich den soliden Schutzwall aus Gebet, reinen Gedanken und unablässiger Liebe zu Gott errichtet.«

Ich habe euch nur einige wenige Seiten aus dem Buch des Meisters vorgelesen. Hoffen wir, dass sich uns ein anderes Mal gute Bedingungen bieten, um diese Lektüre fortzusetzen.

Allein die Liebe Gottes bringt die Fülle des Lebens.

Paris, den 2. April 1938

Kapitel 2

Die beiden ersten Gebote

Freier Vortrag

Und einer der Schriftgelehrten, der gehört hatte, wie sie miteinander stritten, trat hinzu, und da er wusste, dass er ihnen gut geantwortet hatte, fragte er ihn: Welches Gebot ist das erste von allen? Jesus antwortete ihm: Das erste ist: »Höre, Israel: Der Herr, unser Gott, ist ein Herr; und du sollst den Herrn, deinen Gott, lieben aus deinem ganzen Herzen und aus deiner ganzen Seele und aus deinem ganzen Verstand und aus deiner ganzen Kraft!« Das zweite ist dies: »Du sollst deinen Nächsten lieben wie dich selbst!« Größer als diese ist kein anderes Gebot. Und der Schriftgelehrte sprach zu ihm: Recht, Lehrer, du hast nach der Wahrheit geredet; denn er ist einer, und es ist kein anderer außer ihm; und ihn zu lieben aus ganzem Herzen und aus ganzem Verständnis und aus ganzer Seele und aus ganzer Kraft und den Nächsten zu lieben wie sich selbst, ist viel mehr als alle Brandopfer und Schlachtopfer. Und als Jesus sah, dass er verständig geantwortet hatte, sprach er zu ihm: Du bist nicht fern vom Reich Gottes. Und es wagte niemand mehr, ihn zu befragen.

Markus 12: 28-34 (laut Elberfelder Bibel)

* Das Wort »Verstand« fand im französischen Originalbuch Verwendung. In den deutschen Bibeln wird es in der Elberfelder Bibel verwendet. Andere deutsche Bibeln sagen eher »Denken« oder »Gemüt«.

»Du sollst den Herrn, deinen Gott, lieben aus deinem ganzen Herzen und aus deiner ganzen Seele und aus deinem ganzen Verstand und aus deiner ganzen Kraft. Und du sollst deinen Nächsten lieben wie dich selbst...« Diese Worte sind so oft wiederholt worden, dass man sie nicht mehr hört. Wenn ihr lange Zeit dem fallenden Regen lauscht, werdet ihr schließlich einschlafen, ihr seid hypnotisiert. Und durch das ständige Hören in der Kirche: »Du sollst Gott, deinen Herrn, lieben... Du sollst deinen Nächsten lieben wie dich selbst...« hört man es nicht mehr. Übrigens meint man, es sei sehr einfach, seinen Nächsten zu lieben wie sich selbst, aber man fragt sich nicht, wie man sich selbst eigentlich liebt! Wenn wir die anderen so lieben, wie wir uns selbst momentan lieben – wie bedauerlich für sie! Was können sie im Leben schon anfangen mit der Unterstützung einer solchen Liebe?

Wenn Jesus sagt: »Du sollst den Herrn, deinen Gott, lieben aus deinem ganzen Herzen und aus deiner ganzen Seele und aus deinem ganzen Verstand und aus deiner ganzen Kraft«, bezieht er sich auf die vier Prinzipien, die im Menschen wirken: auf das Herz, den Verstand, die Seele, und den Geist. Man wirft oft Verstand und Geist durcheinander, das ist jedoch keinesfalls dasselbe. Ihr könnt feststellen, dass Jesus sagt: »aus deiner ganzen Kraft«. Doch das einzige Prinzip in uns, das die Kraft besitzt, ist der Geist.*

Ich habe euch diese vier Prinzipien bereits erläutert – das Herz, der Verstand, die Seele und der Geist, und auch von den Verbindungen, die zwischen ihnen bestehen, aber ich werde es noch einmal kurz wiederholen. Die Gruppe Herz-Verstand ist eine Widerspiegelung auf der niederen Ebene von der Gruppe Seele-Geist. Verstand und Geist sind männliche Prinzipien,

* Siehe Band 5 der Reihe Gesamtwerke »Die Kräfte des Lebens«, Kap.8 »Die Kraft des Geistes«.

Herz und Seele weibliche. Kinder entstehen aus der Vereinigung dieser beiden Paare Herz-Verstand und Seele-Geist. Die Vereinigung von Verstand und Herz bringt Handlungen auf der physischen Ebene hervor, und die Vereinigung von Seele und Geist weckt den höheren Willen, der allmächtig ist. Das sind dann sechs Prinzipien, von denen drei die Seiten des mit der Spitze nach unten gerichteten Dreiecks darstellen und die anderen drei die Seiten des mit der Spitze nach oben gerichteten Dreiecks.* Diese beiden Dreiecke bilden vereint das Siegel des Salomon bzw. das Hexagramm; und oft ergibt sich die Gelegenheit, über die Bedeutung dieses Symbols zu sprechen.

Um die jeweiligen Rollen von Herz, Verstand, Seele und Geist zu verstehen, genügt ein sehr einfaches Bild. In einem Haus leben vier Personen: der Hausherr und die Hausherrin, der Diener und die Dienerin. Der Diener untersteht dem Hausherrn, und die Dienerin steht im Dienst der Hausherrin. Gelegentlich verreist der Hausherr, und seine Frau bleibt mit den Dienern allein zurück. Manchmal nimmt er sie aber auch mit auf seine Reisen, und die Diener, die jetzt allein sind, fangen an, Dummheiten zu machen: Sie laden die Angestellten der Nachbarhäuser zum Trinken und Essen ein, zu allem, was sie so in den Schränken finden, und sobald sie gut getrunken und gegessen haben, fangen sie an zu streiten und zerschlagen alles. Interpretieren wir nun diese kleine Geschichte. Der Diener ist der Verstand, der mit dem Hausherrn, dem Geist, verbunden ist. Das Herz ist die Dienerin, die mit der Hausherrin, der Seele, verbunden ist. Das Haus ist unser Körper. Wenn Seele und Geist uns verlassen, fangen Herz und Verstand an, sich Dummheiten zu wünschen und sie sich auszudenken. Sie feiern Feste, amüsieren sich und verwüsten das ganze Haus.

* Siehe Band 1 der Reihe Gesamtwerke »Das geistige Erwachen«, Kap.1 »Geboren aus Wasser und Geist«.

Ein anderes Bild für diese vier Prinzipien finden wir in der Galvanoplastik.* Ich will nicht alles wiederholen, was ich schon dazu gesagt habe, sondern euch nur an einige Details erinnern, damit ihr versteht, was ich euch heute erklären möchte.

Für dieses Experiment, in der Physik als »Galvanik« bekannt, braucht man vier Elemente:

1. eine Batterie, denn sie produziert den notwendigen Strom
2. eine Lösung, in der die Elemente gelöst sind, die sich am Ende an der Kathode ablagern,
3. die positive Elektrode, die Anode, die aus dem Metall besteht, das das Bild überziehen wird,
4. die negative Elektrode, die Kathode, wo sich das Bild befindet, das überzogen werden soll.

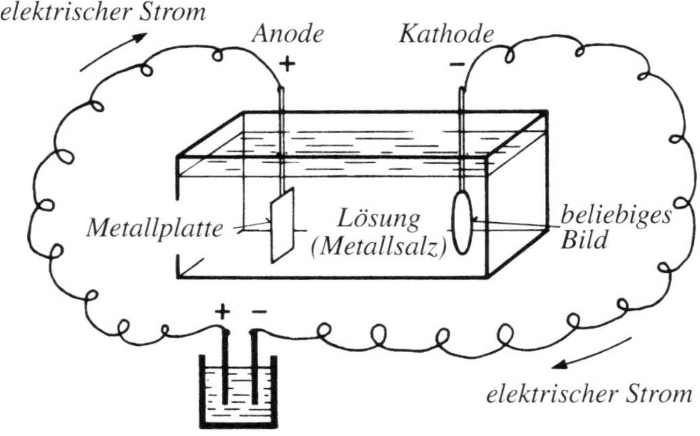

* Siehe Band 214 der Taschenbuchreihe Izvor »Liebe, Zeugung und Schwangerschaft«, Kap.1 »Die geistige Galvanoplastik«.

In diesem galvanischen Versuchsaufbau findet man ebenso – in der jeweiligen Funktion der vier Elemente (Batterie, Lösung, Anode, Kathode) – die vier arithmetischen Grundrechenarten, die wiederum mit den Funktionen von Herz, Verstand, Seele und Geist verbunden sind. Ja, Herz, Verstand, Seele und Geist entsprechen den vier Grundrechenarten. Das Herz addiert, der Verstand subtrahiert, die Seele multipliziert und der Geist dividiert. Auf dieselbe Weise addiert die Kathode: Sie nimmt die in der Lösung gelösten Stoffe auf. An der Anode vollzieht sich die Subtraktion: Die Metallplatte wird immer dünner. In der Lösung findet die Multiplikation statt: die Moleküle, die sich in Atome und Elektronen aufspalten. Was die Batterie betrifft, sie dividiert: Sie verteilt die Kräfte und schickt sie den anderen Teilen, damit diese funktionieren können.

Als Jesus also sagte: »Liebe den Herrn, deinen Gott, aus deinem ganzen Herzen und aus deiner ganzen Seele und aus deinem ganzen Verstand und aus deiner ganzen Kraft«, wollte er damit sagen, dass alle Fähigkeiten des Menschen in den Dienst der Gottheit gestellt werden sollen. Ihr erinnert euch auch an die Formel von Meister Peter Danov: »Das Herz sei rein wie ein Kristall, der Verstand leuchtend wie die Sonne, die Seele weit wie das All und der Geist mächtig wie Gott und eins mit Gott.« Das soll heißen, dass wir den Herrn mit der Reinheit unseres Herzens lieben sollen, mit dem Licht unseres Verstandes, mit der Unermesslichkeit unserer Seele und mit der Kraft unseres Geistes.

Das Herz muss rein sein. Nur wenigen Menschen sind die chemischen Wirkungen von Reinheit und Unreinheit bekannt. Die meisten überlassen sich Gefühlen von Angst, Hass und Auflehnung, ohne zu wissen, dass, würde man in dem Moment ihr Blut untersuchen, man für den ganzen Organismus schädliche Gifte und Substanzen entdecken würde. Aber ja, die Einweihungswissenschaft lehrt schon immer, dass die Reinheit des

Blutes von der Reinheit der Gefühle abhängt. Und wenn euer Blut unrein ist, schafft es in eurem Organismus günstige Bedingungen für das Auftreten aller möglichen Krankheiten. Dort, wo sich ein Sumpf befindet, ein stehendes Gewässer, tritt Fäulnis auf. Aber dort, wo das Wasser unaufhörlich fließt, dort kann kein Sumpf entstehen, also auch keine Fäulnis. In uns verhält es sich genauso. Darum müssen wir darauf achten, dass unser Herz wie ein Strom lebendigen Wassers ist.

Der Verstand muss lichtvoll sein, um sein Licht hinauszustrahlen. Dort, wo Dunkelheit herrscht, läuft man große Gefahr, denn man kann sich nicht orientieren und auch nicht verteidigen. Dort, wo jedoch Licht herrscht, schreitet man sicher voran, es besteht keine Gefahr, von Hindernissen oder Feinden überrascht zu werden.

Die Seele soll weit sein. Es ist die Liebe, welche die Seele groß und weit macht. Sobald ihr von Liebe erfüllt seid, fühlt ihr euch fähig, das ganze Universum zu umarmen. Seht euch Liebende an: sie gehen erhobenen Hauptes, sie spüren den ganzen Himmel in sich. Aber sobald sie ihre Liebe verlieren, schrumpfen sie zusammen, sie schauen den Himmel nicht mehr.

Der Geist soll mächtig sein. Sobald er die göttlichen Kräfte empfängt, wird er mächtig; und um diese Kräfte zu empfangen, muss er sich mit Gott verbinden. Ohne diese Verbindung kann er nicht mächtig sein. Denn das muss man wissen – alle unsere Kräfte kommen aus der göttlichen Quelle.

Von nun an versteht ihr die Worte Jesu »Du sollst den Herrn, deinen Gott lieben aus deinem ganzen Herzen und aus deiner ganzen Seele und aus deinem ganzen Verstand und aus deiner ganzen Kraft« besser.

Beschäftigen wir uns nun mit dem zweiten Gebot: »Du sollst deinen Nächsten lieben wie dich selbst.«

Ihr glaubt, dieses Gebot sei leicht verständlich und leicht zu befolgen? Dann frage ich euch: Wie liebt ein Trunkenbold sich selbst? Er trinkt ohne Maß, und all seine Zellen leiden. Wenn ihr sie nach ihrer Meinung über diese Liebe fragt, werden sie euch ihr Leid und ihre Unzufriedenheit klagen. Und der Vielfraß, der seinen Magen mit unverdaulicher und unreiner Nahrung überlastet, liebt er sich wirklich selbst? Und der Raucher, auf welche Weise liebt er seine Lungen? Er hört nicht, wie sie leiden und sich beklagen. Und so geht es weiter mit all den vielen anderen Arten, sich zu lieben.

Wir vergessen allzuoft, dass unser physischer Körper ein Volk von Zellen mit genau festgelegten Funktionen darstellt. Man findet darin Soldaten, Ärzte, Minister, Architekten, Bischöfe, Elektriker oder Apotheker, genauso wie in der Gesellschaft. Die einen schützen den Organismus, die anderen sorgen für Installationen und Reparaturen... Wir sind der König dieses Volkes, das wir nicht kennen, und die Zellen beklagen sich unablässig über diesen König, er sei boshaft, ungerecht, unwissend und unfähig zu regieren. Einigen unserer Untertanen fehlt es an Licht und Wärme, anderen mangelt es an Wasser oder reiner Luft, und sie beklagen sich und rufen: »Oh weh! Was sollen wir bloß tun? Unser König hört nichts.«

Wir müssen zuallererst wissen, dass wir ein König sind, und verstehen, wie wir unser Volk kennenlernen können. Wir verstoßen ständig gegen die Gesetze, die das Leben der Zellen regeln: Wir essen, wir trinken, wir atmen, ohne jemals auf die Meinung der Minister, Ratgeber und Weisen im Inneren zu hören. Wir handeln wie ein launenhafter Tyrann und glauben, dass wir uns selbst lieben. Ich sage euch, wenn wir die anderen auf diese Weise lieben, ist das wahrlich nicht sehr vorteilhaft für sie!

Manchmal esst ihr eine unverdauliche Nahrung, die in euch einen wahren Aufruhr hervorruft. In solch einem Moment müsst ihr verstehen, was gerade geschieht und euch in euch selbst hineinbegeben können, um die beiden Parteien zu versöhnen. Heutzutage gibt es überall Revolutionen auf der Welt, denn Revolutionen existieren zunächst im Inneren der Menschen: in ihrem Magen, ihren Lungen, ihrem Kopf. Die äußeren Revolutionen sind immer nur eine Widerspiegelung der inneren Revolutionen. Wenn es im Menschen keine Revolutionen gäbe, gäbe es auch in der Welt keine.

Die Eingeweihten sind weise Könige, sanft und aufmerksam gegenüber ihrem Volk, und sehr mächtig, trotz der äußeren Bedingungen in ihrem Leben. Jeden Tag besuchen sie ihr Königreich, sie interessieren sich für die Bedürfnisse ihrer Untertanen, und überall, wo sie vorübergehen, schauen sie, ob es dort Wasser, Luft, Licht und Nahrung in ausreichender Menge gibt. Ein Eingeweihter ist ein wahrer König, der weiß, wie man jeden Tag mit Hilfe des Denkens seine Zellen aufsucht. Wenn der König eine Stadt durchqueren muss, werden alle seine Untertanen vorgewarnt und fangen an, alle Straßen zu säubern und zu schmücken. Sie sagen sich: »Der König kommt, wir müssen bereit und festlich gekleidet sein, um ihn zu empfangen.« Sie bereiten eilig alles vor, und wenn der König kommt, wird er triumphal empfangen. Wenn ihr darauf achtet, eure Zellen jeden Tag in eurer Vorstellungskraft aufzusuchen, werden in ihnen zahlreiche Veränderungen vor sich gehen.

Macht folgendes Experiment: Konzentriert euer Denken für einige Minuten auf eure Finger und ihr werdet einen leichten Anstieg der Temperatur feststellen. Warum ist das so? Aufgrund einer Verkettung vielschichtiger Vorgänge. Zunächst ist da das Denken, das wir als eine Art Bewegung betrachten können; dann zieht diese Bewegung, die von sehr großer Feinheit ist, eine andere nach sich: die des Gefühls. Diese Bewegungen beeinflussen anschließend das Nervensystem, das – weil es auf das Kreislaufsystem einwirkt – eine Erweiterung der Kapillargefäße bewirkt und auf diese Weise einen erhöhten Lebenszustrom in die Finger. Die guten Gedanken, die ihr in jedes eurer Organe und Glieder sendet, rufen dort segensreiche Veränderungen hervor. Wenn ihr es euch zur Gewohnheit macht, jeden Tag für einige Minuten an eure Zellen zu denken, könnt ihr eure Gesundheit verbessern.

Heutzutage besuchen die Menschen auf ihren Reisen alle Kontinente, vergessen aber, ihre eigene Erde zu besuchen. Sie wissen, was am anderen Ende der Welt passiert, aber sie wissen nicht, was in ihnen selbst geschieht. Sie sind sich nicht im Klaren darüber, dass manche ihrer Zellen leiden, und wenn sie ihren Arzt aufsuchen, erfahren sie, dass ihre Krankheit schon vor Jahren begonnen hat! Wir sollten es uns zur Gewohnheit machen, unsere Zellen aufzusuchen, denn sie sind es, die uns sofort davon in Kenntnis setzen, was in uns vor sich geht, was ihnen fehlt und worum wir uns bemühen müssen.

Solange die Menschen nicht lernen, sich selbst zu lieben, werden sie den anderen, die sie angeblich lieben, eher schaden anstatt ihnen zu helfen. Was macht jemand, der Hühner, Schafe, Hasen, Gänse oder Truthähne »liebt«? Er schneidet ihnen die Kehle durch und verspeist sie. Und wenn ein Mann zu einer Frau sagt: »Mein Liebling, ich liebe dich, ich brauche dich«, kann man übersetzen: »Ich habe Hunger, lass mich dich in Stücke schneiden, weil du ein sehr zartes Fleisch hast und ich dich verspeisen möchte.« Ja, auf diese Weise lieben viele Leute ihren Nächsten. Darum raten uns die Weisen, zuerst Gott zu lieben, und dann unseren Nächsten; denn wenn wir wissen, wie wir Gott lieben sollen, dann wissen wir auch, wie wir die anderen lieben sollen.

Die Liebe zu Gott, die Liebe zu anderen und die Liebe zu uns selbst, jede finden wir jeweils durch ein Zentrum in unserem Kopf vertreten.

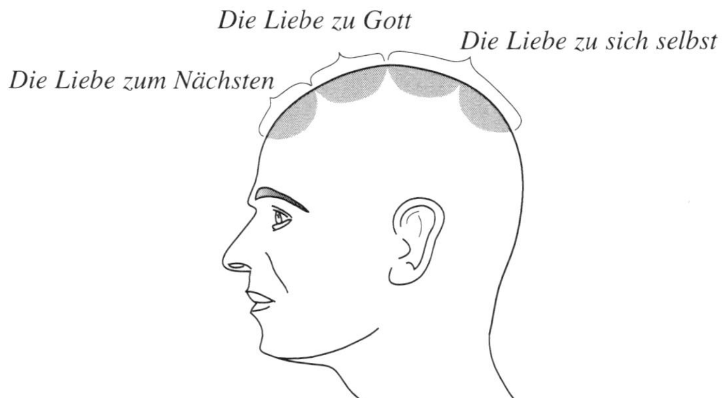

Das Zentrum für die Liebe zu Gott befindet sich am höchsten Punkt des Kopfes. Es ist das Zentrum der höheren Liebe, der Verehrung des Schöpfers. Das Zentrum der Liebe für andere befindet sich etwas oberhalb der Stirn. Und das Zentrum der Liebe zu sich selbst finden wir am oberen Hinterkopf. Das Zentrum der Liebe zu Gott liegt somit zwischen den beiden anderen und ist mit dem tausendblättrigen Lotus, Sahasrara Chakra genannt, verbunden. Dieser Lotus entwickelt sich nur durch die Liebe zum Schöpfer, einer reinen, vollkommenen Liebe. Entwickelt sich dieses Zentrum, befreit es den Menschen von der Materie, es verleiht ihm die Fähigkeit, im Raum zu reisen.

Man hat mir kürzlich eine kleine Geschichte erzählt. Während des letzten Krieges gab es eine Bettlerin, die von den Hilfeleistungen für Flüchtlinge profitieren wollte und jeden Tag zum Rathaus ging, um Ansprüche geltend zu machen. Sie hatte kein Recht auf diese Ansprüche, und man verweigerte sie ihr, aber sie kam immer wieder und belästigte die Angestellten mit ihren Klagen und ihrem üblen Geruch, denn sie hatte sich wohl jahrelang nicht gewaschen! Man wusste nicht, wie man diese Frau loswerden konnte, bis eines Tages einer der Angestellten, der etwas scharfsinniger war als die anderen, Folgendes vorschlug: »Wir werden ihr Seife und saubere Kleider geben und ihr sagen, dass wir ihre Ansprüche erfüllen werden, sobald sie gewaschen und ordentlich gekleidet wiederkommt.« Als die Bettlerin erneut beim Flüchtlingsdienst erschien, teilte man ihr diese gute Neuigkeit mit. Sie hielt das zunächst für einen Scherz. Aber sobald sie begriff, dass dieser Vorschlag ernst gemeint war und ihre Sauberkeit es ihr ermöglichen würde, zu erhalten, wonach sie seit Monaten verlangte, runzelte sie die Stirn, brummelte etwas vor sich hin und verschwand. Man hat sie nie wieder gesehen. Sie hatte sich überlegt, dass sie von dem Tag an, wo sie sauber und ordentlich gekleidet sein würde, nicht mehr betteln gehen könne.

Was uns betrifft, sind auch wir oft wie diese Frau; der unsichtbaren Welt gegenüber haben wir genau dieselbe Haltung. Wir brummeln vor uns hin, verlangen nach großartigen Dingen, und wenn der Himmel dann zu uns sagt: »Wir werden euch geben, wonach ihr verlangt, aber wascht euch vorher«, dann ziehen wir es vor, schmutzig zu bleiben und nichts zu bekommen. Sobald die Menschen auf eine Lehre stoßen, die ihnen empfiehlt, kein Fleisch mehr zu essen, keinen Alkohol mehr zu trinken, nicht mehr zu rauchen, ihre Gedanken und ihre Gefühle zu überwachen, nehmen sie Reißaus, denn diese Lehre reicht ihnen die Seife!

Jemand kommt zu euch und sagt: »Mein Freund, gib mir dein Herz, ich brauche es.« Ihr weigert euch, und er murrt und fleht euch an, einen Tag, eine Woche, einen Monat lang, und schließlich gebt ihr ihm euer Herz. Jetzt hat er zwei Herzen und ihr keines mehr. Ein anderer verlangt euren Verstand, indem er sagt, er brauche ihn, um zu arbeiten. Nach einigen Wochen des Forderns erhält er ihn und ihr seid seiner beraubt. Ein anderer kommt und sagt: »Ich liebe deine Seele so sehr, gib sie mir.« Ihr gebt sie fort und seid eurer Seele beraubt. Schließlich kommt jemand, der euren Geist verlangt – und auch da gebt ihr schließlich nach. Und so bekommt ihr den Ruf eines Wohltäters!

Ihr seht mich mit erstaunten Augen an: Ist es möglich, jemandem sein Herz, seinen Intellekt, seine Seele, seinen Geist zu geben? Nun, das ist so sehr möglich, dass ihr entsetzt sein werdet, wenn ich euch sage, dass die Zahl der Menschen, die ihr Herz oder ihren Intellekt nicht verkauft haben, äußerst gering ist. Und das ist noch nicht alles; es gibt da auch noch die niederen Wesen der unsichtbaren Welt mit einem Interesse daran, sich des Herzens, des Verstandes, der Seele und des Geistes der Menschen zu bemächtigen, um sie für ihre finsteren Machenschaften zu benützen. In Wirklichkeit jedoch können diese Wesen niemals etwas anderes erreichen, als sich das Herz und den Verstand untertan zu machen. Seele und Geist entkommen ihnen, dank ihrer höheren, göttlichen Essenz. Wenn auch Seele und Geist für eine gewisse Zeit unterworfen sein können, aufgrund ihrer Verbindung zum Herzen und zum Verstand (die der Materie, dem Körper und den niederen Strömungen näher sind, also leichter beeinflussbar), so sind sie doch frei und unverwundbar; außer in dem Fall, wo der Mensch sich bewusst und endgültig durch einen Pakt an die Dämonen bindet.

Doch auch die höheren Geister wollen sich im Menschen manifestieren. Diese Geister bilden eine ganze Hierarchie von Engeln, Erzengeln und lichtvollen Geistern bis hin zur Gottheit, und nur ihnen können, ja, sollten wir sogar unser Herz, unseren Verstand, unsere Seele und unseren Geist anvertrauen. Von ihnen werden wir niemals bestohlen, betrogen oder verlassen werden. Wir sollten sie darum bitten, zu kommen und sich unser zu bedienen, zum Ruhme Gottes und Seines Reiches.

Beobachtet die Menschen und ihr werdet bemerken, wie viele von sichtbaren oder unsichtbaren Dieben heimgesucht werden, die sie unter Druck setzen, bis hin zur Versklavung. Um Geld, Vergnügen, Macht oder Ruhm zu erlangen, ist es nun einmal so, dass die Menschen ihr Herz, ihren Verstand, ihre Seele und ihren Geist verkaufen. Der Schüler der Universellen Weißen Bruderschaft wird auf alle möglichen Arten von niederen Kräften versucht, die ihn versklaven wollen, aber er darf nicht nachgeben. Er muss dem Propheten Daniel gleichen, der in die Löwengrube geworfen wurde, weil er sich weigerte, die Statue des Königs Nebukadnezar anzubeten – und dem Gott seinen Engel schickte, der ihn schützen sollte.

Wir leben in einer Epoche, die sich nicht sehr von derjenigen unterscheidet, in der Daniel lebte. Nur die äußeren Umstände haben sich geändert, aber nicht die Mentalität. Nebukadnezar existiert noch in allen Formen: Er wirkt durch die Macht des Geldes, durch die Presse, und durch die Sexualität. Er kann auch die Form einer Frau annehmen, die sich euch äußerlich mit größter Sanftmut zeigt, jedoch in der verborgenen Absicht, euch alles zu nehmen, euch ihren Wünschen und Launen zu unterwerfen. Wenn ihr euch weigert, sie zufriedenzustellen, werdet ihr ins Gefängnis geworfen, wie Joseph, der ins Gefängnis geworfen wurde, weil er der Frau des Potifar widerstanden hat (1.Mo, 39,1-39,20). Die Frau des Potifar ist eine andere Form der Statue des Nebukadnezar. Aber was ist aus Joseph nach dieser Gefangenschaft geworden? Er ist zum Wohltäter Tausender von Menschen geworden, die er vor Hunger und Elend bewahrt hat.

Ihr fragt: »Aber was sollen wir tun, wenn man unser Herz und unseren Verstand fordert? Es ist nicht ratsam, sich zu weigern.« Ich werde euch einige Beispiele nennen. Ihr habt eine Geige, und spielt gerne darauf, sie ist auf euren Rhythmus, eure Schwingungen eingestimmt. Eines Tages fordert jemand sie von euch. Er fordert sie im Namen der Barmherzigkeit, der Freundschaft. Ihr müsst dann zu ihm sagen: »Mein Freund, ich werde dir die Musik schenken, die meine Geige hervorbringt, aber die Geige gehört mir, ich behalte sie, sie ist nicht für dich gemacht.« Oder nehmt an, ihr hättet ein Bankguthaben. Wenn jemand es von euch verlangt, sagt zu ihm: »Mein Freund, ich werde dir die

Zinsen dieses Geldes geben, aber das Kapital bewahren, damit es mir immer etwas einbringt.« Und wenn ihr einen Obstbaum in eurem Garten habt und jemand euch auffordert, ihn auszugraben und in seinen Garten zu pflanzen, dann sagt zu ihm: »Lieber Freund, ich behalte diesen Baum in meinem Garten, wo er gut gedeiht, aber wenn du magst, komm so oft du willst vorbei und iss dich satt an seinen Früchten. Ich werde dir sogar ein Pfropfreis geben, damit du es in deinen Garten pflanzen kannst, aber nicht mehr.« Oder stellt euch vor, ihr besäßet ein äußerst seltenes und kostbares Buch, und dieselbe Geschichte wiederholte sich; jemand bittet euch, es ihm zu geben. Ihr sagt: »Komm jeden Tag zu mir, wenn du willst, um es zu lesen oder es zu kopieren, aber das Buch muss in meiner Bibliothek bleiben, da ich es dort aufbewahre«. Auf diese Weise gebt ihr allen was zu tun, ihr holt sie aus ihrer Trägheit heraus. Alle sind zufrieden und kommen besser voran.

Es liegt jetzt an euch, eine Entsprechung zwischen diesen Beispielen und den verschiedenen Funktionen von Herz, Verstand, Seele und Geist herzustellen. Gebt nicht euer Herz her, gebt nur eure Gefühle. Gebt nicht euren Verstand her, aber gebt eure Gedanken. Gebt nicht eure Seele her, aber gebt die Liebe, die ihr entströmt. Gebt nicht euren Geist her, sondern die segensreichen Kräfte, die aus ihm hervorsprudeln.

Wir gleichen alle Gefangenen in der physischen Welt. Um uns zu befreien, müssen wir diese beiden Gebote, die Jesus uns gegeben hat, anwenden: den Herrn lieben und den Nächsten lieben. Selbst wenn wir den schlimmsten äußeren Bedingungen ausgesetzt sind, können wir innerlich in Freiheit, Reinheit und Frieden leben, weil diese Liebe, die wir für Gott und die Menschen in uns tragen, uns alles gibt. Und im Gegensatz dazu befinden wir uns vielleicht in den besten äußeren Bedingungen und sind doch innerlich gequält, begrenzt und elend, weil wir keine Liebe haben.

Nehmt die Sonne als Symbol der Gottheit und nähert euch ihr. Es ist die Liebe, die uns den Wesen und Dingen näher bringt, denn die Liebe ist eine Kraft, die verbindet. Sobald ihr jemanden liebt, verspürt ihr den Drang, ihm so nahe wie möglich zu kommen...

Ihr kennt das Gesetz der universellen Anziehung: Die Planeten bewegen sich, als wären sie von der Sonne angezogen, in direktem Verhältnis zu ihrer Masse, und in umgekehrtem Verhältnis zum Quadrat ihrer Entfernung zur Sonne. Die Erde ist an den Polen leicht abgeflacht – die Entfernung zum Zentrum ist am Pol geringer als am Äquator –, und wenn man ein und denselben Gegenstand am Pol und am Äquator wiegt, stellt man fest, dass er am Äquator weniger wiegt als am Pol. Die Anziehung ist am Pol größer und das Objekt daher schwerer. Aber wenn sich das Objekt von der Erde entfernt, kommt ein Moment, wo es der Erdanziehung nicht mehr unterworfen ist und daher kein Gewicht mehr hat. Im selben Augenblick, in dem es in den Anziehungsbereich der Sonne gerät, wird es von der Sonne angezogen. Stellt euch also vor, ihr würdet der Erdanziehung entkommen, und sofort würdet ihr euch immer leichter fühlen. Ihr würdet keinerlei Anstrengungen mehr unternehmen, euer Ziel zu verfolgen, sondern ihr würdet euch von der Sonne angezogen fühlen, beinahe absorbiert von ihr.

Dasselbe Gesetz wirkt auch in uns selbst: Manchmal steigen wir sehr hoch hinauf, wir nähern uns der geistigen Sonne und fühlen uns glücklich, leicht und weit. Ein anderes Mal steigen wir hinab, und wir fühlen uns schwer und unglücklich. Wir sollten uns also mit aller Kraft bemühen, uns durch unseren Willen und unsere Liebe zur göttlichen Quelle zu erheben. Dann werden wir uns von unseren Lasten befreit fühlen, und auch von den Banden, die uns an die Erde ketten.

Ihr erinnert euch an die Abbildung, die ich euch gegeben habe:

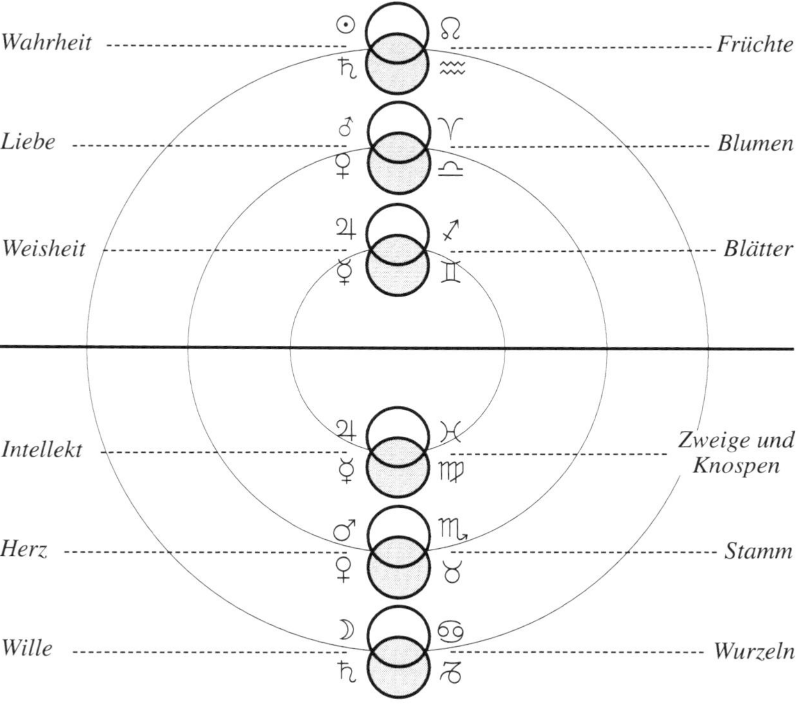

Wenn wir vom niederen Teil der Abbildung zu seinem höheren Teil vordringen können, gelangen wir in das Reich Gottes, wo die drei Prinzipien der Weisheit, der Liebe und der Wahrheit herrschen. Es verhält sich beim Menschen wie bei den Pflanzen. Wer sich in den Wurzeln befindet, lebt in der Dunkelheit. Wenn er aber in die Blüten und Blätter hinaufsteigt, lebt er im Licht, er spürt den frischen Windhauch, die Frische des Taus und die Strahlen der Sonne.

Zum Schluss möchte ich auf die Worte des Meisters zurückkommen:

»Das Herz sei rein wie ein Kristall,
der Verstand leuchtend wie die Sonne,
die Seele weit wie das All,
der Geist mächtig wie Gott
und eins mit Gott«,

denn sie werden für euch ein Licht auf die beiden Gebote werfen, die Jesus uns gegeben hat: »Du sollst den Herrn, deinen Gott, lieben von ganzem Herzen, von ganzer Seele, mit deinem ganzen Denken und mit all deiner Kraft« und » Du sollst deinen Nächsten lieben wie dich selbst«.

Paris, den 19. Juni 1938

Kapitel 3

Was das menschliche Gesicht offenbart

Freier Vortrag

In mehreren Vorträgen habe ich bereits über die spirituelle Galvanoplastik gesprochen. Wir haben gesehen, wie man die verschiedenen Elemente des galvanischen Experimentes interpretieren kann: die Anode, die Kathode, die Lösung und die Batterie. Aber auch die vier arithmetischen Rechenarten haben wir entdeckt, die mit den vier psychischen Faktoren, die in uns wirken, verbunden sind: dem Herzen, dem Intellekt, der Seele und dem Geist. Diese vier Faktoren leben gemeinsam im physischen Körper, ihrem Haus. Manchmal stellen sie sich gegeneinander und streiten, aber sie wohnen gemeinsam im Menschen, sie können sich nicht trennen, und jeder arbeitet am Körper, an den Organen, am Gesicht. Heute werde ich zu euch über diese Arbeit sprechen, das heißt, ich werde euch einige Kenntnisse der Physiognomie vermitteln. Über manche meiner Erklärungen werdet ihr sicher etwas erstaunt sein, werdet aber später ihre Bedeutung verstehen.

Es kann bei einem Ehepaar zum Beispiel vorkommen, dass die Frau immer mehr zunimmt, während der Mann dagegen immer magerer wird. Manchmal geschieht aber auch das Gegenteil. Wenn man an Körperfülle zunimmt, bedeutet das, dass das Herz dominiert, denn das Herz addiert nur, wie ihr wisst. Nimmt man dagegen ab, dominiert der Intellekt, was in bestimmten Fällen durchaus gut ist, aber in anderen nicht. Es kommt aber auch vor, dass Mann und Frau gleichzeitig zu- oder abnehmen. Zu diesem Thema gibt es vieles anzumerken.

Früher zog man es vor, eher dick zu sein, heutzutage ist man lieber mager. In beiden Neigungen liegt eine Gefahr. Wer ein gutes Herz hat, neigt zum dicker werden: Er ist gut gelaunt und jovial, in ihm herrscht das Herz vor und strömt über. Aber manchmal führt solch ein Übermaß zu Trägheit. Wer zunimmt, will nicht mehr laufen, keine Anstrengungen unternehmen, nichts Neues versuchen; sein Herz erlaubt es ihm nicht mehr.

Wenn der Intellekt vorherrscht, wird der Mensch mager. Der Intellekt ist mit der Elektrizität verbunden, deren Schwingungen die Materieteilchen vertreiben, was dann zum Abmagern führt. Das beste Mittel gegen Körperfülle ist daher das Denken. Jeden Tag machen Radio und Fernsehen Werbung für schlank machende Mittel, die teilweise gefährlich und sehr teuer sind. Nun, heute Abend schlage ich euch eines vor, das sehr wirksam und zudem noch günstig ist: das Denken! Denkt von morgens bis abends, und ihr werdet abnehmen. Ihr seid erschrocken? Nun, verkürzt die Dauer ein wenig, denkt für ein paar Stunden. Wer dagegen mager ist und zunehmen will, gebe seinem Herzen Arbeit, und er wird ruhiger, mitfühlender, liebenswürdiger. Will man wohlproportioniert sein, muss man ein Gleichgewicht finden, müssen Intellekt und Herz gleich viel arbeiten. Es ist nicht gut, wenn entweder nur das Herz oder nur der Intellekt vorherrscht, vor allem nicht der Intellekt, denn er subtrahiert und lässt dadurch nichts mehr übrig, weder Güte noch Gerechtigkeit noch Aufrichtigkeit, weder die Vorsehung noch die Seele noch die Existenz Gottes. Der Intellekt trocknet den Menschen aus.

Im vorherigen Vortrag haben wir also gesehen, dass die Kathode, die symbolisch dem Herzen entspricht – dem weiblichen Prinzip – addiert, und dass das Bild sich verdickt, indem es mit dem Metallsalz überzogen wird. Die Anode hingegen, die Metallplatte, der Intellekt – das männliche Prinzip – wird dünner, denn sie verliert an Substanz. Die Lösung, welche die Seele darstellt, ist das Milieu, in dem sich die Metallplatte auflöst und wo die Atome in Elektronen zerfallen. Und die Batterie, die den Geist darstellt, teilt die Kräfte in Männlich und Weiblich (positiver und negativer Pol), die dann Anode und Kathode speisen.

Nun können wir diese vier Elemente auch in unserem Gesicht finden, wo jedes von ihnen seine Aufgabe erfüllt. Das Herz befasst sich mit der Formung des Mundes. Unser Mund offenbart die Qualität und die Natur unseres Herzens, er ist sein sichtbares Bild, die Gefühle hingegen bleiben verborgen. Der Intellekt arbeitet an der Nase, er ist das Modell, nach dem die Nase geformt ist. Je nach Länge der Nase, ihrer Lage im Gesicht – weiter oben oder unten –, ihrer spitzen oder runden Form, ihrer Farbe und so weiter, kann man die intellektuellen Besonderheiten eines Menschen erkennen. Die Seele befasst sich mit den Augen; mit ihrer Hilfe kann man erraten, ob sie mehr oder weniger intensiv im Menschen präsent ist. Der Geist arbeitet an der Stirn, sie verrät uns seine Widerstandskraft, seinen Edelmut, seine Macht, seine erhabenen Qualitäten oder auch die Schwächen, die ihn daran hindern, sich zu manifestieren.

Wir haben also zwei weibliche Elemente, den Mund und die Augen, und zwei männliche, die Nase und die Stirn, das heißt, zwei Mütter und zwei Väter. Und wo sind die Kinder? Die Abwesenheit von Kindern stimmt nicht mit den Gesetzen der Natur überein. Wenn kein Kind da ist, ist das ein Zeichen dafür, dass das männliche und das weibliche Prinzip nicht miteinander verbunden sind. In einem einfachen Gemenge kann man die Elemente trennen, aber sobald es eine chemische Verbindung gibt, kann man es nicht mehr. Wenn Sauerstoff und Wasserstoff einfach nur vermischt sind, ist das noch kein Wasser. Und wenn es in der Natur kein Kind gibt, gibt es keine Freude. Die Kinder sind wie das Wasser, sie sind die Frucht aus einer Kombination von Elementen. Wenn diese Verbindung sich vollzieht, sprudelt das Wasser hervor, um die Geschöpfe zu beleben und zu nähren. Das Gleiche geschieht in uns: Herz und Intellekt, Seele und Geist zeugen ein Kind auf der physischen Ebene. Für Herz und Intellekt (den Mund und die Nase) ist dieses Kind das Kinn. Für Seele und Geist (die Augen und die Stirn) ist das Kind der obere Teil des Schädels.

Das Kinn offenbart uns den Willen, die Widerstandskraft eines Menschen, seine Fähigkeiten, auf der physischen Ebene zu handeln. Ein vorspringendes oder fliehendes Kinn, seine runde oder eckige Form, bringen eine große Zahl von Merkmalen hervor. Das Kind von Seele und Geist ist der göttliche Wille, das auf dem höchsten Punkt des Scheitels gelegene Zentrum. Dieses Zentrum weist darauf hin, welche Leistungen im Hinblick auf das Gute erbracht wurden, aus Liebe zu Gott und den Menschen. Es weist ferner darauf hin, wie stabil und beständig man dem göttlichen Ideal zustrebt.

Die Physik erforscht die vier Grundphänomene Wärme, Licht, Magnetismus und Elektrizität. In unserem Gesicht ist der Mund mit der Wärme verbunden, die Nase mit der Elektrizität, die Augen mit dem Magnetismus und die Stirn mit dem Licht. Doch der Mund, der die Wärme repräsentiert, ist auch mit den Augen, dem Magnetismus, verbunden, denn das Herz ist mit der Seele verbunden. Die Augen sind übrigens ein Mund, der das Licht absorbiert, und die Seele nährt sich, ebenso wie unser Herz, von Gefühlen, aber von göttlichen Gefühlen. Durch unsere Augen nehmen wir eine höhere Nahrung zu uns, so wie wir durch unseren Mund die physische Nahrung aufnehmen. Und in gleicher Weise, wie die Nase Düfte unterscheidet, unterscheidet der Verstand durch Licht und Weisheit das Gute vom Schlechten; und der Geist, die Stirn, sieht in der höheren Welt.

Rekapitulieren wir also:

- das Herz	der Mund	die Wärme
- der Verstand	die Nase	die Elektrizität
- die Seele	die Augen	der Magnetismus
- der Geist	die Stirn	das Licht

Sicher läuft nicht immer alles so, wie es sein sollte. Manchmal entspricht der Mund nicht der Wärme, er ist kalt. Wenn die Nase zu elektrisch wird, zeugt das davon, dass ihr Besitzer nervös ist und leicht in Zorn gerät, denn bei Überspannung sprühen Funken über. Der Ausdruck: »Der Senf ist mir in die Nase gestiegen« zeigt deutlich die Verbindung zwischen Nervosität und Nase. Gebt daher sehr gut acht auf die Signale eurer Nase. Sie sagt euch: »Mein Herr und Meister, es gibt da etwas, was nicht in Ordnung ist, sei vorsichtig, sei geduldig mit den anderen.« Anhand der Nase können wir die elektrischen Kräfte erkennen, die in dem Menschen wirken. Wenn sie im Gesicht vorherrscht, bedeutet das, dass der Mensch führen, sich durchsetzen will, manchmal sogar mit Hilfe ungerechter und grausamer Methoden.

Die Augen lassen auf den Magnetismus schließen, aber es ist ratsam, sanft zu blicken, ruhig und unaufdringlich.* Es kommt ab und zu vor, dass die Augen elektrisch werden und die Nase magnetisch, das ist aber nicht wünschenswert. Der Blick sollte sanft, ruhig und voller Güte sein, aber ohne die Grenzen zu überschreiten, denn wenn der Blick zu sanft ist, werden alle, die ihr so sanft anblickt, euch überallhin folgen wollen, und dann beginnen die Schwierigkeiten!

Die Stirn ist mit dem Licht verbunden. Wenn die Stirn warm wird, anstatt lichtvoll und kühl zu bleiben, wird der

* Siehe im selben Band »Die magische Kraft der Gesten und des Blickes«.

Mensch krank. Aber zwischen Wärme und Licht gibt es eine gute Beziehung. Wenn ihr weise und vernünftig denkt, kann euer Mund warmherzige Worte äußern, welche die Herzen erwärmen und beleben. Die Frauen malen ihre Lippen rot an; und warum, glaubt ihr, tun sie das? Ihr meint, um schöner zu sein. Vielleicht. Aber geht es ihnen nicht ein klein wenig darum, die Männer zu täuschen? Sie wollen sie zweifelsohne glauben machen, ihr Herz sei warm. Instinktiv begreifen die Frauen, dass die Männer sie nach physiognomischen Gesetzen einschätzen, und um sie anzuziehen, bemalen sie sich die Lippen. Das soll heißen: »Mein Herz glüht, wenn du mit mir kommst, kannst du dich wärmen«. Aber anstatt sie zu erwärmen, lässt man diejenigen, die sich nähern, oft in der Kälte stehen, denn die rote Farbe war nur äußerlich.

Ihr erinnert euch an die Formel von Meister Peter Danov: »Das Herz sei rein wie ein Kristall, der Verstand leuchtend wie die Sonne, die Seele weit wie das All, der Geist mächtig wie Gott und eins mit Gott«. Wenn ihr diese Formel anzuwenden wisst, werdet ihr gerettet. Jeden Tag hört man von neuen Medikamenten, aber je mehr man von diesen Medikamenten einnimmt, desto mehr belastet man sich mit schädlichen Stoffen. Man muss aufhören, an die Wirksamkeit von äußeren Heilmitteln zu glauben. Sie wirken nur für einige Tage, einige Monate, aber wie viele üble Folgen stellen sich danach ein! Wenn ihr in eurem Inneren damit fortfahrt, in Egoismus, Dunkelheit, Faulheit und Furcht zu leben, wozu dienen dann alle diese Heilmittel? Sie können euch weder Stabilität noch Kraft noch Frieden geben, denn nichts außerhalb von euch hat diese Macht. Wenn ihr euch wahrhaft heilen und verwandeln wollt, dann kümmert euch um euer Herz, euren Verstand, um eure Seele und euren Geist. Sagt euch: »Bis heute glaubte ich nur an äußere Mittel, ich dachte, sie könnten mich retten. Ich fuhr fort schlecht zu leben, Dummheiten zu begehen, die heiligsten Naturgesetze zu übertreten, mich krank zu machen, weil ich überzeugt war, nur einige Mittel einnehmen zu müssen, um wieder gesund zu werden. Aber ich muss ein für alle Mal begreifen, wie sehr ich mich geirrt habe«.

Die meisten Menschen glauben, sie könnten ungestraft alle möglichen Dummheiten anstellen; leider macht die Wissenschaft sie glauben, dass sie alle Heilmittel besitzt, um sie zu behandeln, anstatt ihnen in aller Aufrichtigkeit zu sagen: »Mein Freund, die Wahrheit ist, dass du sterben wirst, solange du weiterhin auf diese Weise lebst. Niemand wird dich retten können. Du wirst nur weiterleben, wenn du weißt, wie man essen, trinken, atmen, lieben soll und wie du denken, fühlen und handeln sollst«. Denn das ist die wahre Wissenschaft, die Wissenschaft, die ewig Bestand haben wird, weil sie auf die Gesetze der Natur gegründet ist. Versteht mich richtig, ich bin in keiner Weise gegen neue Erfindungen, ich schätze sie, aber ich glaube nicht, dass sie dem Menschen all das geben werden, wonach er sucht. Sie werden ihm weder Gesundheit bringen noch die Freude des Herzens noch das Licht der Intelligenz, weder die Weite der Seele noch die Kraft des Geistes; all das muss er woanders suchen. Krieg, Krankheit und Elend werden weiter bestehen, solange die Menschen nichts in sich selbst verändern, solange sie nicht daran arbeiten, sich innerlich zu reinigen. Denn das Herz will alles an sich reißen, alles vereinnahmen, und der Verstand subtrahiert nur, unterdrückt und zerstört. Er zerstört sogar das, was unsere Existenz bereichert: Glaube, Güte und den Glauben an die unsichtbare Welt.

Heutzutage glauben die Menschen nicht mehr an die unsichtbare Welt, denn ihr Verstand hat diese unterdrückt. In Wirklichkeit existiert diese Welt, sie gibt uns überall Zeichen, durch die Blumen, durch die Vögel, durch alle Geschöpfe und die ganze Natur. Sie manifestiert sich unablässig und hilft uns, aber leider nehmen wir sie nicht einmal wahr. Denkt allein an all die Wellen, die in diesem Moment den Saal, in dem wir versammelt sind, durchqueren. All die Sterne schauen auf uns, wir sind von Musik umgeben, aber wir hören nichts, weil wir dieser Welt gegenüber verschlossen sind. Wenn wir uns ihr gegenüber eines Tages öffnen, und sei es auch nur für einige Minuten, könnten wir darüber fast den Verstand verlieren, derart würde uns die Freude überwältigen. Ich wiederhole, man darf nicht an äußere Mittel glauben. Einzig die Tugenden – die Liebe, die Weisheit, die Wahrheit, die Reinheit – können uns zu neuem Leben erwecken.

Eines Tages, in einem kleinen Dorf in Mazedonien, bemerkten die Bauern, dass Gegenstände bei ihnen verschwanden. Man stellte Untersuchungen an, aber der Dieb konnte nicht gefunden werden. Schließlich suchte der Lehrer den Bürgermeister auf und schlug ihm vor: »Herr Bürgermeister, ich denke, ich habe ein Mittel gefunden, den Dieb zu entlarven, und das geht so: Sie versammeln alle Bauern in einem Saal; dann lassen Sie einen nach dem anderen einen Raum durchqueren, in dem ich einen magischen Hahn platziert habe. Alle müssen ihn streicheln, und er wird den Dieb dann herausfinden. Wenn der Dieb ihn berührt, wird der Hahn krähen«. Ein wenig erstaunt, führte der Bürgermeister den Plan des Lehrers dennoch durch. Die Bauern wurden alle versammelt und dann einer nach dem anderen durch einen dunklen Raum geschickt, in dem sich der Hahn befand, aber der Hahn blieb stumm. Jeder dachte, der Dieb könne nicht unter ihnen sein. Als sie jedoch aufs Neue versammelt wurden, forderte der Lehrer sie auf: »Zeigt eure Hände«. Alle hatten rußgeschwärzte Hände – außer einem, dessen Hände noch sauber waren –, weil der Hahn mit Ruß angestrichen worden war, damit alle, die ihn berührten, zu erkennen waren. Da der Hahn krähen sollte, sobald der Schuldige ihn berührte, hatte sich der Dieb natürlich gesagt: »Ich werde ihn nicht berühren, damit er nicht kräht, ich wäre schön dumm, wenn ich es täte«. Die anderen jedoch, die sich unschuldig fühlten, hatten ihn ohne zu zögern berührt.

Manchmal gleichen wir diesem Dieb. Wir glauben, wir könnten die Eingeweihten und die unsichtbare Welt täuschen, ohne zu ahnen, dass es auf unserem Gesicht Spuren, verräterische Zeichen gibt: unser Kinn, unseren Mund, unsere Nase und so weiter, die durch ihre Form oder ihre Farbe unsere Qualitäten und unsere Schwächen offenbaren. Alles ist dort gut sichtbar aufgezeichnet!

Es kommt vor, dass ihr ein Gesicht betrachtet; ihr seht es von vorn an und auch im Profil, und selbst ohne Kenntnisse der Physiognomie merkt ihr, dass das Gesicht und das Profil einander nicht entsprechen. Es kann tatsächlich vorkommen, dass ein Gesicht von vorne großartig ist, das Profil aber dumm oder animalisch wirkt. Manchmal ist auch das Profil kraftvoll und prächtig, das Gesicht dagegen gewöhnlich oder sogar vulgär. Es gibt daher vier mögliche Kombinationen: ein schönes Profil und ein schönes Gesicht, ein schönes Profil und ein hässliches Gesicht, ein hässliches Profil und ein hässliches Gesicht, und ein hässliches Profil und ein schönes Gesicht.

Das Gesicht stellt das Erbe dar, das wir vom Vater, von der Mutter sowie von den Großeltern bekommen, das heißt, die Gesamtheit der guten Eigenschaften und Mängel, die wir als Erbe mitbekommen haben. Das Profil stellt uns selbst dar. Das Gesicht entspricht unserem menschlichen Ich, der Personalität, und das Profil unserem göttlichen Ich, der Individualität. Vier Kombinationen sind also möglich. Wenn ein Gesicht daher schön und harmonisch ist, das Profil aber gewöhnlich, dann bedeutet das, dass diese Person dank ihrer Eltern gute Eigenschaften besitzt, ihre Individualität aber schwach ist. Und da das Erbe ein Kapital ist, das der Mensch beständig ausgibt und das er nicht selbst in seiner Individualität besitzt, wird sein Verhalten sich in späteren Jahren eher seinem Profil gemäß äußern. Darum kann man Kindern begegnen, die bis zu einem bestimmten Alter alle möglichen Talente und guten

Eigenschaften besitzen, die sie dann im Laufe ihres Lebens wieder verlieren. Das zeigt, dass diese Talente und guten Eigenschaften ihrem Vater oder ihrer Mutter gehörten, und dass ihre eigene Natur ganz und gar mittelmäßig war. Haben sie erst einmal dieses gute Erbe ausgegeben, finden sie sich selbst wieder, so wie sie sind.

Während der Kindheit manifestiert sich das Erbe, die Personalität, danach tritt sie zunehmend in den Hintergrund und macht der Individualität Platz, die sich bis ins Alter immer mehr durchsetzt. Das Kind folgt zunächst der Linie der Eltern. Später, wenn es größer wird und nachzudenken beginnt, entwickelt sich sein Selbst. Es muss nach und nach die Reichtümer aufgeben, die es besaß, denn sie gehörten ihm nicht wirklich, und es manifestiert sich von nun an in Richtung seiner Individualität, gemäß seinem eigenen Entwicklungsgrad. Wenn das Gesicht vulgär, das Profil aber ausdrucksvoll und edel ist, bedeutet das, dass der Mensch sich im Laufe seiner Kindheit und Jugend auf mittelmäßige, vielleicht sogar lasterhafte Weise manifestierte. Später aber, wenn er erwachsen ist und die Stunde seiner Individualität kommt, kehrt allmählich Weisheit ein und er überwindet seine schlechten Gewohnheiten und all die von seinen Eltern ererbten verderblichen Einflüsse. Es sind solche Menschen, die beim Kampf gegen ihr Erbe bemerkenswert stark, weise und widerstandsfähig werden. Es ist natürlich besser, wenn beide, Profil und Gesicht, wunderschön sind. Wenn das geschieht, manifestiert der Mensch zeitlebens ein großartiges Verhalten. Aber ihr solltet wissen, dass das Profil weitaus bedeutungsvoller ist als das Gesicht, wenn man die Zukunft einer Person kennen will.

Betrachten wir noch einen anderen Aspekt dieser Frage. Solange das Kind noch ganz klein ist, äußert es sich durch Bewegungen. Da es aber noch keinen Willen besitzt, um sich zu lenken oder zu beherrschen, ist sein Kinn weder entwickelt noch geformt. Wenn es größer wird, beginnt es in Gefühlen, Emotionen und Wünschen aller Art zu leben (der Mund). Erwachsen geworden, lernt der Mensch, nachzudenken und zu unterscheiden (die Nase). Später macht er sich daran, alles zu vermehren, was im Leben gut und nützlich ist, er arbeitet mit seiner Seele (den Augen). Schließlich alt geworden, lebt er in seinem Geist, er ist ein Denker, der Bücher schreibt und seine Erinnerungen wachruft.

Wir können daher das zukünftige Schicksal eines Menschen auch durch seinen Mund, seine Nase, seine Augen und seine Stirn erfassen. Wenn bei jemandem Mund, Nase und Augen schön und ausdrucksvoll sind, seine Stirn aber unschön ist, wird er während der ersten drei Perioden seines Lebens seine guten Eigenschaften entwickeln und zum Ausdruck bringen, aber später, wenn das Alter naht, wird er Dummheiten anstellen, er wird es bedauern, aufrichtig und großzügig gewesen zu sein, denn das, wird er sagen, hätte sich nicht gelohnt. Und es wird sogar so weit kommen, dass er den Sinn des Lebens und die Existenz Gottes anzweifelt. Wir erleben das gelegentlich. Wenn die Stirn nicht nach den Gesetzen des Geistes geformt ist, wird man im reifen Alter all das, was man zuvor gelernt hat, wieder zerstören. Wenn bei einem Menschen Kinn, Mund und Nase schlecht geformt sind, die Augen besser und die Stirn sehr schön, zeigt das, dass er während Kindheit und Jugend und im Erwachsenenalter ein mittelmäßiges, ungeordnetes Leben führen wird, er sich aber zum Alter hin unter dem Einfluss von Elementen höherer, geistigerer Art verändern wird. Die Schätze, die sich in der Stirn verbergen, manifestieren sich erst viel später, gegen Ende des Lebens.

Wenn ihr die folgende Zeichnung studiert, werdet ihr sehen, wie außerordentlich weise die Struktur des Gesichts angelegt ist.

Saturn und Mond (Aktivität und Passivität) sind mit dem physischen Körper verbunden, der dem Kinn entspricht.

Venus und Mars (Liebe und Kampfeslust) sind mit dem Astralkörper verbunden, der dem Mund entspricht.

Merkur und Jupiter (Intelligenz und Autorität) sind mit dem Mentalkörper verbunden, welcher der Nase entspricht. Dieselben Entsprechungen findet ihr im oberen Teil der Abbildung.

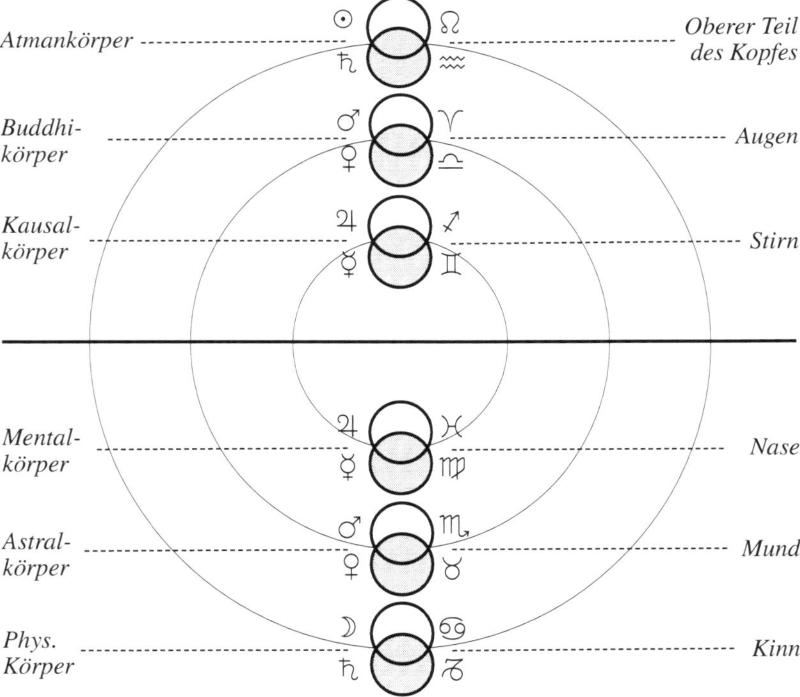

Ganz oben findet man die astrologischen Zeichen Wassermann und Löwe. Warum? Weil Wassermann und Löwe die Zeichen des neuen Zeitalters sind, das die Menschen zu einer aufgeklärten Lebensführung inspirieren wird. Wenn man meint, die Lehre Christi sei tot, so täuscht man sich. In Wahrheit hat man sie nur noch nicht richtig verstanden und vor allem nicht richtig angewandt. Im Wassermannzeitalter wird man sie verstehen, das heißt, man wird sie anwenden, durch eine edle Lebensführung voller Liebe und Weisheit. Für die Eingeweihten ist Christus bereits gekommen. Er wird jetzt kommen, aber einzig für diejenigen, die sich darauf vorbereiten, den Willen Gottes zu erfüllen. Für die anderen wird er in zweitausend, dreitausend oder noch mehr Jahren kommen, je nach ihrem Bewusstseinszustand.

Wie viele Menschen leben zur Zeit auf eine Art und Weise, dass eine Umwandlung möglich wird? Was sich tatsächlich für alle geändert hat, das sind die vom Himmel gebotenen Möglichkeiten, es hängt jedoch von unserer Reinheit und Offenherzigkeit ab, ob wir davon profitieren werden.

Man darf nicht glauben, dass sich die ganze Menschheit schlagartig wandeln wird, nur weil das Wassermannzeitalter anbricht. Es ist richtig, dass vom Wassermann höhere Kräfte herabfließen werden, aber wie viele Menschen werden wirklich davon profitieren? Wie oft ist die Sonne bereits durch diese Konstellation gewandert, und die Menschheit hat sich dennoch nicht gewandelt! Die Wanderung der Sonne durch die verschiedenen Tierkreiszeichen genügt nicht, die Menschen besser zu machen. Allein diejenigen, die sich darum bemüht haben, sich mit den neuen Strömungen in Harmonie zu bringen, werden fähig sein, sie auch zu manifestieren. Aber ich glaube nicht, dass der Frieden sich ganz von selbst einstellt, nur weil das Wassermannzeitalter kommt. Der Himmel wird uns Wellen senden, aber er wird uns nicht die Weisheit aufzwingen. Der Himmel gibt sich damit zufrieden, demjenigen zu geben, der empfangen will. Er wird uns also Möglichkeiten geben, aber wir werden weder Weisheit noch Glück empfangen, solange wir nicht vorbereitet sind. Ja, wir treten in das Wassermannzeitalter ein, aber wenn wir nichts tun, um von seinen Einflüssen zu profitieren, wird der Wassermann für die anderen kommen, aber nicht für uns. Oben ist er bereits gekommen, das ist richtig. Seit Milliarden von Jahren existieren dort Frieden und Weisheit.

Aber wozu so viel reden?... Ich will euch nichts mehr über Weisheit, Liebe und Reinheit erzählen, denn ihr benutzt meine Worte als Schmuck, anstatt sie in die Praxis umzusetzen. Jeder hört sie und eignet sie sich an, um vor anderen damit zu glänzen. Aber nur sehr wenige unter euch sind darauf bedacht, sie im Geheimen und in Demut anzuwenden. Worauf es ankommt ist jedoch, dass jeder an sich selbst arbeitet, um all die göttlichen Eigenschaften zu entwickeln, die Gott in ihn zum Ruhme Seines Reiches hineingelegt hat.

Die Sphinx der Ägypter war eine Darstellung des Tierkreises in Verbindung mit den vier Elementen. Sie besaß einen Menschenkopf (Wassermann, ein Luftzeichen), einen Stierkörper (Stier, ein Erdzeichen), Löwentatzen (Löwe, ein Feuerzeichen) und Adlerschwingen (Skorpion, ein Wasserzeichen). »Aber, werdet ihr sagen, warum finden wir im Tierkreis den Skorpion, nicht aber den Adler?« In Wirklichkeit stand der Adler im ursprünglichen Tierkreis, aber das ist eine lange Geschichte, die man aus symbolischer Sicht verstehen muss. Aufgrund schlecht gelenkter Sexualkräfte ist der Adler gefallen, und hat sich in einen Skorpion verwandelt. Der Adler stellt denjenigen dar, der sich sehr hoch in den Raum erheben konnte, aber gefallen ist, weil er von der Frucht des Baumes der Erkenntnis des Guten und des Bösen gegessen hat.*

Die vier Elemente stellen auch das Kreuz dar, und ihr könnt übrigens sehen, dass auf dem Tierkreis die vier Zeichen, die den vier Elementen und der Sphinx entsprechen, in Form eines Kreuzes angeordnet sind:

* Siehe im selben Band »Die beiden Bäume im Paradies«.

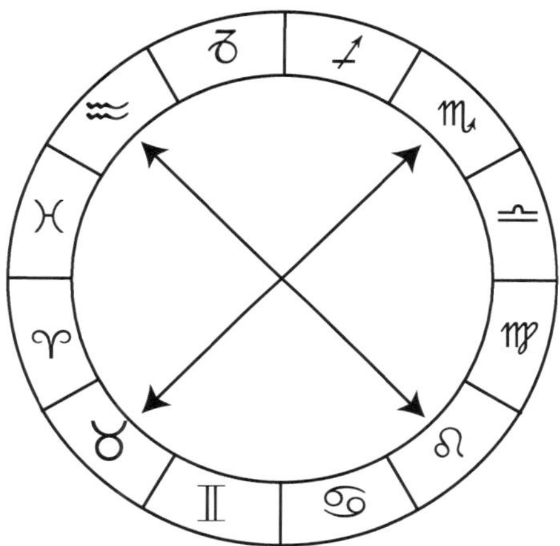

Das Paar Wassermann-Löwe ist mit dem oberen Teil des Kopfes verbunden, das Paar Stier-Skorpion hingegen ist mit dem Mund verbunden. Wenn wir uns also mit Gott durch höherwertiges Tun verbinden, wird der Herrscher des Wassermann, Saturn, seine Weisheit in uns erwecken; und diese Weisheit, das WORT Gottes, wird auf der ganzen Welt gehört werden und jeder Mund wird es wiederholen. Deshalb stellt die zwanzigste Karte des Tarot, auf der man einen Engel sieht, der über die Grabstätten schwebt, um mit seiner Trompete die Toten wiederzuerwecken, den Wassermann dar, dessen Einfluss auf die Menschheit spürbar wird. Gott spricht durch den Mund des Engels, um die Toten wiederauferstehen und sie in das neue Leben eintreten zu lassen.

Wenn man sich nun dieses Thema aus der Sicht der Chemie vornimmt, entdeckt man, dass die lebendige Materie aus vier Grundelementen besteht: aus Kohlenstoff, Sauerstoff, Wasserstoff und Stickstoff. Es gibt eine Vielzahl von Elementen und vielfältige, mögliche Kombinationen unter ihnen, aber es kann dort keine lebendige Materie geben ohne die Gegenwart jener vier Elemente, die den Aggregatzuständen entsprechen: fest, flüssig, gasförmig und feurig, von denen auch unser Leben abhängt. Wir können nur fortbestehen, weil wir essen (fester Zustand), trinken (flüssiger Zustand), atmen (gasförmiger Zustand), und Wärme und Licht absorbieren (feuriger Zustand). Es ist möglich, mehr als einen Monat ohne Essen zu überleben. Ohne zu trinken dagegen, überlebt man nicht so lange, ohne zu atmen kann man nur noch einige Minuten überleben, ohne Wärme jedoch würde man auf der Stelle sterben. Ich spreche hier natürlich von der inneren Wärme, von der Wärme des Herzens...

Wenn wir daher die verschiedenen Aggregatzustände nach ihrer Bedeutung für unseren Organismus und unser Leben einordnen, dann sehen wir Folgendes:

1. den feurigen oder ätherischen Zustand: das Licht und die Wärme
2. den gasförmigen Zustand: die Luft
3. den flüssigen Zustand: das Wasser, die Getränke
4. den festen Zustand: die Nahrung

In unseren täglichen Aktivitäten steht symbolisch gesehen der feste Zustand für die Handlungen, der flüssige Zustand für die Gefühle, der gasförmige Zustand für die Gedanken und der feurige, ätherische Zustand für das, was über den Gedanken steht: für die Seele und den Geist. Und jedem dieser Zustände entspricht – verbunden mit den vier Elementen – eine besondere Prüfung: für den festen Zustand die Erdbeben, für den flüssigen Zustand die Unwetter und Überschwemmungen, für den gasförmigen Zustand die Stürme und Orkane, und für den feurigen Zustand die Brände, das Feuer. Natürlich müssen diese Prüfungen auch auf symbolische Weise verstanden werden. Wenn ihr nicht zu arbeiten wisst, dann wundert euch nicht, dass euer

Leben ständig Unbilden und allem möglichen Unglück unterworfen ist. Wenn eines Tages Prüfungen kommen, werden alle zwangsläufig darüber nachdenken müssen, was sie dafür getan haben, um ihr Herz zu reinigen, ihren Verstand zu erhellen, ihre Seele weit zu machen und ihren Geist zu stärken.

Glaubt nicht, dass ihr die Prüfungen durchstehen könnt, indem ihr so bleibt wie ihr seid, denn an der Grenze werdet ihr von einem Wächter angehalten, der euch fragen wird: »Was trägst du in deinem Koffer«? Was so viel bedeutet wie: Was hast du in deinem Kopf, in deinem Herzen? Ich sehe dort schreckliche Bilder. Du willst also als Verräter hereinkommen und mit höllischen Gedanken in das Reich Gottes vordringen. Zeige jetzt, was du in deiner Seele hast... Nun, das ist nicht besser als das, was du im Verstand hast. Du kannst nicht eintreten!« Niemand ist berechtigt einzutreten, wenn er nicht zuvor daran gearbeitet hat, sich mit dem Reich Gottes in Harmonie zu bringen.

Erschütterungen, Stürme, Unwetter und Feuersbrünste werden uns geschickt, um zu prüfen, was jeder weiß und auf welche Weise er studiert hat. Es ist der Himmel, der durch meinen Mund zu euch spricht. Ich richte keine Drohungen an euch, sondern Warnungen, damit ihr euch entschließt, mit der Arbeit an euch selbst zu beginnen. Denn nur um diesen Preis wird Frieden, Glück und Freiheit unter die Menschen kommen. Wenn man weiterhin über Glück und Frieden nur spricht und nicht das Geringste dafür tut sich zu wandeln, wird sich niemals etwas bessern. Der Friede kann nur durch die Menschen in die Welt gelangen, die aufrichtig an sich selbst arbeiten. Wer den Frieden in sich selbst herstellt, unter den vier Elementen seines Wesens, der arbeitet wirklich für den Frieden. Heutzutage gibt es im Menschen schreckliche Szenen zwischen Mann und Frau (dem Verstand und dem Herzen). Der äußere Krieg ist nur die Folge, die Manifestation des inneren Zustandes in jedem Einzelnen. Es heißt: »Baut euer Haus auf dem Fels«. Der Fels stellt eine solide Grundlage dar. Was ist dieser Fels? Für das Herz ist es die Reinheit, für den Verstand die Weisheit, für die Seele die Liebe, für den Geist die Wahrheit.

In der Antike musste der Schüler, der die Einweihung erlangen wollte, vier Prüfungen durchlaufen. Die Prüfung der Erde, des Wassers, der Luft und des Feuers. Heute ist es noch genauso, aber in anderer Form. Der Schüler muss die Prüfungen direkt im Leben durchlaufen. Bezüglich der Sitten und des sozialen Lebens hat sich alles geändert. Man muss die Prüfungen nicht mehr in den Tempeln bestehen, sondern begegnet ihnen im täglichen Leben. Wenn ihr Erschütterungen auf der physischen Ebene aushalten müsst, materielle Schwierigkeiten, ist das die Prüfung der Erde. Wenn Unruhe und Leidenschaften euer Herz quälen, durchlauft ihr die Prüfung des Wassers, und so weiter. Die unsichtbare Welt schickt euch diese Prüfungen, um zu ermessen, wie solide ihr seid; und was immer ihr auch anstellt, um diesen Prüfungen zu entgehen, ihr könnt ihnen nicht entkommen. Viele meinen, es genüge, die materiellen Bedingungen zu verändern, um die Schwierigkeiten zu vermeiden. Ganz und gar nicht! Man ändert sein Schicksal nicht, ohne zuvor sein inneres Leben, seine Philosophie, seine Verhaltensweise und seine Gewohnheiten zu verändern.

Hört euch eine Geschichte an. Sie ist ein wenig prosaisch, veranschaulicht aber genau die Denkweise so vieler Menschen, die sich einbilden, man löse alle Probleme, indem man die äußeren Umstände ändert. Nehmt es mir also nicht übel... Kleine Vögel beklagten sich in ihrem Nest, sie piepsten: »Mutter, wir wollen nicht länger hier bleiben, das Nest ist schmutzig. Wir wollen ein anderes und woanders hingehen, in ein anderes, neues und sauberes Nest. – Gut, antwortete die Vogelmutter, ich verstehe euren Abscheu, aber wenn ihr das Nest wechselt, nehmt ihr dann nicht auch eure kleinen Hinterteile mit? Nun, dann wird das neue Nest schnell genauso schmutzig sein wie das erste, denn ihr selber beschmutzt es doch«. Mit uns ist das genauso. Wir wollen ins Paradies hinein mit einem Herzen, einer Seele und einem Verstand voller Unreinheiten, und wenn man uns hineinlassen würde, wäre das Paradies bald voller Müll. Wir müssen zuallererst uns selbst ändern, denn wenn wir rein sind, wird der Ort, an dem wir uns niederlassen, auch rein bleiben. Wenn wir uns heute in der Sonne niederließen und weiterhin so denken und handeln würden, würden wir die Sonne bald genauso glanzlos machen wie die Erde. Anstatt danach zu streben, die äußeren Bedingungen zu verändern, müssen wir uns darum bemühen, uns innerlich zu transformieren.

Manchmal stellt die Vogelmutter fest, dass ihr Kleines nicht fliegen will. Nun, dann nimmt sie es und wirft es aus dem Nest. »Meine Mutter ist böse, denkt der kleine Vogel, sie liebt mich nicht, sie wirft mich aus dem Nest«. Aber sobald er fühlt, dass er ins Leere fällt, öffnet er instinktiv seine Flügel und beginnt zu fliegen. Dann kehrt er zum Nest zurück, wo seine Mutter ihn empfängt und umarmt und zu ihm sagt: »Siehst du, ich bin weiser als du«. Auf die gleiche Weise schickt uns die unsichtbare Welt, wenn sie sieht, dass wir träge sind, eine »Mutter«, die uns aus dem Nest wirft, um uns das Fliegen zu lehren. Wenn uns im Leben großes Leid begegnet, geschieht das nicht, weil die unsichtbare Welt uns gegenüber grausam wäre, sondern weil sie uns zum Lernen und Arbeiten bringen will. Die unsichtbare Welt wirft uns wie die Mutter aus dem Nest der Trägheit und lehrt uns das Fliegen und das Leben.

In der Kabbala besteht der Name Gottes aus vier Buchstaben: Jod, He, Vau, He: י ה ש ה. Auch da finden wir die vier Prinzipien wieder. Jod steht für die Quelle des Lebens, den Geist. Das ist die Batterie, aus der alle Energien fließen, der höhere Wille. He steht für die Seele, die Liebe, die alles enthält und alles umfängt. Vau steht für den Intellekt und das zweite He für das Herz. Aber wir werden noch Gelegenheit haben, auf den Sinn dieser vier Buchstaben des Namen Gottes zurückzukommen*...

Jetzt bitte ich den Himmel, dass die göttliche Liebe euer Herz und eure Seele belebe, dass die göttliche Weisheit euren Verstand erhelle und erleuchte, und dass die göttliche Wahrheit euren Geist von allen irdischen Begrenzungen befreie, damit jeder den Willen des Herrn zur Errichtung Seines Reiches und Seiner Gerechtigkeit auf der Erde erfüllen kann.

So sei es!

Paris, den 25. Juni 1938

* Siehe Band 4 der Reihe Gesamtwerke »Das Senfkorn«, Kap.1 »Das ist aber das ewige Leben, das sie Dich, den einzig wahren Gott, erkennen...«.

Kapitel 4

Die magische Kraft der Gesten und des Blickes

Freier Vortrag

Ich bin glücklich, euch heute in diesem schönen Garten eines unserer Freunde versammelt zu sehen. Da ihr mich darum bittet, will ich gerne ein paar Worte an euch richten. Worüber wollt ihr, dass ich spreche?... Man hat mir vorhin eine Frage über die Gesten und ihre Bedeutung gestellt. Das ist ein sehr weitreichendes Thema; zunächst muss man sich erst einmal genauer mit den Gesten allgemein und ihrem Ursprung befassen, mit dem, was sie vom inneren Wesen zum Ausdruck bringen.

Der Mensch, ich habe es euch bereits erklärt, besteht aus verschiedenen Körpern, und dank dieser unsichtbaren Körper kann er mit einer großen Zahl von Kräften, Intelligenzen und Wesenheiten im Universum in Verbindung treten. Diese Kräfte, diese Intelligenzen, äußern sich durch ihn oft in Form von Gesten, von Bewegungen und von Mimik. Und umgekehrt kann der Mensch über Gesten und verschiedene Körperhaltungen – sei es nun bewusst oder unbewusst – mit den unterschiedlichen Kräften und Existenzen in Verbindung treten.

Das ist also eine sehr weitreichende Frage, und ich werde hier nur eure Aufmerksamkeit auf die enorme Bedeutung von den Bewegungen lenken, die wir jeden Tag, und das meist unbewusst, mit den Händen, den Füßen, dem Kopf, den Augen, dem Mund und dem ganzen Körper ausführen. Diese Gesten teilen sich in zwei Kategorien auf: die harmonischen und die disharmonischen Gesten. Ihr sagt manchmal: »Es ist seltsam, aber wenn ich mich in Gegenwart dieser Person befinde, fühle ich mich nervös, gereizt, ungeduldig.« Das hängt oft von den Gesten ab, die sie macht. Diese Gereiztheit kann andere Ursachen haben, sicher, aber es gibt eine große Zahl von Gesten und Bewegungen, die andere stören können. Manchmal gefällt euch jemand sehr, der weder schön noch gebildet ist; auch das hängt von den Gesten ab, die er macht, von seinem Verhalten.

Wir können daher die Menschen in zwei Kategorien einteilen: diejenigen, die unharmonische Gesten ausführen und diejenigen, die harmonische Gesten ausführen. Die Ersteren haben ruckartige, abgehackte, fahrige Bewegungen: Sie blinzeln mit den Augen, sie schniefen während des Sprechens, fuchteln grundlos mit den Händen herum, bewegen den Kopf hin und her, stehen auf einem Bein, fixieren euch mit Nachdruck, runzeln die Augenbrauen oder strecken ihren Zeigefinger abrupt in Richtung eures Gesichtes... Man kann diese Gesten gar nicht alle aufzählen. Andere hingegen sprechen mit Gesten voller Sanftmut und Frieden, die ein wahrer Segen sind für diejenigen, die ihnen zuhören.

Man muss die unbewussten Gesten beherrschen, denn sie verringern die Autorität eines Menschen. Ihr habt das bestimmt schon einmal bei großen Persönlichkeiten bemerkt, die aufgrund gewisser Schrullen, bestimmter Grimassen oder automatischer Bewegungen ihrer Hände all ihr Prestige einbüßten.

Gesten müssen dem inneren Zustand entsprechen. Wenn ihr harmonische Gesten macht, ohne die entsprechenden Gefühle zu zeigen, werden sie keine großen Ergebnisse hervorbringen, wenngleich sie nicht gänzlich ohne Wirkung bleiben, da alle Gesten von Natur aus magisch sind. Die großen Eingeweihten, die Meister, sind weiße Magier, das heißt, sie wissen die göttliche Welt mit Hilfe ihrer Gesten anzuziehen und auszudrücken. Die Schwarzmagier hingegen machen Gesten und werfen Blicke, welche die anderen begrenzen, unter Druck setzen, sie lähmen und ihnen die Kraft rauben. Es gibt wahrhaft unheilvolle Gesten.

Die Magie ist die Wissenschaft der Gesten. Darum muss sich auch der Schüler jeder seiner Bewegungen bewusst sein und darauf achten, keine unnützen oder schlechten Bewegungen zu machen während er spricht, geht oder arbeitet, denn er löst damit spirituell gesehen schwerwiegende Folgen aus. Jede Geste ist eine Kraft, die in den verschiedenen Welten wirkt. Sie entspricht Strömungen, Farben und Schwingungen und wird die Wesen um uns herum berühren. Jede von ihnen öffnet oder verschließt uns bestimmte Türen der Natur und verbindet uns mit guten oder schlechten Kräften. Wenn wir auf dem Weg der Liebe, der Weisheit und der Wahrheit vorankommen wollen, müssen wir unsere Gesten studieren und uns fragen, ob sie diese drei Tugenden zum Ausdruck bringen oder nicht. Die Gymnastikübungen* zum Beispiel, die ich euch gezeigt habe, sind Bewegungen der weißen Magie, die wir ausführen, um uns mit den lichtvollen Strömen des Universums zu harmonisieren. Sie öffnen in uns spirituelle Kanäle, die einen Austausch zwischen den inneren und den äußeren Kräften ermöglichen, und dieser Austausch hat segensreiche Folgen für unsere Gesundheit.

Wir müssen uns mit den Gesten intensiv befassen, denn es gibt solche, die wahrhaft machtvoll sind und die uns unmittelbar mit den Engeln in Verbindung bringen können. Aber es ist gefährlich, Kenntnisse über die magische Kraft der Gesten zu besitzen, ohne darauf vorbereitet zu sein, sie für das Gute einzusetzen. Wenn man diese Dinge zu schnell erschließen will, weil man sich für fähig hält, sie ohne vorangehende Rei-

* Siehe Band 13 der Reihe Gesamtwerke, »Die neue Erde«, Kap. 18 »Die Gymnastikübungen«.

nigung anzuwenden, sollte man auf Schwierigkeiten und sogar Unfälle gefasst sein. Deshalb gebe ich euch für den Anfang nur wenige Erklärungen, und ich wähle als Beispiele die einfachsten Gesten aus.

Zunächst sage ich etwas über die Gesten, die man mit den Händen ausführt. Die Gewohnheit, während des Sprechens zu gestikulieren, ist sehr verbreitet. Manchmal erschreckt es einen, sich Personen gegenüber zu sehen, die ständig unruhig ihre Hände bewegen, an ihren Haaren zupfen, nervös mit Gegenständen oder den Knöpfen ihrer Jacke spielen. Man kann ihnen nicht zuhören, und nach einigen Minuten Konversation ist man erschöpft. Man sollte also seine Hände erziehen und sich ihrer zu bedienen wissen, um ruhig zu werden. Dafür gibt es zahlreiche Übungen, die man ausführen kann. Ich werde euch einige vorstellen.

Ihr streicht zum Beispiel mit der rechten Handfläche sehr sanft über den Rücken der linken Hand und berührt ihn dabei kaum. Oder ihr streichelt mit den Spitzen der ersten drei Finger der rechten Hand nacheinander alle Finger der linken Hand, mit dem Daumen beginnend.

Und noch eine andere. Streckt eure rechte Hand aus, die Handfläche nach oben, und fixiert eure Aufmerksamkeit auf die Handmitte; dann schließt sanft, langsam und bewusst die Finger. Dabei konzentriert ihr eure ganze Aufmerksamkeit auf diese Bewegung, bis ihr eine Faust geschlossen habt... Haltet einen Moment inne und konzentriert eure ganze Aufmerksamkeit auf die Faust; dann löst langsam wieder die Finger und öffnet eure Hand. Legt eure ganze Aufmerksamkeit in diese Übung. Ein einziges Mal genügt, ihr werdet nicht stärker, wenn ihr sie zwanzig Mal in Folge ausführt, aber macht sie jeden Tag auf die richtige Weise.

Die Hände repräsentieren den Willen. Ihr müsst eure Hände erziehen und lernen, dass jeder Finger verschiedenartige Ströme und Wellen auffängt und aussendet. Die Finger sind Antennen.

Die Eingeweihten wissen mit ihren Fingern zu arbeiten, und wie man mit ihrer Hilfe die Ströme auffängt, die im Raum kreisen und die es ihnen möglich machen, zu heilen, zu reinigen und sich auf die Arbeit vorzubereiten.

An den Händen sammeln sich viele Unreinheiten. Deshalb sollte man sie oft waschen, damit sie als vollkommene Antennen funktionieren können. In Wirklichkeit jedoch genügt das physische Wasser auf euren physischen Händen nicht, eure Hände tatsächlich zu reinigen. Darum stellt euch jedes Mal, wenn euch das möglich ist, vor, dass ihr ein spirituelles Wasser, einen Strom aus Licht und den reinsten Farben fließen lasst, und badet eure Hände solange wie möglich darin.

Zählt nicht auf schwierige oder beeindruckende Übungen. Gerade in den kleinen, unscheinbaren Übungen verbirgt sich das Geheimnis der Kraft, das müsst ihr ein für alle Mal wissen.

Man darf sich nicht damit zufriedengeben, Kenntnisse anzusammeln, man muss sie anwenden. Wenn man sie nicht anwendet und von einer zur anderen springt, ohne die Kraft zu erproben, die sich in den geringsten von ihnen verbirgt, vergisst man sie und verliert alles. Immer wollt ihr sensationelle Offenbarungen, aber da sie sehr abstrakt sind, bleiben sie ungenutzt. Manche, dem Anschein nach leichte und unbedeutende Übungen, erweisen sich hingegen als äußerst wertvoll, sobald man sie anwendet, denn sie werden lebendig.

Die meisten Leute wollen alles wissen, ohne irgendetwas davon anzuwenden; nun, in diesem Fall ist das Wissen unnütz. Das, von dem man weiß, dass es gut ist, das muss man auch anwenden. Wenn ich sicher wäre, dass ihr euch dazu entschließt, das, was ich euch gerne erklären würde, auch in die Praxis umzusetzen, könnte ich euren Durst nach dem Wissen um all die wunderbaren Dinge, die man mit den Händen tun kann, stillen; das wird eines Tages kommen, wenn ihr Geduld habt. Für den Augenblick muss man mit den ersten Übungen beginnen und sie mit Ausdauer ausführen und nicht nur von

Zeit zu Zeit und unter x-beliebigen Bedingungen, denn selbstverständlich könnt ihr in dem Moment natürlich sagen, dass ihr keinerlei Ergebnis spürt.

Bevor ihr wisst, welche Gesten ihr mit den Händen ausführen sollt, beginnt damit, überhaupt keine Gesten zu machen. Wenn ihr sprecht oder etwas erklärt, macht es, ohne zu gestikulieren. Manche werden sagen, dass Gesten dem Wort mehr Kraft verleihen, doch das ist falsch. Ihr wisst, dass man sich im Theater und im Kino immer mehr bewusst wird, dass der Zuschauer beeindruckt werden kann, ohne dass der Schauspieler viele Gesten macht. Zu Beginn des Kinofilms bewegten sich die Darsteller viel, aber heutzutage bemühen sich die größten Künstler darum, kaum noch Gesten zu machen, und das Publikum zeigt sich durch ein solches Spiel sehr beeindruckt. Die empfindsamsten, intelligentesten und am weitesten entwickelten Menschen mögen kein Theater oder Kino, in dem zu viel gestikuliert wird, wie zum Beispiel in Musicals; sie spüren das Verlangen nach einer Sprache, die von innen kommt, die sich nicht durch übertriebenes Getue in Szene setzt, sondern sich manchmal nur auf das feine Spiel der Gesichtsmuskeln und den Ausdruck der Augen beschränkt. Ihr solltet euch daher darum bemühen, die Zahl eurer Gesten zu reduzieren, denn jede von ihnen stellt einen Kräfteverlust dar, besonders wenn sie ungeordnet sind. Danach seid ihr aufgeregt, ihr fühlt euch entmagnetisiert und erschöpft. Schon wenige harmonische Gesten hingegen magnetisieren euch, und ihr fühlt euch viel besser.

Sich die Hand zu geben ist ebenfalls eine sehr bedeutsame Geste im täglichen Umgang. In Europa ist man ständig gezwungen, sich zur Begrüßung die Hand zu geben, aber man trifft nur selten jemanden, der weiß, wie man es richtig macht. Darum muss ich dazu ein paar Worte sagen. Sehr oft reicht man euch die Hand nur zur Hälfte oder auch eine schlaffe und leblose Hand, und anstatt einen angenehmen Kontakt zu spüren, fühlt ihr euch verkrampft, müde und in einem unangenehmen Zustand. Wieder andere Personen drücken euch dagegen die Hand mit solcher Kraft, dass ihr fast aufschreit; was auch nicht besonders angenehm ist. Wenn man jemandem die Hand drückt, muss man es mit Liebe und Aufrichtigkeit tun, sonst sollte man es lieber lassen, denn es entmagnetisiert einen selbst und ebenso den anderen.

Man darf sich die Hand nur einmal geben, und nicht zwei oder drei Mal hintereinander. Warum? Weil man sich das erste Mal gegenseitig etwas gibt, das zweite Mal hingegen nimmt man es sich zurück. Im ersten Händedruck tauscht man etwas Subtiles aus, beim zweiten Mal sind es dichtere, materiellere Strömungen, und das dritte oder vierte Mal ist es der Bodensatz, den man austauscht. Am Anfang trinkt man das Spirituellste, aber danach nähert man sich immer mehr dem Boden, dem Schlamm, dem Bodensatz. Man kann entgegnen, dass es vom jeweiligen Fall abhängt. Ja, aber grundsätzlich bleibt das Gesetz gültig.

Den Charakter von Menschen kann man durch die Art und Weise, wie sie einem die Hand geben, kennenlernen, denn ihre Hände sprechen, und sie offenbaren alles von ihnen. Wenn ihr jemandem die Hand gebt und ihr eure Aufmerksamkeit auf diese Geste lenkt, könnt ihr viele Dinge über ihn erfahren und verstehen. Je nachdem, ob seine Hand warm oder kalt ist, fest oder weich, feucht oder trocken, groß oder klein, fett oder mager, seid ihr über ihn unterrichtet. Ihr könnt sogar herausfinden, wie ihr euch am besten ihm gegenüber verhalten solltet, wie ihr ihn ansprecht und ihm gegenüber handelt. Ihr meint vielleicht, dass ein Händedruck etwas wenig ist, um Näheres über jemanden zu erfahren. Nun, das ist ein Irrtum. Wenn die Hand weich und schlaff ist, wisst ihr, dass ihr einen trägen Menschen vor euch habt, voller Pläne, die er niemals verwirklichen wird, aufgrund seines mangelnden Willens; ein schwacher Mensch, der darauf wartet, dass andere für ihn arbeiten. Wenn die Hand fest ist, dann gehört sie jemandem, der Arbeit, Ordnung und schwierige Dinge liebt, und auf den man zählen kann. All das hängt von der Schlaffheit oder der Festigkeit der Hand ab. Diese Anzeichen geben euch die Möglichkeit, in unterschiedlichen Fällen angemessene Methoden anzuwenden. Andere Anzeichen sind durch die Tatsache gegeben, dass die Hand lebendig, ausstrahlend, ausdrucksvoll ist oder aber leblos, erloschen, verblasst. Ihr seid vielleicht erstaunt, dass ich sage, dass eine Hand lebendig oder leblos sein kann, doch eine Hand kann noch viel subtilere Unterschiede ausdrücken.

Je nach der beim Händedruck verspürten Empfindung könnt ihr sofort die Dauer eurer Freundschaft mit der Person, der die Hand gehört, vorhersagen, denn ihr seid durch euer Temperament und eure physische und psychologische Organisation darauf vorbereitet, euch mit den Menschen zu verstehen, deren Hand für die eure gemacht ist und sich ihr gut einpasst. Mit ihnen könnt ihr eine aufrichtige und dauerhafte Freundschaft haben. Im entgegengesetzten Fall gibt es keine wahre Freundschaft zwischen euch, und ihr vermeidet viel Unangenehmes, wenn ihr von vornherein wisst, dass ihr nicht dafür geschaffen seid, miteinander auszukommen.

Ich werde euch nun einige Worte über den Blick sagen, den man auch in die Kategorie Gesten einordnen kann. Die Augen sind nicht vom physischen Körper getrennt. Es sind die feinstofflichsten Organe, und sie können am besten ausdrücken, was im Inneren eines Menschen vor sich geht. Bezüglich der Ausdruckskraft stehen die Augen an erster Stelle und die Knochen an letzter. Es braucht Jahre, bis die Knochen die inneren Veränderungen zum Ausdruck bringen, aber die Augen spiegeln alles sofort wider, was im Inneren eines Menschen vor sich geht. Sobald ihr irgendeine Emotion spürt, wird der Blick sie als Erster zum Ausdruck bringen. Gleich danach kommt die Farbe der Haut, dann die Muskeln, die sich entspannen oder zusammenziehen, und erst zum Schluss reagiert das Knochensystem. Die Augen sind mit dem Nervensystem verbunden und spiegeln als Erste dessen Zustand wider.

Die Augen sind passive, empfangende Organe. Trotzdem kann man mit den Augen nicht nur empfangen, sondern auch geben. Ja, mit dem Blick kann man aussendend und aktiv sein, das heißt, sprechen, suggerieren, beeinflussen, befehlen.

Ihr dürft die anderen nicht mit den Augen fixieren, sonst belästigt ihr sie, aber es ist ebenso wenig angebracht, sie passiv mit ausdruckslosen Augen anzusehen. Wenn ihr sie zu passiv anseht, werden die Leute finden, dass sie bei euch nichts bekommen. Es gibt Menschen, die matte, passive Augen haben, und wenn man sie anschaut, spürt man, wie die eigenen Energien sich zerstreuen. Überall im Leben begegnet man Leuten, die wie Vampire sind. Vampirismus äußert sich in allen möglichen Formen: als Gesten, Worte und Blicke. Ja, und es gibt Leute, die im Vampirismus derart entwickelt sind – ob bewusst oder unbewusst –, dass sie Augen haben, die euch aussaugen, die euch alle Vitalität rauben. Ich habe das oft festgestellt. Es gibt Leute, die ich nicht gerne anschaue, weil ihr Blick einschläfert, ich kann nichts für sie tun. Es gibt jedoch andere, die lebendig sind: Sie geben mir etwas, wenn sie mich anschauen, und ich kann ihnen daraufhin noch viel mehr geben. Auf diese Weise sind alle glücklich, derjenige, der gegeben hat und derjenige, der empfangen hat.

Man sollte sich beobachten, den Ausdruck seiner Augen überwachen und dabei fragen: »Gebe ich oder nehme ich?« Es ist gut zu geben und es ist gut im Tausch dafür zu nehmen, aber wenn man ständig nur nimmt, wird man überall fortgejagt, weil man ein spiritueller Dieb ist. Wer sich hingegen darin übt, zu geben und auszustrahlen, der praktiziert die höchste Magie. Nur der Wunsch zu geben, die anderen glücklich zu machen, nur der intensive Wunsch, der »Göttlichen Ursache« zu dienen, vermag uns die Tore des Himmels zu öffnen.

Ihr müsst die anderen mit Sanftmut anschauen, aber ohne euch aufzudrängen, um ihnen ihre Freiheit zu lassen. Versucht nicht, die anderen zur Erwiderung eurer Blicke zu zwingen und sich euren Wünschen entsprechend zu verhalten. Denn derjenige, auf den ihr so euren Willen projiziert, fühlt sich belästigt, unter Druck gesetzt, und ihr könnt ihn ohnehin nicht zwingen, sich euch zu öffnen. Er wird all euren Machenschaften gegenüber unempfänglich bleiben. Das Geheimnis, wie man die anderen gewinnt, ist selbstlose Liebe, die niemals versucht, ihre Seele oder ihr Herz gewaltsam zu gewinnen.

Astrologen werden euch sagen, dass die Art und Weise des Blickes der Menschen von dem Planeten abhängt, der in ihrem Horoskop dominiert. Die vom Mond beherrschten Menschen haben einen vagen und träumerischen Blick, der zeigt, dass sie in den Wolken schweben. Die Augen des von Merkur geprägten Menschen schnüffeln überall herum und entdecken manchmal sogar das, was sich in euren Taschen befindet. Die venusischen Menschen blicken sehnsuchtsvoll und werfen euch schmachtende Blicke zu, um euch anzuziehen. Der von Mars dominierte Mensch fixiert euch mit einer gewissen Herausforderung, als wollte er euch sagen: »Achtung, ich bin bereit, mich mit Ihnen zu messen!« Wer von Jupiter beherrscht ist, sendet euch schützende Blicke, die bedeuten: »Zählen Sie auf mich, ich kann Ihnen helfen; ich kenne Grafen, Prinzen, große Persönlichkeiten und ich werde ihnen von Ihnen erzählen.« Der saturnische Blick ist voller Argwohn, er prüft euch misstrauisch, weil er immer glaubt, dass ihr ihm etwas rauben wollt. Der Blick des Sonnenmenschen ist offen und von großer Klarheit.

Wie sollten wir blicken? Auf keinen Fall auf die Weise von Saturn, der argwöhnische Blicke wirft. Ihr werdet mir entgegen halten, dass man betrogen und bestohlen wird, wenn man sich nicht in Acht nimmt. Das ist wahr, aber wenn ihr ewig misstrauisch bleibt, werdet ihr dasselbe Misstrauen in den anderen anregen und das Leben wird unerträglich sein.*

* Siehe Band 7 der Reihe Gesamtwerke, »Die Reinheit«, Kap. 1 »Von der magischen Kraft des Vertrauens«.

Nehmt an, ihr wärt verheiratet. Wenn ihr eurer Frau immer misstraut und ihr ständig strenge und argwöhnische Blicke zuwerft, wisst ihr dann, was ihr damit bewirkt? Selbst wenn diese Frau absolut ehrlich und treu ist, wird sie euch schließlich tatsächlich betrügen, weil ihr selbst sie unbewusst dazu gedrängt habt. Aber ja! Es ist schrecklich für eine Frau zu spüren, dass ihr Gatte ihr kein Vertrauen schenkt, und eines Tages verlässt sie ihn, denn sie kann ihn nicht mehr ertragen, selbst wenn er der größte Philosoph der Welt ist. Argwohn, Misstrauen und Zweifel sind zerstörerische Kräfte.

Man hat noch nicht erforscht, wie man sich des Blickes bedienen sollte. Man studiert Alchimie, Magie, Astrologie, die Handlesekunst oder Chiromantie, Radiästhesie, Phrenologie (»Schädellehre«) und so weiter, aber man weiß nichts über den Blick, der doch eine wahre Wissenschaft in sich birgt.

Manchmal fühlt ihr euch glücklich und euer Herz ist weit, und ihr wisst nicht warum. Dabei ist es sehr einfach. Ist euch nicht auf der Straße schon einmal jemand begegnet, der euch sehr gefiel, und dem ihr im Vorübergehen einen Gedanken, einen Lichtstrahl, ein Gefühl aufrichtiger Liebe gesandt habt? Diese Person hat euch nicht einmal gesehen, aber sie hat das aufgenommen, was ihr ihr auf diese Weise gegeben habt. Wenn ihr daher plötzlich glücklich seid, dann hat ein Bewohner der unsichtbaren Welt euch im Vorübergehen seine Liebe geschenkt: Er hat euch betrachtet und euch einen Strahl gesandt, und dieser Strahl hat euer Herz erreicht. Denn in der unsichtbaren Welt gibt es Wesen, die euch innig lieben, und wenn sie euch begegnen, werfen sie einen liebevollen Blick auf euch. Wenn ihr euch aber unerwartet verletzt, verwundet fühlt, dann hat ein Feind euren Weg gekreuzt.

Auf der physischen Ebene gibt es überall Menschenmengen, die sich vermischen, deren Wege sich kreuzen und die sich im Vorübergehen austauschen. Das Gleiche geschieht in der unsichtbaren Welt, auch da befinden wir uns inmitten einer

Menge: Mal schickt ein Passant uns angenehme Schwingungen, mal ein anderer unangenehme, und auf diese Weise erklären sich viele unserer Zustände. Die Macht des Blickes ist immens, und es kommt vor, dass manche Personen krank werden, weil sie von Wesen – sei es nun in der sichtbaren oder auch in der unsichtbaren Welt –, die sie nicht lieben, lange Zeit ohne Liebe angeblickt werden.

Man darf sich den Menschen nur nähern, wenn man ihnen auch Blicke voller spiritueller Liebe schenkt, so wie die Sonne, während sie uns jeden Tag anschaut, uns belebende Wellen sendet. Die Sonne, das ist Gott Selbst. Gott lieben bedeutet, sich oft vor seinem Angesicht zu zeigen, um Ihn zu kontemplieren und einen Blick Seiner Augen auf sich zu ziehen. Ein einziger Blick Gottes vermag uns zu verwandeln, und wir werden ihn auf ewig nicht vergessen. Darum muss man lange daran arbeiten, sich Gott zu nähern, bis wir erreichen, dass Er einen Blick auf uns wirft.

Wir sollten uns so verhalten, dass wir niemals einen bösen Blick auf irgendjemanden werfen. Auf der Erde werfen sich die Menschen unablässig vernichtende Blicke zu. Seid daher dankbar dafür, dass auf der Erde die Gesetze weniger streng sind als im Reich Gottes, denn der Bewohner des Reiches Gottes, der sich erlauben würde, auch nur einen einzigen feindseligen Blick auszusenden, würde sofort hinausgeworfen werden, er müsste hinabsteigen und in den niederen Regionen herumirren. Wir sind alle auf die Erde versetzt worden, weil wir mindestens einen bösen Blick ausgesandt haben. Man hat uns die Tore des Paradieses verschlossen, und wir sind an einen Ort herabgestiegen, wo solche Fehler toleriert werden. Der Krieg ist eine der Folgen der bösen Blicke, welche die Menschen sich ständig gegenseitig zuwerfen.

Das spirituelle Leben beginnt mit der Erziehung des Blickes. Natürlich ist das Wort »Blick« hier symbolisch zu verstehen, es repräsentiert eine Zusammenfassung, eine Synthese. Alles lässt sich mit dem Bild des Blickes ausdrücken, das heißt, mit der Projektion von Kräften auf ein bestimmtes Objekt. Der Blick, das ist die Projektion einer besonderen Energie, sei sie nun gut oder schlecht. Zieht die Astrologie in Betracht, und ihr werdet sehen, dass sie vollständig durch den Blick erklärt werden kann. Ein Planet wirft einen bösen Blick auf einen anderen, und aufgrund dessen wird das Kind, das geboren wird, sein ganzes Leben lang leiden. Es wird niemals die ungünstigen Wirkungen dieses Blicks auslöschen können.

Ja, die Astrologie hat die intensive Wirkung des Blickes gut verstanden. Sie sagt zum Beispiel, dass, wenn euer Saturn euren Mond mit einem bösen Auge betrachtet, ihr jeden Monat Schwierigkeiten, Kummer und Traurigkeit durchleben müsst; das hängt davon ab, in welchem Reich, das heißt in welchem Zeichen, sich der Mond befindet, dem Saturn diesen Blick zuwirft. Wenn er sich im Widder befindet, wird euer Kopf leiden; wenn er sich in der Jungfrau befindet, sind es eure Eingeweide; wenn er in den Zwillingen ist, ist es eure Lunge; wenn er im Steinbock ist, sind es eure Knie und eure Haut. Ich beobachte das sehr oft. Wenn Brüder und Schwestern zu mir kommen, um mir Fragen zu bestimmten Krankheiten zu stellen, unter denen sie leiden, stelle ich diese Entsprechung fest. Wenn mehrere Planeten sich böse Blicke zuwerfen, sorgen sie für ein schreckliches Schicksal, dem man nur schwer entgehen kann; denn Blicke dieser Art kristallisieren sich auf der physischen Ebene. Doch diese physische Ebene bietet einen großen Widerstand, man kann sie nicht so leicht verändern.

Um die schlechten Einflüsse der Planeten zu neutralisieren, muss man lange Zeit Steinen, Pflanzen und Sternen gute Blicke zuwerfen. Man muss die Segnungen des Himmels herbeirufen, damit er uns günstige Blicke sendet, die all jene neutralisieren, die wir von physischen, astralen und mentalen Feinden während all unserer Inkarnationen empfangen haben. Der böse Blick zerstört alles im Leben. Man beginnt damit, sich böse Blicke zuzuwerfen, und endet damit, sich zu bekriegen. Liebe, Hass,

Unfälle, alles beginnt mit dem Blick. Ein Mann hat eine Frau gesehen, er hat ihr einen gewissen Blick zugeworfen und sie verliebt sich in ihn. Die Kette aller Ereignisse, die daraus folgen, hat dieser erste Blick ausgelöst. Und auf dieselbe Weise gibt derjenige, der einen bösen Blick wirft, das Startsignal für alle Schlachten und alle Unruhen auf der Erde.

Befasst euch mit diesem Thema in eurem Familienleben oder im sozialen Leben, und ihr werdet sehen, dass viele Dinge von der Art und Weise abhängen, in der man einander ansieht. Sich ansehen ist eine Wissenschaft für sich. Man hat den Einfluss des Blickes auf das Schicksal des Menschen noch nicht genügend erforscht. Sagt nicht, das sei etwas verschwindend Kleines. Alles ist enthalten im Blick, er ist eine Synthese des ganzen Menschen. Alles spiegelt sich darin: Grobheit oder Feinheit, Dummheit oder Intelligenz, Edelmut oder Feigheit, Kraft oder Schwäche. Der Blick prägt allem, auf das er fällt, sein Siegel auf. Um den Blick zu ändern, muss man sein ganzes Dasein ändern, seine Art zu denken, zu fühlen und zu handeln. Durch den Blick ergießen sich die Energien über Dinge, Lebewesen und Gegenstände. Nichts ist wichtiger als der Blick, und darum täuscht sich die Astrologie auch nicht, wenn sie das Horoskop eines Menschen als eine Synthese der Blicke definiert, die sich die Planeten bei dessen Geburt zugeworfen haben.

Ich werde euch jetzt einige Ratschläge geben. Wenn ihr auf jemanden sehr wütend seid, dann neigt ihr dazu, ihm vernichtende Blicke zuzuwerfen. Gebt also acht, ihr dürft niemals feindselige Blicke werfen. In solchen Momenten schließt vielmehr die Augen und wandelt die Kraft um, die in euch wirkt. Wenn ihr böse Blicke werft, projiziert ihr eine Kraft, die ohne euer Wissen ihre Wirkung entfaltet und die eines Tages zu euch zurückkehren wird.

Bemüht euch, niemals zu lange die Augen zu senken, denn wenn man nach unten schaut, verbindet man sich mit den irdischen Mächten. Selbstverständlich sollte man auch nicht zu lange in die Luft schauen, das wäre übertrieben. Doch wenn ihr mit jemandem sprecht und ihn dabei anseht, dann ist das sehr nachteilig, wenn ihr unversehens euren Blick zu Boden senkt.

Wollt ihr wissen, was jemand gerade tut, dann wendet ihm offen den Kopf zu, begnügt euch nicht mit einem schrägen Seitenblick; das ist eine schlechte Angewohnheit, die beweist, dass es euch an Offenheit mangelt.

Man sollte während einer Unterhaltung auch niemals die Augen verdecken. Ich erinnere mich, dass Meister Peter Danov eines Tages einen seiner Schüler sehr streng tadelte, als dieser im Laufe eines Gespräches mit ihm die Hand vor die Augen hielt. Diese Geste darf man niemals machen, weil sie eine Schranke zwischen der äußeren Welt und dem inneren Blick aufbaut.

Ihr solltet wissen, dass ihr dank des Blickes den anderen helfen könnt. Überall, auf der Straße, im Bus, in der U-Bahn begegnet ihr vielen Leuten, denen ihr helfen könnt, indem ihr ihnen freundliche Blicke zusendet und ihnen Gedanken der Ermutigung und des Vertrauens schickt. Für den Moment sind sie sich dessen nicht bewusst, was ihr für sie tut, aber ihre Seele und die spirituellen Wesenheiten, die in ihnen wohnen, wissen, wie sie das aufnehmen sollen, was ihr ihnen sendet, und anschließend werden sie sich in einem besseren Zustand befinden.

Die meiste Zeit, wenn die Menschen sich auf der Straße oder woanders begegnen, sehen sie sich mit Gleichgültigkeit an, wie Fremde oder sogar wie Feinde. Niemals schenken sie einander Blicke voller Güte oder voller Licht, so, als hätten sie Angst voreinander. Zeigt sich in dieser Angst davor, sich anzusehen, ein im Grunde weises Verhalten...? Übrigens betrachten sich die Leute oft wie Fremde, obwohl sie vor Verlangen brennen, Kontakt aufzunehmen und miteinander zu sprechen. »Das ist normal«, werden die Psychologen sagen, »die menschliche Natur ist sehr vielschichtig!« Das ist richtig. Wenn die menschliche Natur nicht so viele Überraschungen (und was für unangenehme Überraschungen!) bereithielte, wären die Menschen weniger misstrauisch. Vielleicht ist es für den Augenblick vorzuziehen, eine gleichgültige, reservierte Haltung einzunehmen, um seine Ruhe zu haben, später jedoch wird man eine bessere Haltung finden. Der Tag wird kommen, an dem die Menschen sich betrachten werden wie Gott sie betrachtet. Sie werden sich von ihrer alten Philosophie befreien und sich offen ansehen, denn das wird dann völlig ungefährlich sein. In der Tat wird niemand schlechte Gedanken hegen, und jeder wird offen – über seine Augen und sein Lächeln – seine Sympathie bekunden.

Wenn heutzutage ein Mann die Augen senkt, hält man ihn für rein und heilig, weil er die Frauen nicht anschaut. Dennoch begehrt er sie und verschlingt sie anschließend sogar. Nun, es wäre besser, man würde sie anschauen und ihnen Licht und gute Gedanken senden, ohne das geringste Verlangen zu spüren.

Die alte Philosophie rät, zur Erde zu blicken. Die neue Philosophie wird lehren, alle Menschen anzusehen, aber mit einem reinen, ruhigen Blick, denn der Blick ist die Sprache Gottes. Gott und die Engel sprechen durch den Blick. Im Himmel hat niemand die Zeit stehen zu bleiben, um mit euch zu reden. Die Engel durcheilen den Raum mit Schwindel erregender Geschwindigkeit, die höher ist als die des Lichtes, aber im Vorübereilen werfen sie euch solch einen Blick zu, dass ihr geheilt, erleuchtet und gerettet seid, und an den ihr euch in alle Ewigkeit erinnern werdet. Nichts auf der Welt kann sich mit solch einem Blick vergleichen. Das ist die wahre Sprache des Himmels.

In der Zukunft werden die Menschen nur mit Hilfe der Augen sprechen, denn der Mund ist noch nicht fähig, alle feinstofflichen Empfindungen auszudrücken. Stellt euch vor, ihr würdet auf der Straße hunderten von Personen begegnen, von denen jede euch einen reinen, aufrichtigen, lichtvollen Blick schenkt. Ihr hättet wirklich den Eindruck, im Reich Gottes zu leben! Falls ihr verzweifelt wart, wärt ihr jetzt geheilt und wiederbelebt, durch diese Blicke voller Vertrauen. Die Erfahrung hat euch bereits die Macht des Blickes gelehrt, es ist aber schade, dass ihr nur die Erfahrung von Blicken gemacht habt, die euch schaden.

....

Ich habe einige Minuten innegehalten und währenddessen jedem von euch einen Blick zugesandt, um euch bestimmte Dinge zu sagen, die ich nicht laut mit der Stimme ausdrücken kann. Ich hoffe, ihr habt sie empfangen.

....

Wenn wir nicht Herr unserer Gesten und unseres Blickes sind, wie können wir dann in die Einweihungsschule eintreten? Jeden Tag drücken wir unbewusst auf schädliche Knöpfe und erwarten die größten Offenbarungen des Himmels, aber die Weisheit sagt uns: »Beginnt mit einem korrekten Verhalten, schaut mit Liebe und macht Gesten mit Liebe.«

Die wahren Schüler der göttlichen Wissenschaft wissen, wie man einen Gruß an die lichtvollen Wesen der sichtbaren und der unsichtbaren Welt schickt, sie wissen, wie man jeden Tag diesen Wesen seinen Gruß übermittelt und den ihren empfängt. Auf diese Weise fühlen sie sich zunehmend gestärkt und erhellt.

Es ist notwendig, all die Gesten, die wir machen, gut zu kennen und solche, die weder nützlich noch harmonisch sind, zu korrigieren. Ihr sagt, dass ihr euch selbst nicht seht, und auch eure Freunde diesbezüglich keine Bemerkungen machen. Das ist richtig, im Allgemeinen sind es unsere Feinde, die uns diese Art von Dienst erweisen, aber leider zieht man keinen Nutzen daraus. Nur die Weisen wissen die Nützlichkeit ihrer Feinde zu schätzen.

In Wirklichkeit kann euch niemand im Einzelnen angeben, welche Gesten ihr ausführen sollt, jeder muss sie selbst herausfinden. Manche imitieren die Gesten von anderen, von berühmten Schauspielern oder Politikern, obwohl sie oft jeder spirituellen Bedeutung entbehren, ja, selbst jeglichen gesunden Menschenverstandes. Jede Geste entbehrt jeglichen Sinns, wenn sich durch sie nicht ein klares Denken, ein von Liebe erfülltes Gefühl und ein edler und gerechter Wille manifestiert. Man kann nur dann spontan zu einem korrekten Verhalten finden, wenn man von Liebe, Weisheit und Wahrheit inspiriert ist. Jedes Gefühl, jeder Gedanke hat seinen besonderen und strikt festgelegten Ausdruck. Unsere Gesten werden nur frei und harmonisch sein, wenn sie wahrhaft dem Innersten unserer Seele Ausdruck verleihen. Wir sollten also unser Herz als Erstes der göttlichen Liebe öffnen, uns dem heiligen Feuer nähern, um es zu erwärmen und zu beleben. Wir sollten unseren Verstand den Strahlen der spirituellen Sonne öffnen, damit das Licht Gottes ihn erhellt und erleuchtet. Und schließlich sollten wir unseren Willen mit dem Willen des Höchsten verbinden, damit wir durch diesen Kontakt Kräfte für ein kreatives Werk schöpfen können.

Jedem Menschen ist eine besondere Aufgabe anvertraut, die er mit seinen eigenen Möglichkeiten erfüllen muss, und in dieser Vielfalt von Aufgaben und Möglichkeiten liegt eine große Schönheit. Jede Bewegung, sogar die geringste und am wenigsten bedeutende, ist mit einem Räderwerk und genau festgelegten Kräften des Kosmos verbunden, jede Bewegung repräsentiert einen Klang in der unsichtbaren Welt. Doch manchmal produziert der Mensch, ohne es zu ahnen, entsetzlichen Lärm. Mit dummen und ungeordneten Gesten entfesselt er Stürme und Tornados, die alles auf ihrem Weg zerstören. Mit harmonischen Gesten hingegen erschafft er Klänge gleich dem Murmeln von Quellen, dem Gesang von Vögeln im Wald, dem Flüstern des Windes in den Blättern, und er erfüllt die Luft mit dem Duft von Blüten. Es sind Bewegungen, die beruhigen und stärken, so wie der Sonnenaufgang an einem Frühlingsmorgen, wenn die Luft rein ist und erfüllt mit belebendem Prana. Jede Bewegung der Engel im Raum ist eine Musik, welche die Menschen noch nicht erfassen können.

Ihr begegnet manchmal Menschen, die der höchsten Gesellschaftsschicht angehören und die durch ihre Kleidung, ihre Sprache und ihre Manieren entsprechend auftreten. Doch ganz plötzlich bemerkt ihr, dass sie eine Bewegung mit den Augen, der Hand oder dem Mund machen, die unmittelbar ihre wahre innere Natur offenbart. Das zeigt sich nur denjenigen klar, welche die Sprache der Gesten zu deuten wissen. Das ist wie bei den Leuten, die man für weise und vernünftig hält, die sich aber unerwartet als Verrückte offenbaren. In einer psychiatrischen Anstalt beginnt ein Besucher ein Gespräch mit einem psychisch Kranken, der solch tiefgründige und weise Äußerungen von sich gibt, dass der Besucher sich fragt, wie ein solcher Mensch eingesperrt werden konnte. Aber ganz plötzlich neigt der Irre sich ihm zu und vertraut ihm mit größter Ernsthaftigkeit an, dass die gesamte Menschheit von ihm abhängig sei, denn er sei Christus, den alle seit Jahrhunderten erwarten... Andere Menschen zeigen sich dagegen äußerst einfach und natürlich, und ihr denkt, sie seien ganz und gar mittelmäßig, aber plötzlich machen sie eine Geste, die offenbart, welch ein großes Wesen in ihnen lebt und den Augen der gewöhnlichen Menschen verborgen bleibt.

Jede eurer Gesten ist eine Kraft, ein Stein, der in den Ozean der Energien geworfen wurde. Er ruft Wellen hervor, die früher oder später zwangsläufig wieder zu euch zurückkehren. Und wenn ihr einen Stoß erhaltet, braucht ihr euch nicht zu fragen, woher er kommt. Er ist die Folge einer schwarzmagischen Geste, die ihr vor Jahren gegen jemanden ausgeführt habt, und die jetzt mit Gewalt zu euch zurückkehrt. Jede Geste setzt eine feinstoffliche Energie frei, die in der Natur Schalter betätigt, ohne dass ihr vorher wisst, was sie auslösen werden. Genau darum ist die Wissenschaft der Gesten so wichtig. Durch seine eigenen Gesten kann man sich selbst einsperren, durch seine eigenen Gesten kann man sich aber auch befreien.

In der neuen Lehre werden die Erzieher sich dieser so bedeutsamen Frage umfassend widmen und Kindern und Eltern aufzeigen, wie man – vom erzieherischen Standpunkt aus – bewusst die besten Gesten ausführt. Ich habe in den Schulen und den Familien bereits viele gefährliche Dinge gesehen. Ich bin Pädagoge, und ich habe diese Frage eingehend untersucht. Manche Kinder haben nur deshalb Nervenkrankheiten, weil ihre Mutter nicht weiß, mit welchen Gesten sie ihr Kind waschen, füttern und streicheln soll. Der Mensch ist wie eine hochkomplexe, mit zahlreichen Schaltern versehene Maschine: Berührt man einen von ihnen, zieht das diese oder jene Folgen nach sich; berührt man einen anderen, führt das zu einem anderen Ergebnis. Man muss wissen, wie man die Hände, die Füße, den Körper des Kindes berühren soll, wenn man es erziehen oder heilen will.

Doch ich wiederhole: Die besten Gesten können nur dann mit ihrer ganzen Kraft wirken, wenn sie aufrichtig sind. Es ist nutzlos, ein charmantes Verhalten an den Tag zu legen, wenn es nicht etwas im tiefsten Inneren entspricht. Bevor ihr euch nach außen manifestiert, solltet ihr die entsprechenden Gefühle und Gedanken in euch wecken, die anschließend in einem Verhalten zum Ausdruck kommen, das die Seele zu finden weiß. Denn die Gesichtsmuskeln und ihr Zusammenspiel sind mit unseren Gedanken und Gefühlen verbunden. Und diese Verbindung funktioniert in beide Richtungen. Nehmt zum Beispiel an, ihr wolltet jemanden – ohne wirklich auf ihn böse zu sein – glauben machen, dass ihr wütend seid. Ihr ändert dann willentlich euren Gesichtsausdruck, und nach einigen Minuten spürt ihr in euch eine wirkliche Veränderung, ihr seid wirklich wütend. Das geschieht, weil jedes Mal, wenn ihr in der Vergangenheit wütend wurdet, eure Gefühle die Zellen eures Gehirns anregten, die dann eine Botschaft an die Muskeln schickten. Nun geschieht genau das Gegenteil: Ihr nehmt einen verärgerten Gesichtsausdruck an und empfindet wirklich Wut. Das gilt für alle Gefühle.

Es bestehen also Verbindungen zwischen den Gefühlen und dem Gesichtsausdruck. Deshalb darf man keinen finsteren, verschlossenen, abweisenden Gesichtsausdruck annehmen, weil ihr, selbst wenn es absichtlich geschieht, die diesem Ausdruck entsprechenden Gefühle wirklich empfinden werdet. Wenn ihr euch hingegen bemüht, ein gutes Verhalten anzunehmen, mag dies vielleicht am Anfang etwas gezwungen wirken, aber es wird schnell natürlich, und ihr werdet ständig in einem guten inneren Zustand sein, den euer Gesicht spontan zum Ausdruck bringen wird. Das ist die magische Bedeutung jeder Geste, jeder Mimik. Ich kann euch das nicht bis in alle Einzelheiten erklären; ihr müsst nur wissen, dass jede harmonische und angenehme Geste auch guten Gedanken und guten Gefühlen entspricht.

Selbst wenn die Menschen sie verheimlichen wollen, machen sie doch immer Gesten, die etwas von ihrer innersten Natur oder sogar aus ihrem vergangenen Leben offenbaren. Wenn ihr zum Beispiel jemanden seht, der beim Sprechen immer die Finger aneinander reibt, als würde er Geld zählen, dann tut er das, weil er Kassierer, Wucherer oder Bankier war. Vor einigen Tagen hat mich ein Mann aufgesucht. Nichts konnte erkennen lassen, dass er lange Zeit in einem Priester-Seminar gelebt hatte. Aber plötzlich, während des Gespräches, schloss er die Augen und faltete die Hände auf eine Weise, dass ich sofort begriff, dass er Priester gewesen sein musste. Und das war richtig! Es gibt ganz kleine Gesten, die zeigen, welchen Weg wir genommen haben. Glaubt nicht, dass ihr verbergen könnt, was ihr getan habt oder tut. Wenn ihr in diesem Leben oder in der Vergangenheit Aristokrat, Despot oder Spion wart, der alles um sich herum ausspionierte, dann wird irgendetwas in euch das verraten. Was immer ihr auch tut, selbst die Art, wie ihr beim Gehen die Füße aufsetzt (ob ihr die Ferse oder den Ballen zuerst aufsetzt), wird eure wahre Natur zeigen. Für diejenigen, die diese Zeichen verstehen, ist alles klar.

Stellt euch weiter vor, dass eine Frau den Wunsch hat, die Aufmerksamkeit eines wahren Eingeweihten auf sich zu lenken oder seine Wertschätzung zu gewinnen. Sie wird zu ihm gehen, mit größtmöglicher Anmut und Demut, und sie wird nicht begreifen, warum ihr Wunsch nicht in Erfüllung geht. Der Eingeweihte sieht, welche Bewegungen sie mit ihrem Körper ausführt, die ihm ihr ganzes vergangenes Leben offenbaren: dass sie jahrelang all den niederen Leidenschaften gedient und in dem Verlangen gelebt hat, sexuelle Liebe bei den anderen zu erwecken, um sie danach ihren Leiden und Qualen zu überlassen. Und nehmt an, sie habe die Liebe bei diesem Eingeweihten nur deshalb erwecken wollen, um ihre Eitelkeit zu befriedigen... Nun, die wahren Eingeweihten sind gegen solche Versuchungen sehr gut gerüstet. Sie werden nur von der Reinheit, der Einfachheit, der Aufrichtigkeit und der Güte angerührt. Für Seelen, die diese Qualitäten besitzen, sind sie bereit, Himmel und Erde in Bewegung zu setzen.

Wie viele Männer und Frauen lernen bewusst, durch welche Bewegungen des Körpers oder des Gesichtes sie das sexuelle Verlangen bei den anderen erwecken können! Sie ahnen nicht, dass diese Anziehung von sehr kurzer Dauer ist, und dass von all dem in ihrer Seele nur Asche und Enttäuschungen bleiben werden. In Wirklichkeit kennen sehr wenige die Kunst, den erhabensten Funken, der in der Tiefe der menschlichen Seele schlummert, zu einem intelligenten Leben voller Schönheit und Jugend zu entfachen. Und ebenso wenige wissen, wie man bei den anderen Glauben und Hoffnung an eine lichtvolle Zukunft erweckt.

Die Bewegungen des Körpers und des Gesichtes sind für denjenigen eine klare, beredte und machtvolle Sprache, der lesen kann. Sie sind ein Brief, den wir unablässig an die sichtbare und an die unsichtbare Welt schreiben. Sie sind geheime Zeichen, mit deren Hilfe wir mit den vernunftbegabten oder nicht vernunftbegabten Wesen der Natur in Kontakt treten. Sie sind der Ausdruck unseres Verstandes und unseres Herzens, und durch sie haben wir die Möglichkeit, unsere Zukunft zu erschaffen oder zu zerstören.

Der Unterschied zwischen einem Weißmagier und einem Schwarzmagier ist, dass die Bewegungen, die ein Schwarzmagier ausführt, den Frieden bei den anderen mindern, ihre Gedanken auslöschen, ihre Vorstellungen durcheinanderbringen und ihren Geist von den Quellen des Lebens entfernen. Die Bewegungen eines Weißmagiers hingegen sind erfüllt von Reinheit, Harmonie, Ausgeglichenheit und Sanftmut, sie sind aufrichtig und schön, sie geben uns das Leben, sie erhellen uns und befreien uns von den Ketten der niederen Natur.

Später wird es eine Schule geben, in der die Menschen lernen, sich mit Hilfe von Bewegungen – begleitet von Musik – zu erneuern und dabei physisch und moralisch zu neuem Leben zu erwachen. Die »Paneurhythmie«* ist eine dieser Methoden.

Heute, in diesem schönen Garten eines unserer Freunde, habe ich nur einige Worte über die Gesten gesagt, ohne diese sehr weitreichende Frage erschöpfend behandeln zu wollen. Was ich euch gesagt habe, soll euch nur zum Nachdenken bringen. Behaltet von alldem, dass jede Geste, jeder Blick, ein Ausdruck von Kräften ist, die von sehr weit herkommen. Alle Eingeweihten betrachten sie als Briefe, dank derer sie Ereignisse und Phänomene lesen und entziffern können, die sich in – für die physischen Augen – unzugänglichen Bereichen vollziehen, sich aber dennoch in diesen Bewegungen materialisieren, nachdem sie zahllose Regionen durchlaufen haben.

Möge sich nun eure Seele in dem neuen Leben entfalten! Führt harmonische Gesten aus, und möge euer Geist ein Diener der »Göttlichen Ursache« werden, zum Wohle der Menschheit.

Sèvres, den 24. Juli 1938

* Die Paneurhythmie ist ein Tanz, dessen Musik und Bewegungsabläufe von Meister Peter Danov geschaffen wurden.

Kapitel 5

»Schreitet voran, während ihr das Licht habt!«

Freier Vortrag

Im Johannes-Evangelium steht geschrieben (Jh 9,4–5):

»Wir müssen die Werke dessen wirken, der mich gesandt hat, solange es Tag ist; es kommt die Nacht, da niemand wirken kann. Solange ich in der Welt bin, bin ich das Licht der Welt«.

Und weiter (Jh 11,9–10):

»Wer bei Tag wandelt, der stößt sich nicht, denn er sieht das Licht dieser Welt. Wer aber des Nachts wandelt, der stößt sich, denn es ist kein Licht in ihm«.

Schließlich werden diese Worte in anderer Form wiederholt (Jh 12,35–36):

»Es ist das Licht noch eine kleine Zeit bei euch. Wandelt, solange ihr das Licht habt, damit euch die Finsternis nicht überfalle. Wer in der Finsternis wandelt, der weiß nicht, wo er hingeht. Glaubt an das Licht, solange ihr es habt, damit ihr Kinder des Lichtes werdet«.

In diesen drei Abschnitten, die ich euch soeben vorlas, muss man zunächst verstehen, dass Jesus nicht vom physischen Tag spricht. Unter den Begriffen »Tag« und »Nacht« versteht er Zeiträume, in denen die Erde bestimmte Einflüsse empfängt, bestimmte segensreiche Wellen, dank derer sich die Menschen vervollkommnen und weiterentwickeln können. Sie müssen also vom Vorüberziehen dieser lichtvollen und belebenden Wellen profitieren, denn von dem Moment an, in dem diese wieder abklingen, haben die Menschen nicht mehr dieselben Arbeitsmöglichkeiten.

In Indien bezeichnet man mit »Yuga« die verschiedenen Zeiträume, die die Menschheit im Laufe ihrer Entwicklung durchlaufen muss. Die Hindus sagen, dass wir gerade das Kali-Yuga verlassen, die von Materialismus, Gewalt und entfesselten Leidenschaften gekennzeichnete Epoche der Finsternis. In unserer Epoche wird also eine andere Ära für die Kinder Gottes eingeleitet. Sie müssen davon profitieren, sonst würden die segensreichen Wellen dieses neuen Zeitabschnittes keinen Nutzen bringen.

Jeder Sonnenstrahl ist eine Kraft. In der Zukunft wird die Menschheit weder Holz noch Kohle noch Öl nutzen, sondern einzig mit den Strahlen der Sonne arbeiten. Die heutigen Energiequellen sind nicht von ewiger Dauer, sie werden bald ausgeschöpft sein. Dann ist man gezwungen, sich Energien subtilerer Art zuzuwenden, solchen, die nie versiegen. Der Mensch wird ebenso lernen, sich mit Hilfe der Farben zu heilen und die Energien der Sonnenstrahlen aufzunehmen. Die Strahlen der Sonne stellen eine unvorstellbare Kraft dar, die, wenn sie die Dinge durchdringen, dort große Umwandlungen bewirkt.* In jedem Lichtstrahl wohnen Wesenheiten. Sie manifestieren sich auf unterschiedliche Art und Weise, je nach ihrer Farbe, ob rot, blau, grün oder gelb und so fort. Sobald diese Strahlen auf lebendige Wesen projiziert werden, wirken sie in ihnen auf vielfache Weise. Darum bedienen sich die Eingeweihten des Lichtes und der Farben, um nützlich auf die Menschen einzuwirken.

* Siehe Band 10 der Reihe Gesamtwerke »Sonnen-Yoga«, Kap. 19 »Die Macht der Sonne liegt in der Durchdringung«.

Die wahrhaft großen Meister der Menschheit lehren ihre Schüler, mit dem Licht zu arbeiten. Es gibt sieben Farben, und jede von ihnen entspricht einer Tugend.* Darum muss man wissen, dass jeder Fehler, den wir begehen, in uns jene Kraft schwächt, die einer dieser Farben entspricht. Zu allen Zeiten haben die wahren Eingeweihten mit dem Licht gearbeitet, denn einzig das Licht gibt uns wahre Kraft und wahres Wissen. Viele suchen nach okkulten Geheimnissen und bilden sich dabei ein, sie würden zu großen Magiern, indem sie bestimmte Worte aussprechen, gewisse Gesten machen oder einen besonderen Talisman tragen. Aber die höheren Wesen antworten nicht auf diese Anrufungen, nur die Wesen der niedersten Ebenen nähern sich, Elementale und Ungeheuer.

Wenn wir das himmlische Licht, die Engel und die Erzengel anziehen wollen, müssen wir sie durch unsere Tugenden anrufen, denn die höheren Wesenheiten werden nur von Reinheit, Liebe und Wahrheit angezogen. Man kann die großen Mysterien nicht verstehen, wenn man wie der Durchschnittsmensch lebt. Die unsichtbare Welt gibt uns im Verhältnis zu dem, was wir selbst tun. Je mehr wir uns die niederen Aktivitäten und Vergnügungen versagen, je mehr Verzicht und Opfer wir bringen, desto mehr Segnungen empfangen wir aus der unsichtbaren Welt. Ich habe euch dieses Gesetz bereits in den Vorträgen über den ungetreuen Verwalter erklärt. Bei demjenigen, der nur für die Personalität lebt, der ihr nichts verweigert, kann sich die Individualität, die göttliche Natur, nicht manifestieren.

Ihr sagt, ihr liebt die Wahrheit. Nun, für mich ist das nicht so klar erkennbar, denn derjenige, der etwas wirklich liebt, bringt Opfer, um es zu erlangen; und er weigert sich, all jenes zu leben, was ihn daran hindert, das zu finden, was er liebt. Doch ihr für euren Teil, ihr versagt euch nichts. Erzählt mir also nicht,

* Siehe Band 10 der Reihe Gesamtwerke »Sonnen-Yoga«, Kap. 11 »Die Geister der 7 Lichtstrahlen« und Band 6 »Die Harmonie«, Kap. 12 »Die Aura«.

ihr würdet die Wahrheit lieben. Die Menschen wollen mit Herden von Schafen, Schweinen, Hühnern und Hasen in das Reich Gottes hinein und sehen nicht einmal, dass die Tiere, die sie verspeist haben, neben ihnen her laufen. Aber diese Tiere sind da und schreien: »Warum hast du mir das Leben genommen? Ich wollte mich entwickeln, ich wollte leben, warum hast du mich getötet, um mich zu essen? Nun, dann hilf mir jetzt, mich in dir zu entwickeln, denn auch ich bin auf die Erde gekommen, um zu lernen«.

Ja, die Tiere, die ihr gegessen habt, sind in euch, und ihr könnt ihre Gegenwart erkennen, in euren Impulsen von Hass, Zorn, Eifersucht oder Sinnlichkeit, die euch erfassen. Ihr werft ein, dass wir im Reich der Menschen sind. Ganz und gar nicht! Über die Menschen manifestiert sich noch das Reich der Tiere. Ein wahrer Mensch ist derjenige, der den Willen Gottes begreift und erfüllt. Doch die Menschen leben beständig in Angst, Hass, Eifersucht, Furcht und Zorn, und ihr glaubt, das sei das Reich der Menschen! Nein, dieses ist noch nicht gekommen. Von Zeit zu Zeit sieht man es irgendwo ein wenig zum Vorschein kommen, doch das ist auch schon alles.

Die esoterische Wissenschaft lehrt sogar, dass die Menschen in der Zukunft, in einer sehr fernen Zukunft, die Erde verlassen werden, um auf anderen Planeten zu leben, und dass die Tiere die Erde erben werden. Dann werden die Menschen den Gedanken, den Blick und die Farben verwenden, um miteinander zu kommunizieren. Jemand wird nur einen Blick senden, doch das wird ein so wunderbarer Blick sein, dass derjenige, der ihn empfängt, ihn nie mehr vergessen wird. In der sechsten Rasse* werden die Menschen vor allem das Gefühl für Brüderlichkeit

* Anm. d. Hrsg.: Laut O. M. Aivanhov befindet sich die gesamte Menschheit derzeit am Übergang von der fünften zur sechsten Rasse. Diese Zuordnung hat nichts mit Hautfarben zu tun. Während die fünfte Rasse hauptsächlich ihre intellektuellen Fähigkeiten entwickelt hat, wird die sechste Rasse die Intuition und die brüderliche Liebe entwickeln. Siehe dazu auch Band 6 der Reihe Gesamtwerke »Die Harmonie«, Kap. 11 »Das geistige Herz«.

entwickeln. In der fünften Rasse hatte die fast ausschließliche Entwicklung des Verstandes für sie ein aggressives, kritisches, auf Trennung ausgerichtetes Verhalten zur Folge, und darum sind sie nicht glücklich. Jetzt sollten sie danach streben, etwas anderes in sich zu entwickeln: ihre Seele. Aber die Seele kann sich nur im geschwisterlichen Zusammenleben entwickeln, wo alle – ähnlich wie die Bienen, die gemeinsam den Honig zubereiten –, daran arbeiten, den Willen Gottes zu erfüllen, damit Sein Reich auf die Erde herabsteigt. In der sechsten Rasse werden die Menschen die Liebe und die Weisheit verwirklichen. In der siebten Rasse wird sich dann die Wahrheit offenbaren. Die fünfte Rasse war die Rasse des Intellektes; Kennzeichen der sechsten Rasse wird der Austausch unter den Menschen und die Brüderlichkeit sein.

In unserer Bruderschaft versuchen wir, das Kommen des Reiches Gottes vorzubereiten. Im Geist der Lehre des Meisters bemühen wir uns, in wahrer Reinheit und wahrer Liebe zu leben. Manch einer wird mir erklären: »Ich würde gerne dieses großartige Ideal der brüderlichen Liebe verwirklichen, aber ich kann nicht. –Warum? – Weil die anderen mich daran hindern und ich unter ihnen lebe.« Aber dann werde ich euch antworten: »Warum wartet ihr immer darauf, dass die anderen damit beginnen, die Welt besser zu machen? Warum fangt ihr nicht selbst damit an?« Ja, ihr wartet darauf, dass andere diese Mühe auf sich nehmen; die anderen handeln jedoch genau so wie ihr, auch sie warten darauf, dass ihr euch an die Arbeit macht. Das kann daher ewig so weitergehen, und das Reich Gottes wird niemals kommen.

Ihr habt zum Beispiel eine streitsüchtige Frau, die euch ständig Szenen macht und sich beklagt... also, dann nutzt diese Bedingungen, sie sind großartig! Ihr wundert euch? Nun, ich wiederhole, sie sind großartig! Sicher, ihr protestiert und denkt, dass ich gut reden habe, weil ich nicht verheiratet bin und somit nichts davon verstehe, dass es leicht ist, darüber zu reden, aber dass ich, wäre ich an eurer Stelle, diese Situation unerträglich fände. Ja, alles ist für diejenigen schwierig, die nicht Schüler der Einweihungswissenschaft sind, und selbst die winzigsten Dinge sind unüberwindlich, denn man kennt weder Methoden noch Mittel, mit denen man arbeiten könnte. Ein Beispiel: Wenn eure Augen ein wenig müde sind, wird selbst das Licht – das Wunderbarste in der Natur – euch wehtun. Wenn euer Magen krank ist, wird selbst die beste und frischeste Nahrung euch unverdaulich vorkommen. Wenn ihr von Rheumatismus geplagt seid, werdet ihr bei einem herzlichen Händedruck oder einem freundschaftlichen Schlag auf die Schultern aufschreien. Der Besuch der liebsten Freunde kann euch zum Weinen bringen, weil ihr krank im Herzen, in der Seele und im Körper seid und weil die schönsten und wunderbarsten Dinge für euch schmerzhaft sind.

Aber wenn ihr wohlauf seid, wird euch ein kräftiger Händedruck oder ein Faustschlag – selbst ein kräftiger – wie eine Zärtlichkeit vorkommen. Zu diesem Thema hat uns Sokrates ein außergewöhnliches Beispiel hinterlassen. Er hat das Problem gelöst, weil er wohlauf war. Er hatte Xanthippe geheiratet, die zweifellos widerlichste Frau von ganz Griechenland, und die sich ständig beklagte, Szenen machte, schrie und aus seinem Haus eine wahre Hölle machte. Aber Sokrates ertrug sie geduldig. Warum? Was machte er? Man hat alle möglichen Anekdoten über Sokrates und seine Frau erzählt, ohne den Versuch, das Verhalten von Sokrates zu interpretieren. Ich erkläre euch das jetzt mithilfe der Farben. Durch ihren Zorn produzierte Xanthippe ein Übermaß an roter Farbe, und Sokrates, der viel Blau besaß, die Farbe des Friedens, vereinte dieses Blau mit dem Rot, und in seiner Seele entstand das Violett, das heißt die mystische Liebe zur Gottheit, welche die Seele aus den irdischen Verzauberungen und Illusionen herausreißt. Indem er am Zorn seiner Frau arbeitete, näherte sich Sokrates immer mehr der göttlichen Welt der Freiheit und der Wahrheit.

Ein anderes Mal dachte Sokrates: »Ich besitze genug Violett, aber für meine Arbeiten brauche ich die Farbe Rosa«. Er nahm also die Farbe Weiß (die Reinheit), die er im Überfluss besaß – obwohl manche Leute ihn beschuldigten, pervers zu sein –, und in dem Moment, in dem Xanthippe durch ihre Anschuldigungen die Farbe Rot aussandte, vermischte Sokrates sie mit dem Weiß, um das Rosa zu erhalten. Auf alle Fälle war er sehr darauf bedacht, es zu keiner Vermischung von zum Beispiel Rot und Grün kommen zu lassen, denn er wusste, dass nach den Farbgesetzen diese Mischungen Gifte für die Seele erzeugen. Man vermischt einen Gedanken mit einem anderen, ein Gefühl mit einem anderen und ihr Missklang bewirkt die Entstehung von Unordnung, von Giften und von Krankheiten.

Ich werfe heute Abend zahlreiche Fragen auf, ohne sie zu vertiefen, ich überlasse es euch, es selbst zu tun. Arbeitet an den Farben* und findet heraus, warum Grün und Rot eine schmutzige Färbung annehmen, wenn sie gemischt werden. Wenn ihr jemanden loswerden wollt, der euch schaden will, verbreitet kein Grün, sonst werdet ihr selbst vergiftet. Ihr müsst das Grün durch Weiß oder Blau ersetzen. Warum? Weil euer Feind euch Rot sendet, das heißt, er ist positiv – und emissiv, ausstrahlend, in Bezug auf euch. Ihr müsst also in Bezug auf ihn weiblich, negativ, empfänglich sein, das heißt, die Farben Blau oder Weiß verwenden, die negativ, weiblich sind. Wenn ihr aber männlich bleibt, werden die beiden positiven Zustände Zusammenstöße, Funken und Komplikationen hervorrufen. Gegenüber emissiven, positiven, Personen müsst ihr euch in einen rezeptiven, negativen, Zustand versetzen.

Derjenige, der unter allen Lebensbedingungen die Situation auf diese Weise zugunsten des Lichtes wenden kann, wird alle Schwierigkeiten meistern: Er wird Leiden in Freuden verwan-

* Siehe Band 10 der Reihe Gesamtwerke »Sonnen-Yoga«, Kap. 11 »Die Geister der 7 Lichtstrahlen«.

deln, Hass in Liebe usw... Aber dazu muss er die Kräfte, die Farben, die göttlichen Tugenden kennen, die in ihm wirken. Ich versichere euch, es wird wunderbar sein, wenn ihr eines Tages diesen illusorischen Gedanken aus eurem Kopf löscht, dass es einen anderen Weg gibt, einen Weg ohne Anstrengungen, Lernen, Übungen und ohne Tugenden! Ihr müsst begreifen, dass ihr euch einzig in Einheit mit dem Schöpfer und im Schoß der Liebe verwandeln und gesund, glücklich und stark sein könnt, denn das Reich Gottes ist ein Bewusstseinszustand, den allein die Tugenden in unserem Inneren schaffen können.

Ich habe bereits von den verschiedenen Bewusstseinsebenen gesprochen – dem Unbewussten, dem Unterbewusstsein, dem Bewusstsein, dem Ich-Bewusstsein und dem Überbewusstsein – und euch erklärt, dass das Unbewusste das Mineralreich darstellt, das Unterbewusstsein das Pflanzenreich, und das Bewusstsein das Reich der Tiere. Das Reich der Menschen manifestiert sich im Ich-Bewusstsein, und das der großen Meister und der Engel im Überbewusstsein. Ihr erinnert euch gewiss an das Beispiel, dessen ich mich bedient habe, um euch eine klare Vorstellung von diesen verschiedenen Zuständen zu vermitteln. Ihr habt einen Schlag auf den Kopf bekommen und werdet ohnmächtig: Ihr fallt in die Unbewusstheit. Man bemüht sich, euch wiederzubeleben und ihr beginnt, euch sachte zu bewegen, noch ohne die Augen zu öffnen: Ihr seid im Zustand des Unterbewusstseins. Nach einigen Minuten öffnet ihr die Augen und merkt, dass ihr ausgestreckt auf dem Boden liegt, umringt von Leuten, aber noch ohne zu verstehen, was mit euch geschehen ist: Das ist der Zustand des Bewusstseins. Dann kommt ihr vollständig zu euch und erinnert euch, was geschehen ist: Das ist der Zustand des Ich-Bewusstseins. Schließlich seid ihr vollständig wiederhergestellt, glücklich, versteht welchen Unfall ihr überstanden habt und dankt dem Himmel, dass er euch beschützt hat: Das ist der Zustand des Überbewusstseins.

Worauf es ankommt ist, dass jeder von euch in sich selbst ein hohes Ideal nährt, denn ihr müsst wissen, dass dieses hohe Ideal, dieser Wunsch etwas Großartiges zu erreichen, von euch wie ein subtiles Fluidum ausströmt, wie ein lebendiges Wesen, wie eine Bitte. Diese Bitte steigt in die Ebene des Überbewusstseins auf, wo die dort befindlichen Wesenheiten es aufnehmen und sich sagen: »Seht, worum diese Person bittet, sie hat spirituell Großes vor, das ist gut« – und sie schicken dann diesen Wunsch den Archivaren der unsichtbaren Welt mit dem Auftrag, für die Wesen, die im Unterbewusstsein leben, alles für die Erfüllung dieses Wunsches in die Wege zu leiten. Diese Anordnung steigt ins Unterbewusstsein hinab, und dort befassen sich die Wesen eingehend mit der Situation desjenigen, der diesen Wunsch formuliert hat. Diese Wesen sind große Alchimisten und fragen sich, welche Energien und astralen Einflüsse das gewünschte Ergebnis ermöglichen können, und sobald sie diese gefunden haben, senden sie sie ins Bewusstsein des Menschen und dann ins Ich-Bewusstsein, wo sich alles verwirklichen kann.

Aber nehmen wir an, dass der Mensch auf dumme Weise handelt. Anstatt von den speziell für ihn vorbereiteten Bedingungen zu profitieren, begeht er eine Dummheit, die diese Bedingungen zerstört. Natürlich wird er trotzdem weiterhin Wünsche äußern und Dinge verlangen, und er wird eine neue Bitte an die unsichtbare Welt senden. Die höheren Wesenheiten sind erstaunt, dass ihre Anordnung das erste Mal nicht ausgeführt wurde, und sie senden eine andere Anordnung ins Unterbewusstsein, wo die Bewohner sich auf die Suche machen, warum der erste Wunsch nicht erfüllt wurde. Sie stellen fest, dass der Mensch den normalen Ablauf der Ereignisse durch eine negative Tat verhindert hat. Sie nehmen also ein anderes Element und senden es in den Bereich des Bewusstseins, dann ins Ich-Bewusstsein, und neue Möglichkeiten entstehen... Aber der Mensch handelt wieder unüberlegt und zerstört so aufs Neue diese guten Bedingungen... Dieselbe Geschichte wiederholt sich so lange, bis er – endlich klug geworden – weiß, wie er die von der unsichtbaren Welt angebotenen Möglichkeiten nutzen kann, und so wird er endlich erlangen, was er sich wünscht.

Nehmen wir nun an, ihr hättet bis jetzt ein Ideal gehabt, es aber nie geschafft, dieses Ideal auch zu verwirklichen. Dann sagt ihr schließlich: »Es lohnt sich nicht weiterzumachen, ich bin dumm, darauf zu beharren, denn wie viele Jahre habe ich verloren, indem ich ein unerreichbares Ideal genährt habe! Ich bin lächerlich in aller Augen. In meiner Umgebung sind alle erfolgreich und leben in materiellem Wohlstand, und ich warte als Einziger auf das Ergebnis meiner Bemühungen; von nun an ist damit Schluss, ich gebe auf«. In dem Moment unterbrecht ihr den Strom, und das ist dumm. Niemals, trotz all eurer Fehler, eurer Irrtümer und eurer Misserfolge, dürft ihr euer Ideal aufgeben. Viele tüchtige Menschen haben ihre Bemühungen eingestellt, ohne zu wissen, dass sie ihr Ziel erreicht hätten, wenn sie nur durchgehalten hätten.

Wie viele unsichtbare Wesen sind mit uns verbunden, und wie oft haben sie gute Bedingungen für unsere Weiterentwicklung geschaffen! Aber da sie sich in einer anderen Form zeigen als wir erwarten, nehmen wir nichts wahr. Genau so, wie es mit den Pharisäern geschehen ist, die Christus in Form eines Königs erwarteten und ihn nicht erkannten, als er sich in einem bescheidenen Äußeren zeigte. Nun, wir gleichen ihnen, wir stellen uns vor, dass Gott uns das Glück durch eine aussichtsreiche Stellung, einen bedeutenden Titel oder eine außergewöhnlich hübsche Frau schenken wird. Oh nein! Doch das soll euch nicht entmutigen, prüft alles, was euch geschieht und fragt euch, was die unsichtbare Welt von euch erwartet, indem sie euch diese Schwierigkeiten und Misserfolge schickt. In Zukunft muss man nachdenken und die Hindernisse und die dem Anschein nach ungünstigen Ereignisse anders betrachten, und ihr werdet sehen, dass es da immer etwas zu entdecken gibt.

Das Glück liegt vor euch, ohne dass ihr es wisst. Ihr wollt, dass es der Vorstellung gleicht, die ihr euch von ihm macht. Aber nein, der Fall wird nie eintreten. Verliert dennoch nicht den Mut, denn – ich wiederhole es – ihr seid nicht allein, es gibt zahlreiche Wesen im Unsichtbaren, die an euch denken und die euch ständig unterrichten und beraten. Nur müsst ihr euch aufrichtig bemühen, euch darauf vorbereiten, diese Hilfe zu empfangen, die aus höheren Regionen kommt, damit ihr für euch selbst, für eure Familie, eure Freunde, ja, für die ganze Menschheit von Nutzen seid. Nichts ist wichtiger, aber beeilt euch! Wartet nicht darauf, dass die Wissenschaft die Existenz der Seele bestätigt, bis sie uns sagt, dass der Gedanke mächtig ist, dass das Herz Energien besitzt, die man arbeiten lassen muss. Die Wissenschaft macht sicher und schnell Fortschritte, daran zweifle ich nicht, aber sie ist von einer außergewöhnlichen Langsamkeit, was die Entdeckung des inneren Lebens betrifft. Wartet daher nicht auf ihre Meinung, um an Gott und an die unsichtbare Welt zu glauben und mit dem wahren spirituellen Leben anzufangen. Warum glaubt man viel eher an äußere Apparate als an innere Apparate? Braucht ihr einen wissenschaftlichen Apparat, um nachzuprüfen, ob ihr unzufrieden oder beunruhigt seid, ob ihr hungrig oder satt seid?

Arbeitet jeden Tag mit eurer Seele, eurem Herzen, eurem Denken und eurem Geist! Lasst euch nicht entmutigen! Alles, was eure Gedanken und eure Gefühle an Gutem in den Raum projiziert haben, wird eines Tages zu euch zurückkommen. Ich habe es euch gesagt, es existiert ein Kreislauf, ein Austausch in euch selbst zwischen dem Unterbewusstsein, dem Bewusstsein, dem Ich-Bewusstsein und dem Überbewusstsein, der euch ermöglichen soll, euer hohes Ideal zu verwirklichen; aber oft unterbrecht ihr diesen Kreislauf, weil ihr eine Verwirklichung für unmöglich haltet. Darum rate ich euch: Setzt eure Bemühungen fort und es wird euch gelingen, die Prozesse der Verwirklichung wieder in Gang zu setzen, die günstigen Bedingungen wiederherzustellen.

Schreitet voran im Licht der neuen Lehre, denn später, wenn die Nacht hereinbricht, könnt ihr nicht mehr arbeiten. Ergreift von nun an dieses Licht, öffnet ihm euer Herz! Beobachtet die Natur: Wenn die Sonne aufgeht, erscheinen alle Bedingungen für ein aktives Leben. Wenn sie untergeht, herrschen diese Bedingungen nicht mehr, was bleibt, ist schlafen zu gehen. Ich spreche natürlich nur im Allgemeinen*.

Habt ihr manchmal schon darüber nachgedacht, dass andere Menschen auf der Erde schlafen, während ihr wach seid? Wenn es hier Tag ist, ist es in China oder Japan Nacht... Wenn ihr also wach seid und euren Beschäftigungen nachgeht, beginnen chinesische und japanische Seelen ihre physischen Körper zu verlassen und kommen nach Frankreich, um euch alle möglichen Gedanken und Gefühle einzugeben. Manche sagen gelegentlich, sie hätten mit einem Geist gesprochen, aber das war vielleicht nur die Seele eines schlafenden Chinesen. Es gibt eine ungewöhnliche Verbindung zwischen den Menschen von einem bis zum anderen Ende der Erde. Wenn ihr schlaft, besucht ihr wiederum die Länder auf der anderen Seite der Erde, und auch sie halten euch zweifellos für Engel, von denen sie besucht werden! Denkt über diese Frage nach und ihr werdet die Verbindungen entdecken, die zwischen der dunklen und der beleuchteten Seite der Erde existieren.

Auch in uns gibt es Tage und Nächte, Ebbe und Flut wie für den Ozean. Unser Bewusstsein erhellt und verdunkelt sich, füllt und leert sich... Wir müssen begreifen, dass wir denselben Wechseln unterliegen wie die Natur, und wir müssen uns des Zeitabschnittes bewusst sein, in dem sich jedes Phänomen vollziehen wird. Nehmen wir also an, dass eine schwierige Zeit bevorsteht. Wenn ihr das nicht wisst, werdet ihr euch vielleicht

* Siehe Band 10 der Reihe Gesamtwerke »Sonnen-Yoga«, Kap. 17 »Tag und Nacht - Bewusstsein und Unterbewusstsein«.

unklugerweise für diese oder jene Unternehmung engagieren, aber sobald der Moment kommt, erfüllt euch weder Inspiration noch Freude, und ihr fühlt euch ratlos. Ihr hättet dies vermeiden können, wenn ihr im Voraus gewusst hättet, wann die dunklen Tage kommen, an denen ihr schwach und deprimiert sein werdet. Alle Fehler geschehen in der Finsternis, wenn das Bewusstsein verdunkelt ist. Lernt also, diese Tage vorherzusehen, und unternehmt an ihnen nichts. Betet, meditiert, lest, aber unternehmt nichts in wichtigen Angelegenheiten, denn die Periode der Finsternis eignet sich nicht für Arbeit.

Der Mond nimmt zu und wieder ab. Auch das ist ein Phänomen, das man in unser Innenleben übertragen muss. Je mehr der Mond auf einer Seite abnimmt, umso mehr nimmt er auf der anderen zu. Das stimmt vielleicht nicht mit der Astronomie überein, aber es erklärt, wie unser Bewusstsein von der Dunkelheit zur Helligkeit übergeht und umgekehrt.

Instinktiv handeln die Menschen mit einer großen Weisheit: Sobald der Winter sich nähert, legen sie Holz- und Kohlevorräte an und bereiten warme Kleidung vor, um für die kommende Kälte gewappnet zu sein. Auch in uns müssen wir in der Vorausschau auf den Winter die notwendigen Brennmaterialien für die Heizung vorbereiten. Diejenigen, die wissen, dass die Zeit der Dunkelheit kommen wird, bereiten sich vor, solange sie die Möglichkeit dazu haben. Diejenigen hingegen, die sich nicht vorbereiten, können nur jammern, sobald die dunkle Zeit kommt, und sagen, dass das Leben keinen Sinn hat oder noch Schlimmeres.

Wir müssen die spirituellen Elemente vorbereiten, im Hinblick auf den Winter, der kommt. Dann brennt, sobald es draußen kalt wird, das Feuer in unserem Inneren. Die Eingeweihten blicken voraus, sie wissen, dass es dunkle Tage gibt, aber auch in Licht getauchte Stunden. Jesus sagte: »Wandelt, solange ihr das Licht habt, damit euch die Finsternis nicht überfalle«; die Eingeweihten verstehen darunter: »Profitiert von den guten Bedingungen, um später den Schwierigkeiten die Stirn bieten zu können«.

Vor euch tut sich eine großartige Zukunft auf. Endlich fangt ihr an zu leben. Es bildet sich ein neuer Menschentyp, eine neue Kultur – die Kultur der Kinder Gottes, der Brüderlichkeit unter den Menschen. Die Brüderlichkeit ist im Entstehen, und sie wird sich in der ganzen Welt verbreiten. Die Menschheit ist durch die Stadien des Unterbewusstseins, des Bewusstseins und des Ich-Bewusstseins gegangen, und nach und nach tritt sie in das Überbewusstsein ein. Aus den Tiefen des unterbewussten Lebens steigt der Mensch herauf und erhebt sich schrittweise zu einem höheren Leben, dem Leben der Selbstlosigkeit und der Opferbereitschaft. Im Opfer beginnt die Manifestation der Gottheit zu erstrahlen. Derjenige, der weiß, was Opfer bedeutet, ist ein Mensch der neuen kommenden Rasse; sein Bewusstsein gleicht der aufgehenden Sonne. Das neue Leben kommt, es ist die Auferstehung!

Paris, den 5. November 1938

Kapitel 6

Der Rat des Weisen

Freier Vortrag

Wenn man einem Redner zuhört, erwartet man immer, viel von ihm zu lernen. Man ist begierig auf neue Informationen, mit ihnen kann man jedoch sein Leben nicht verbessern. Ich erkläre euch sogar, dass ihr bereits mit Informationen und Wissen überhäuft seid! Aber ja, denn in Wirklichkeit braucht ihr nur sehr wenige Dinge zu wissen, aber Dinge, die wirklich notwendig, wesentlich und grundlegend für die Gestaltung eures Lebens sind. Wesentliche Kenntnisse gibt es nur sehr wenige an der Zahl. Die anderen, die für die Gestaltung eures Daseins nicht notwendig sind, dürfen erst später hinzukommen, als zweitrangige Details, als Verzierungen. Was für ein Haus wirklich von Bedeutung ist, das ist das Fundament, die Mauern, das Dach, die Tür und die Fenster. Dass es dann auch noch Vorhänge, Spiegel, Teppiche, Bilder und diversen Krimskrams gibt, das ist in Ordnung, das ist wünschenswert, aber es ist nicht unverzichtbar und wesentlich. Ihr versteht vielleicht nicht genau, was ich euch sagen will, deshalb erzähle ich euch eine kleine Geschichte.

In der Antike lebte einmal ein König, der gerne durch die Straßen seiner Hauptstadt spazierte. Er verkleidete sich, um nicht erkannt zu werden, und er ging allein aus oder mit seinen

Ministern, um selbst zu sehen, wie sein Volk lebte. Doch eines Tages, als der König über den Markt spazierte und die Menge von Käufern und Verkäufern beobachtete, hörte er eine Stimme rufen: »Ich verkaufe Weisheit... Wer will Weisheit?...« Neugierig geworden näherte sich der König dem rufenden Mann und fragte ihn: »Nun, du verkaufst Weisheit?... Wie viel kostet sie?« – »Das kommt darauf an, es gibt welche für 100 Taler, für 1.000 Taler und für 10.000 Taler... für wie viel wollt Ihr?« – »Nun, gib mir eine für 10.000 Taler«, verlangte der König. – »Dann höre dies«, sagte der Verkäufer: »Was du tust, das tu' auch richtig, aber bedenke die Folgen.« – »Was!? Weiter nichts, und dafür lässt du mich 10.000 Taler zahlen?«, rief der König lachend aus... »Gut, da ist dein Geld.« Er verließ den Markt und kehrte in seinen Palast zurück. Das Abenteuer erschien ihm amüsant, und den ganzen Tag lang wiederholte er immer wieder in allen Tonlagen: »Was du tust, das tu auch richtig, aber bedenke die Folgen.« Dann dachte er nicht weiter daran. …

Am nächsten Morgen erschien sein Barbier, um ihn wie gewöhnlich zu rasieren. Während er seine letzten Vorbereitungen traf, erinnerte sich der König, der wartete, an den Satz, den er am Vortag auf dem Markt gekauft hatte, und als der Barbier sich näherte, das Rasiermesser in der Hand, sagte er zu ihm aus Spaß, mit tiefer Stimme und bedrohlichem Gesicht: »Was du tust, das tu auch richtig, aber bedenke die Folgen«. Und plötzlich sah er, wie der Barbier sich auf die Knie warf, am ganzen Körper zitternd, und rief: »Verzeiht mir Majestät, es ist nicht meine Schuld, die Minister haben mir den Befehl gegeben, euch heute beim Rasieren die Kehle durchzuschneiden. Verzeiht mir, ich habe eine Frau und Kinder, ich bin unschuldig.« Dem König wurde klar, dass er einer großen Gefahr entronnen war; er tat so, als wäre er über die ganze Sache informiert und sagte zum Barbier: »Nun gut, dir sei verziehen, aber sage mir genau, wer das wollte, wie und aus welchem Grund«. Der Barbier erzählte ihm alles und der König begriff, dass der Spruch des Händlers ihm das Leben gerettet hatte. Wenn er ihn nicht gekauft hätte, wäre er ermordet worden.

Und das Gleiche gilt für uns. Wie viele Barbiere warten nur darauf, uns die Kehle durchzuschneiden! Wie viele sichtbare und unsichtbare Feinde verfolgen uns: unsere niederen Gedanken und Gefühle! Doch es gibt Weise, die uns retten können, denn sie »verkaufen« Weisheit. Sie verkaufen sie nicht auf dem Markt, und was sie als Bezahlung verlangen, ist nicht unser Geld, sondern sind unsere Anstrengungen. Um diese Weisheit zu erlangen, müssen wir etwas anderes im Austausch dafür geben. Die sichtbare Welt ist nach dem Modell der unsichtbaren Welt aufgebaut, und wir müssen auf dem Markt für Kohl und Karotten bezahlen, weil auch in der unsichtbaren Welt alles auf dem Gesetz des Austausches beruht. In der unsichtbaren Welt nimmt keine Seele etwas von einer anderen Seele, ohne ihr im Austausch Freude, einen Blick, ein Strahlen zu schenken... Wir aber haben diese unsichtbaren Formen des Austausches noch nicht verstanden. Wir nehmen das Licht und die Wärme der Sonne, und wir geben ihr nichts von uns selbst zurück. Ebenso nehmen wir viele Dinge von der Erde, und auch ihr geben wir nichts. Das ist nicht gerecht. Ihr werft ein: »Aber wie können wir der Sonne und der Erde etwas geben?« Ich kann es euch erklären, aber ich weiß nicht, ob ihr mich verstehen werdet. Wenn ich euch eine einzige der Regeln aufzeige, die es ermöglichen, in bewussten Kontakt mit der Erde zu treten, werdet ihr mit mir bereits uneinig sein, denn seit Jahrhunderten und Jahrtausenden hat man den Menschen eingetrichtert, die Erde als etwas Totes und Stumpfsinniges zu betrachten, womit sie nach Belieben umgehen können.

Die Schüler der spirituellen Wissenschaft wissen, dass alles lebendig ist. Darum sind sie achtsam gegenüber den Pflanzen, den Insekten, den Steinen. Manchmal streicheln sie einen Felsen und sagen zu ihm: »Sei geduldig, eines Tages wirst du aus diesem Gefängnis befreit sein.« Denn in diesen Steinblöcken befindet sich ein Wesen, das begrenzt ist, eingesperrt, und das darauf wartet, dass man den Fels in kleine Stücke zerschlägt, damit es befreit wird. Die Steintrümmer haben tatsächlich die besten Voraussetzungen, um sich weiterzuentwickeln, sie werden nach und nach zu Staub und zu vom Pflanzenreich assimilierbarer Erde. Geht der Schüler an einem Felsen vorbei, kann er auch zu ihm sagen: »Ich bewundere deine Geduld, seit Jahrhunderten bist du da, Stürmen, Frost und extremer Hitze ausgesetzt, und du beklagst dich nie. Ich beglückwünsche dich und bitte dich um ein wenig von deiner Widerstandskraft, von deiner Festigkeit.« Ihr denkt vielleicht, dieses Verhalten habe nichts Besonderes an sich, es sei sogar lächerlich. Doch ich kann euch versichern: Wenn ihr es mehrmals mit Liebe und Vertrauen ausführt, dann nehmt ihr die Kraft und die Stabilität des Felsens in euch auf und bringt sie im Leben zum Ausdruck. Meister Peter Danov sagte uns, dass die Liebe einen Stein erwärmen kann. Wenn man die Temperatur eines Steines misst, dem man viel Liebe geschickt hat, wird man einen leichten Anstieg feststellen. Das gilt nicht nur für die Steine, sondern auch für Pflanzen und Tiere. Edelsteine sind noch sensibler als die gewöhnlichen Steine, sie sind lebendiger, und man kann sie durch seine Gedanken und Gefühle beleben oder töten.

Der wahre Schüler ist außerordentlich achtsam gegenüber der Natur und den unsichtbaren Wesen, die sie bewohnen. Für ihn ist die Erde heilig, lebendig und bevölkert mit unzähligen Wesen. Ihr könnt denken: »Wie auch immer ich der Erde gegenüber handle, mit oder ohne Respekt, für sie ändert sich dadurch nichts, ich tue ihr weder Gutes noch Schlechtes an.« Natürlich, aber ihr sollt die Erde nicht um ihretwillen respektieren, sondern um euretwillen. Denn wenn ihr den Steinen, den Pflanzen, den Tieren, den Menschen und sogar den Dingen in eurer Umgebung gegenüber achtsam seid, entwickelt sich euer Bewusstsein für die unsichtbare Welt umso mehr. Zweifelsohne habt ihr noch niemals darüber nachgedacht.

Schüler der Einweihungswissenschaft zu sein bedeutet, in sich das Bewusstsein zu entwickeln, dass jedes Ding lebendig ist, damit man es respektiert, bewahrt und schützt; das bedeutet, in sich die Denkweise entscheidend zu verändern. Es genügt mir zu sehen, wie jemand die Türen zuschlägt, Gegenstände anstößt und die Leute anrempelt, um euch etwas über seinen Evolutionsgrad sagen zu können.

Zwei Prinzipien manifestieren sich in der Welt. Das erste ist das positive, männliche Prinzip, Mars. Das zweite ist das negative, weibliche Prinzip, Venus. Nehmen wir an, ihr würdet die Aktivität des positiven Prinzips zu sehr in euch steigern; dann seid ihr hart, elektrisch geladen, und werdet sogar destruktiv, denn jedes Geschöpf spürt die Schwingungen, die von euch ausgehen. Auf diese Weise könnt ihr sogar die Pflanzen in eurer Wohnung zum Eingehen bringen. Manche Eltern wissen nicht, dass die Erkrankung ihres Kindes mit dem fehlenden Verständnis füreinander und ihrem feindseligen Umgang miteinander zu tun hat, wodurch um sie herum große Wirbel entstanden sind, welche die empfindliche Aura des Kindes nicht ertragen kann. Diese Erschütterungen übersteigen seine Kräfte. Aber die Eltern suchen den Arzt auf, anstatt zu begreifen und untereinander wieder harmonische Beziehungen herzustellen.

Die Folgen unseres Verhaltens sind nicht sofort spürbar, sie erreichen zunächst andere Personen: Kinder, Freunde, und manchmal sogar weit entfernte Menschen, die wir nicht kennen, die aber die durch unsere Gedanken, unsere Gefühle und unsere Taten ausgesandten Wellen empfangen. Wenn ihr hellsichtig wärt, würdet ihr die Zerstörung sehen, die ihr anderswo auf der Erde aufgrund eurer chaotischen und aggressiven Gedanken hervorruft. Und ebenso entsteht etwas Großartiges, sobald ihr harmonische Gedanken und Gefühle aussendet.

Ich nenne euch ein Beispiel mit dem Experiment des Physikers Gravesande. Man hängt Kugeln in einer Reihe nebeneinander auf, so dass sie sich berühren. Man hebt die erste Kugel in der Reihe an, lässt sie dann los – und sie stößt an die zweite Kugel. Aber dann geschieht etwas Erstaunliches: Alle Kugeln bleiben unbeweglich mit Ausnahme der letzten, die sich in einem bestimmten Winkel aus ihrer ursprünglichen Position entfernt.

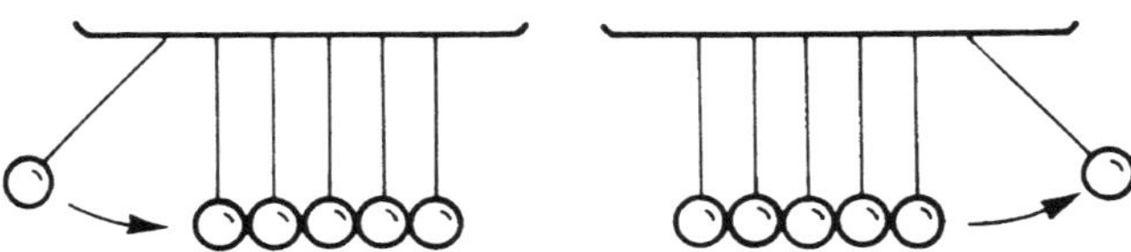

Darin zeigt sich ein Gesetz von beachtlicher Bedeutung: Der Stoß wirkt sich lediglich auf die letzte Kugel der Reihe aus und sie wird abgestoßen, die anderen dagegen bewegen sich nicht, sie dienen einfach nur der Kraftübertragung.

Wenn man über dieses Gesetz nachdenkt, stellt man fest, dass es zahlreiche Bereiche im Leben gibt, auf die sich dieses Gesetz übertragen lässt. Jede Gesellschaft, jede Nation steht für ein System von untereinander verbundenen Kugeln. Wenn eines ihrer Mitglieder ein Verbrechen begeht, welche wird dann abgestoßen, das heißt, welche wird für den Fehler bezahlen? Die letzte Kugel der Reihe, zu der diese Gesellschaft gehört. Aber man weiß nie, wer diese letzte Kugel ist.

Ihr versteht jetzt die Art der Verbindungen, die zwischen den Menschen bestehen. Ihr glaubt, dieses oder jenes ohne Folgen für euch selbst tun zu können. Ja, vielleicht – aber andere, welche die letzte Kugel der Reihe sind, werden leiden. Das gilt für das Gute wie für das Schlechte. Die erste Kugel mag sich sagen: »Ich habe meinen Nachbarn hart getroffen und nichts ist passiert.« Ja, dem Anschein nach ist nichts geschehen, aber sie weiß nicht, dass die letzte Kugel in der Reihe einen heftigen Stoß abbekommen hat. Und das ist nicht alles. Denn die letzte Kugel, die den Stoß abbekommen hat, schwingt aus und fällt zurück, und das gleiche Phänomen geschieht nun umgekehrt, denn aufs Neue breiten sich die Schwingungen durch die ganze Reihe von einer Kugel zur nächsten aus, und nun wird die erste Kugel der Reihe abgestoßen und fällt zurück. Sie bekommt also nun den Rückprall zu spüren.

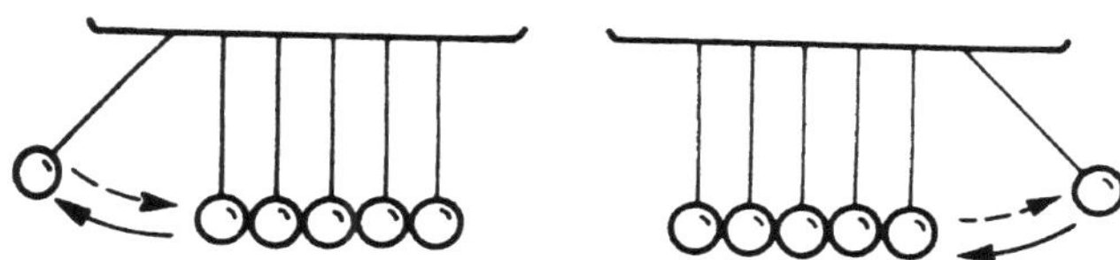

Das zeigt, dass unsere aktuellen Missgeschicke auf Fehlern beruhen, die wir in der Vergangenheit oder sogar in früheren Leben begangen haben; und jetzt erleiden wir den Rückprall. Wer Zeit hat, das zu erforschen und nachzuprüfen, wird erkennen, wie wahr dieses Gesetz ist.

Ein anderes Beispiel. Nehmen wir an, wir hätten auf diesem Tisch mehrere Stimmgabeln liegen, von denen nur zwei die gleiche Wellenlänge haben. Wenn wir jede dieser Stimmgabeln zum Schwingen bringen, werden sie einen unterschiedlichen Ton erzeugen. Sobald wir aber eine der Stimmgabeln gleicher Wellenlänge schwingen lassen, wird die zweite, ohne berührt worden zu sein, auf die Schwingung der ersten antworten und genau den gleichen Ton wie sie aussenden. Ihr kennt alle dieses Phänomen. Was ihr aber nicht kennt, ist die Bedeutung dieses Gesetzes der Resonanz, das uns auch dabei helfen kann zu verstehen, wie das vorherige Gesetz sich in der Welt manifestieren kann. Ihr fragt euch manchmal, wie ihr diese oder jene Tat begehen konntet. Nun, es gibt irgendwo in der Welt einen Menschen, der mit euch durch die Art, wie er gebaut ist, durch seine Mentalität, durch seine Schwingungen, die den euren gleichen, verbunden ist. Zwischen euch und ihm gibt es eine große Zahl von Menschen, die unter demselben Zeichen stehen, die auf derselben Entwicklungsstufe stehen und dieselbe Wellenlänge haben. Es ist vorgekommen, dass ihr innerhalb dieses Systems die letzte Kugel in der Reihe wart und eine Tat begingt, an die jemand anderer dachte; die anderen Personen dienten einfach nur als Übermittler. Andersherum wirkt eure Tat auf diesen Menschen zurück, wo immer er auch sein mag. Und wenn er sich noch in derselben Verfassung befindet, mit denselben Neigungen, derselben Haltung, wird er den Rückprall zu spüren bekommen.

Weil es in jedem psychischen Bereich solche festgelegten Kugelsysteme gibt, unterliegt man ständig diesem Phänomen. Jemand mag sich durch sein Herz einem System von Kugeln zugehörig fühlen, durch seinen Intellekt zu einem anderen, durch seinen Willen zu einem dritten und so fort. Deshalb wird er von der Seite des Herzens bestimmte Impulse empfangen, seien es gute oder schlechte, und von der Seite des Intellekts entweder Licht oder Irreführung und so weiter. Man kann übrigens gleichzeitig Segensreiches von der einen Seite empfangen und Stöße von der anderen. Diese Phänomene sind das Ergebnis des Gesetzes der Solidarität, der Wechselbeziehung, das die Menschen untereinander verbindet. Durch dieses Gesetz lassen sich auch Magnetismus, Elektrizität, Magie und Alchimie erklären, und darüber hinaus bildet dieses Gesetz die Grundlage der Moral.

Es gibt eine Möglichkeit, aus einem System heraus und in ein anderes hinein zu gelangen, im Hinblick auf eine Verbesserung der Beziehungen, des Austausches, der Verbindungen, des Schicksals. Das ist möglich, wenn man das Geheimnis der Stimmgabel genau kennt: wie die Schenkel zu verlängern oder zu verkürzen sind oder – wenn ihr so wollt – wie die Schwingungen des Denkens und des Fühlens zu intensivieren sind. Auf diese Weise verlässt man ein System von Schwingungen und Kräften, um in ein anderes, besseres und feinstofflicheres einzutreten, und so verbessert sich alles. Wer dieses Phänomen verstanden hat, muss darauf hinwirken, lichtvolle Wellen auszusenden, um auf allen Ebenen des Daseins zum Wohle der ganzen Welt beizutragen. Er kann Tausende von Menschen inspirieren, leiten, erhellen, trösten und sie auf dem Weg der Evolution voranschreiten lassen, ohne dass jemand irgendetwas von dieser magischen Handlung bemerkt. Genau auf diese Weise führen die großen Meister der Menschheit die menschlichen Seelen voran, und ganz besonders jene, die direkt und bewusst mit ihnen verbunden sind, die dasselbe Ideal haben wie sie.

Wenn wir zahlreich sind und dieses Gesetz anzuwenden wissen, können wir die Menschheit verwandeln, indem wir sie zu einer anderen Art des Denkens, des Fühlens und des Handelns anregen, in allen Bereichen des Daseins, in Kunst, Philosophie, Religion oder Ökonomie. Alles ist denjenigen möglich, die dieses Gesetz kennen; aber natürlich ist viel Zeit, Arbeit und Geduld nötig, bevor Ergebnisse erzielt werden. Im Moment müssen wir zunächst einmal die lebendige Kette von Wesen* studieren, und wissen, dass wir sehr achtsam sein müssen bei jeder Handlung, bei jedem Gedanken, bei jedem Gefühl, denn alles durchzieht andere Personen, die wir nicht kennen und die einfach nur Übermittler, Medien sind. Ein bestimmter Gedanke, den wir haben, durchzieht die anderen und pflanzt sich fort bis zu der Person, die die letzte Kugel der Reihe bildet und beeinflusst sie. Dann kehrt er zu uns zurück, um uns Leid oder Belohnung zu bringen, je nach der Art des Gedankens, den wir ausgesandt haben.

Heutzutage erforschen die Wissenschaftler die Gesetze der Natur nur dazu, Apparate zu entwickeln, die das materielle Leben erleichtern sollen. Doch es ist nicht das, was wirklich zählt. Das Leben ist durch die Erfindungen nicht sehr viel besser

* Siehe Band 1 der Reihe Gesamtwerke »Das geistige Erwachen«, Kap. 8 »Die lebendige Kette der Universellen Weißen Bruderschaft«.

geworden, es wird im Gegenteil sogar immer schwieriger und komplizierter. Man kann reisen, verfügt über Licht und Heizung, kann übers Radio Stimmen aus der ganzen Welt hören. Alles ist leicht geworden, nur nicht das Glück und der Friede. Wir besitzen viele Dinge, sind aber dennoch die schwächsten und unzufriedensten Geschöpfe. Die Zahl der Kranken steigt, man sieht wie die bösen Folgen von Tuberkulose, Krebs und allen psychischen Krankheiten zunehmen, und es gibt immer mehr Selbstmorde. Die von unserer Zivilisation erreichten Verbesserungen bleiben auf den materiellen Bereich begrenzt. Dennoch gibt es etwas Wichtigeres, und das ist der Bereich des Bewusstseins, welcher der Kern unseres Lebens ist. Das Bewusstsein ist wichtiger als alles andere. Wenn es eingeschlafen oder von Wolken umhüllt ist, wozu dienen uns dann Geld, Paläste und all die Apparate um uns herum? Wenn unser Bewusstsein nicht mehr fähig ist sich zu freuen, weit zu werden, dann können wir weder das verstehen, was uns umgibt, noch davon für unsere spirituelle Weiterentwicklung profitieren.

Wenn uns jemand alle die in der Physik und Chemie bereits entdeckten Gesetze damit erklären könnte, dass er ihre Entsprechungen im inneren Bereich aufzeigt, wären wir überwältigt! Jeder Vorgang in der Natur besitzt drei Aspekte: einen physischen, einen spirituellen und einen göttlichen; deshalb muss man im psychischen Leben die gleichen Manifestationen und Entsprechungen wiederfinden wie im physischen Bereich. Es ist eine Wissenschaft vom Leben nötig, denn die herkömmlichen Wissenschaften sind weit vom Leben entfernt. Wenn man sie nicht mit dem Leben verbindet, bleiben sie tot. Wir brauchen also die lebendige Wissenschaft vom Leben. Astronomie, Biologie, Chemie, Physik, Geologie, Mineralogie und vor allem die Mathematik mit ihren Zahlen und geometrischen Figuren müssen interpretiert werden, denn nur auf diese Weise werden sie dem Leben dienen.

Wie bei diesem König in der Geschichte, die ich euch gerade erzählt habe, gibt es immer den Gedanken eines Weisen, der uns retten kann, während alle Bücher in den Bibliotheken unfähig sind, uns zu helfen. Wir haben zwar viel gelesen, aber wir wissen uns dessen nicht zu bedienen. Oft vergessen wir sogar alles, und es ist ein Gedanke, ein Gefühl oder ganz einfach ein Ratschlag, die uns aus unseren Schwierigkeiten reißen. Und darum habe ich euch gesagt, dass es nur sehr wenige wahrhaft notwendige Dinge gibt. Alles Übrige ist nutzloses und oft lästiges Gepäck. Um den Körper zu schützen, tragen wir Kleidung; aber das Wesentliche daran sind weder die Bänder noch die Spitzen noch der Flitterkram. Zum Wohnen haben wir Häuser, und dort sind die Mauern, das Dach und die Fenster das Wichtige. Bilder und Teppiche kommen danach, um das Ganze angenehmer zu gestalten, sie sind jedoch nicht das Wesentliche. Auch für die Nahrung gilt: Sehr wenige Nahrungsmittel sind wirklich unverzichtbar. Es gibt nur der Abwechslung wegen so viele, und weil sie gut schmecken. Im »Vater Unser« sagte Jesus: »Unser täglich Brot gib uns heute«. Er sagte nicht: Gib uns Butter, Käse, Radieschen, Würstchen, nein, nur das Wesentliche: »unser täglich Brot«.

Tatsächlich brauchen wir nur sehr wenige Dinge: Brot, Wasser, Luft, Licht, Wärme. Wenn ihr diese Elemente auf die anderen Ebenen, die spirituelle und die göttliche, übertragt, werdet ihr all die Elemente finden, die ihr braucht, um die Fülle zu besitzen. Alles andere ist gut, aber nicht wesentlich. Ein einziger Rat kann euch im Leben retten, unter der Bedingung, dass er euch von einem Weisen gegeben wird. Und worin besteht dieser Rat, den euch ein Weiser geben kann? Dass ihr es euch zur Gewohnheit macht, jeden Tag zu beten und euer Bewusstsein bis hinauf zur göttlichen Welt zu erheben. Die Gewohnheit zu beten, ist eine unschätzbare Gabe. Ihr denkt vielleicht: »Ich habe oft gebetet, aber das hat mir nichts gebracht.« Seid ihr da sicher? Ja, sagt ihr, weil ihr keine Ergebnisse gesehen habt.

Aber warum, meint ihr, muss die Hilfe des Himmels sichtbar sein und sich durch Reichtum und Erfolg manifestieren? Das ist nur die äußere, positive Seite des Guten, aber es existiert auch ein unsichtbarer, negativer Aspekt des Guten.

Ich werde euch das erklären. Wisst ihr, wie oft ihr einem Unfall oder einer noch schrecklicheren Katastrophe entgangen seid? Gestern habt ihr eine Straßenkreuzung überquert, und kurz nach eurer Überquerung hat sich ein schwerer Unfall ereignet, der auch euch drohte, aber ihr habt absolut nichts davon bemerkt, ja ihr wart nicht im Bilde darüber, was genau da ablief. Ohne dass ihr das Geringste davon wusstet, haben unsichtbare Wesen daran gearbeitet, euch zu retten. Wenn ihr, mithilfe des Gebetes, die Verbindung zum Himmel nicht aufrechterhalten hättet, wärt ihr verletzt oder sogar getötet worden. Ihr klagt: »Ich arbeite jetzt schon so viele Jahre für das Gute, für das Reich Gottes, und ich bin ehrlich, gerecht und edelmütig geblieben, aber ich habe nicht das geringste Resultat erzielt!« Das ist falsch, da irrt ihr euch! Die unsichtbare Welt wollte zunächst all die Unfälle und die negativen Ereignisse beseitigen, die auf euch warteten. Sobald diese alle aus eurem Leben gelöscht sind, werden auch die positiven Ereignisse in Erscheinung treten. Wer für das Reich Gottes arbeitet, sich aufopfert und große Anstrengungen unternimmt, muss wissen, dass er Ergebnisse erzielt, aber dass sich diese Ergebnisse zunächst auf negative Manifestationen beschränken, nämlich auf Zahlungen und Tilgungen des Karma. Diese Anstrengungen verhindern zunächst, dass sich alles Schlechte verwirklicht, und erst viel später lösen sie das Gute aus.

Eine unsichtbare Arbeit vollzieht sich, die das Reich Gottes vorbereitet, indem der Mensch zuallererst von allem Schädlichen befreit wird, denn erst danach können sich die großartigen Ereignisse einstellen. Ihr fragt, warum das so ist? Nun, wenn ihr ein großes und schweres Karma zu bezahlen habt und vielen Schwierigkeiten begegnen müsst, würde das sofortige

Auftauchen der guten und positiven Ereignisse durch ihr Aufeinandertreffen mit den unvermeidbaren Übeln große Unruhe in eurem Leben hervorrufen. Jegliche Harmonie wäre zerstört, die Unfälle würden mit der Ankunft glücklicher Ereignisse zusammenfallen, und ihr – zwischen die beiden gestellt – würdet die Folgen dieser heftigen Zusammenstöße auszuhalten haben. Um den Menschen nicht solchen Belastungen auszusetzen, beginnen die unsichtbaren Wesen damit, alles Schädliche in seinem Dasein auszulöschen, zu neutralisieren oder zu begleichen, um ihm danach alles Gute, Schöne, Großartige und Göttliche bringen zu können. Trotz allem kommt es vor, dass die guten und die schlechten Dinge im Leben zusammen auftreten, und diejenigen, die auf der einen Seite große Segnungen empfangen und auf der anderen schädliche Einflüsse, die leben inmitten eines solchen Schlachtfeldes, dass sie beinahe den Verstand verlieren.

Damit sich die Blütenblätter des heiligen Lotus entfalten können, muss man vor Unruhen und Stürmen geschützt sein. Wenn der Schüler diesen Lotus vorzeitig entwickelt, bevor er die schädlichen Elemente neutralisiert hat, die er in sich trägt, setzt er sich großen Gefahren aus. Die Erschütterungen, die er erlebt, werden die Blütenblätter dieses Lotus zerreißen, das heißt, sie werden die Funktionsweise seiner feineren Apparate stören. Deshalb geben die großen Meister, die ihre Schüler lieben und beschützen, ihnen nicht die Methoden, zu schnell ihre psychischen Fähigkeiten zu entwickeln, denn sie wissen, dass das äußerst nachteilige Auswirkungen für sie hätte. Sie sagen: »Sollen sie erst einmal alles Negative beseitigen, ihren Garten vorbereiten, alle Disteln und stacheligen Sträucher entfernen, damit sie später dort Blumen haben. Sie sollen die Lösung für ihre inneren Probleme finden, und anschließend werden alle Segnungen kommen.«

All diejenigen, die um große Kräfte bitten, ohne ihr inneres Wesen zu reinigen, ohne Ordnung in ihr persönliches Leben zu bringen, setzen sich harten Bewährungsproben aus. Manche

Okkultisten messen der Reinheit nicht viel Bedeutung bei. Dabei kann sich nichts Spirituelles oder nichts Göttliches ohne die Reinheit manifestieren. Ich betone diese Frage so sehr, weil ich weiß, dass es viele gibt, die danach verlangen, das Wissen dieser großen Geheimnisse zu erwerben, um sie für persönliche Ziele zu benützen, ohne sich darüber im Klaren zu sein, dass sie sich großen Gefahren aussetzen.

Wo ist der Weise, der euer Leben durch einen Rat retten kann? Wo sind die Barbiere, die euch umkreisen, um euch die Kehle durchzuschneiden? Das sind manchmal eure eigenen Kinder, die auf euren Abgang warten, um sich des Erbes zu bemächtigen. Ein anderes Mal ist es ein guter Freund, der euch verschwinden lassen möchte, um eure Frau zu nehmen, die ihm reizender erscheint als seine eigene. Um euch vor diesen Barbieren in Sicherheit zu bringen, müsst ihr euch an einen sicheren Ort flüchten. Ich gebe euch ein Beispiel. Angenommen ihr seid Beamter, das heißt ein Diener des Staates, dann wird dieser euch schützen. Und niemand kann euch angreifen, ohne dass ihr von dieser Autorität, die über euch wacht, verteidigt werdet. In gleicher Weise wird derjenige, der ein Diener der Universellen Weißen Bruderschaft wird und der »Göttlichen Ursache« dienen will, einem Beamten gleichen, über den von nun an die unsichtbare Welt wacht. Ein Engel schützt ihn, und die Seelen der ganzen Welt sind verpflichtet ihm zu helfen, sein Leben wird großartig, er ist nicht mehr allein auf sich gestellt. Andere Wesen kümmern sich um ihn, denn er ist ein Mitglied dieser großen Familie.

Wenn wir uns in den Dienst Gottes stellen, der Großen Universellen Bruderschaft für die Verwirklichung des Reiches Gottes und seiner Gerechtigkeit in der Welt, breitet sich ein großer Schutz über unser Leben aus. Unsichtbare Wesen begleiten uns, sie beraten uns ständig und geben uns so die Möglichkeit, schwierige Probleme, die sich uns stellen, zu lösen.

Wie der Händler in der Geschichte werde auch ich euch heute eine Formel geben. Wenn ihr sie verstehen könnt und euch angewöhnt, sie auszusprechen, werdet ihr entdecken, wie außerordentlich machtvoll sie ist. Dies ist die Formel: »Herr, ich liebe Deine Weisheit, ich glaube an Deine Liebe und ich hoffe auf Deine Kraft.« Durch diese Formel gelingt es einem, die Liebe, den Glauben und die Hoffnung des Menschen mit der Weisheit, der Liebe und der Kraft Gottes zu verbinden.

Der Apostel Paulus hat in seinen Briefen von diesen drei Tugenden gesprochen: der Liebe, dem Glauben und der Hoffnung. Jede wird in unserem Gehirn durch ein spezielles Zentrum repräsentiert.

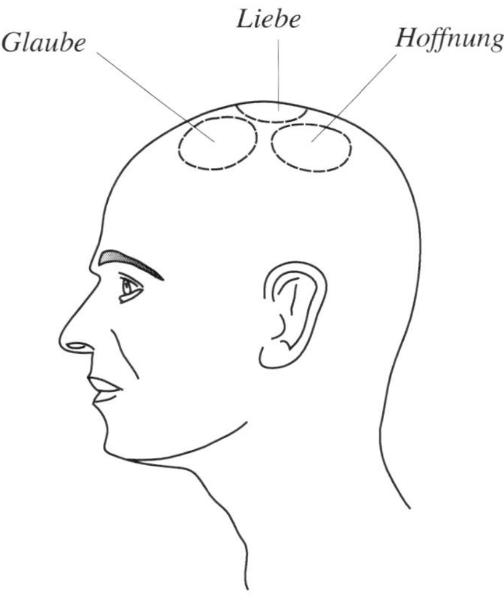

»Herr, ich liebe Deine Weisheit.« Man kann nicht die Liebe lieben, man kann nur die Weisheit lieben. Das Herz hat viel Wärme, viele Kräfte, viel Elan, aber es weiß nicht viel. Daher liebt es das, was ihm fehlt: die Weisheit.

»Ich glaube an Deine Liebe...« Wir können die Liebe nicht lieben, aber wir können an sie glauben. Das Kind glaubt an seine Mutter, weil es ihre Liebe spürt. Liebe und Glaube sind miteinander verbunden. Glaubt, und man wird euch lieben; liebt, und man wird an euch glauben. Wenn ihr an jemanden glaubt, erweckt ihr seine Liebe. Beginnt an ihm zu zweifeln, und er liebt euch nicht mehr, er kühlt euch gegenüber ab, und weiß nicht einmal warum. Wenn ihr euch eure Freunde bewahren wollt, dann zweifelt niemals an ihnen! Und wenn ihr wollt, dass man an euch glaubt, dann liebt denjenigen, von dem ihr Vertrauen erwartet. Der Glaube ist mit der Liebe verbunden.

»Ich hoffe auf Deine Kraft«... Wir können nur auf das zählen, was Kraft und Beständigkeit hat: die göttliche Kraft und Allmacht. Die Hoffnung ist mit der Kraft, der Macht, verbunden. Wenn ihr schwächer werdet, verliert ihr die Hoffnung, die Schwäche macht euch ratlos. Sobald ihr aber eure Energie wieder findet, kommt auch die Hoffnung zurück.

Auf diese Weise kann das durch Liebe, Glaube und Hoffnung gebildete Dreieck des Menschen mit dem aus Weisheit, Liebe und Kraft gebildeten Dreieck Gottes verbunden werden. Diese beiden vereinten Dreiecke stellen das Hexagramm, das Siegel des Salomon dar.

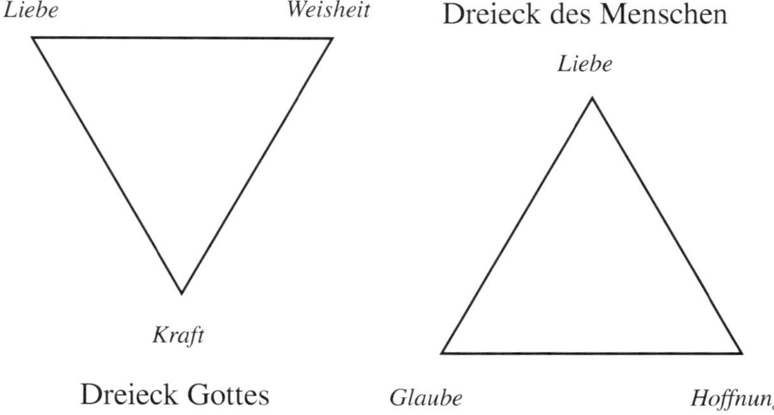

Alle sind auf der Suche nach Salomonssiegeln, auf Pergament gemalt oder in Gold graviert, um sie zu tragen. Oft hat man mir Salomonssiegel gebracht, damit ich sie segne oder magnetisiere, und ich habe es getan. Doch das Wesentliche ist, dass man sich wirklich bewusst ist, dass man diesen Talisman im Inneren, spirituell in sich tragen muss. Wann wird man sich dazu entschließen, die Weisheit Gottes zu lieben? Was man aber jetzt liebt, darüber möchte ich lieber nicht sprechen! Auf jeden Fall ist es nicht Gott oder die kosmische Intelligenz. Und glauben...! Man glaubt an alles Mögliche: an das große Los in einem Gewinnspiel, an diese oder jene Mannsbilder oder Frauenzimmer, an einen Talisman, und man bleibt dennoch überall der Letzte. Jemanden, der an das Wesentliche glaubt, den sieht man nicht oft. »Ich glaube an Deine Liebe«... Warum »an Deine Liebe«? Weil die Liebe Gottes die einzige ist, die uns stützt, die uns leben lässt, die uns alles zum Überleben sendet, und das sieht man nicht! Man glaubt an lauter dummes Zeug und man glaubt nicht an diese Liebe, die uns Tag und Nacht ernährt, die uns hilft, die uns reinigt und uns erhellt. Man sollte an nichts anderes glauben, als an die göttliche Liebe. Und die Hoffnung. Man setzt seine Hoffnung auf Geld, auf Häuser, Waffen, Autos oder Tresore. Aber nichts von alldem ist sicher! Das Einzige, was sicher und gewiss ist, ist, auf die Allmacht Gottes zu bauen. Natürlich erfordert das Arbeit, Studien und Anstrengungen, aber es ist derart schön, derart wunderbar, diese Anstrengungen auf sich zu nehmen!

Wenn ihr sagt: »Herr, ich liebe Deine Weisheit«, treten eure Liebe und die göttliche Weisheit miteinander in Verbindung, und ihr zieht die göttliche Weisheit in euch an. Wenn ihr sagt: »Herr, ich glaube an Deine Liebe«, zieht euer Glaube die Liebe Gottes an, und Gott liebt euch, weil ihr an Ihn glaubt. Wenn ihr sagt: »Ich hoffe auf Deine Kraft«, verbindet sich eure Hoffnung mit der Kraft Gottes, die euch dann aufgrund eurer Hoffnung schützt. Um die Liebe, die Weisheit und die Kraft Gottes anzuziehen, müssen wir also mit den drei Tugenden Liebe, Glaube und Hoffnung arbeiten. Diese drei Tugenden sind jeweils mit dem Gehirn, den Lungen und dem Magen verbunden. Um euren Magen zu stärken, vermehrt also eure Hoffnung; um eure Lungen zu stärken, zweifelt niemals; um euer Gehirn zu stärken, liebt, denn durch die Liebe begreift man die Weisheit.

Wiederholt diese Formel sehr oft: »Herr, ich liebe Deine Weisheit, ich glaube an Deine Liebe und ich hoffe auf Deine Kraft«, und allmählich werden euer Gehirn, eure Lungen und euer Magen stärker werden. Diese Formel ist ein mächtiges Heilmittel. Zählt nicht so sehr auf äußere Heilmittel, sondern arbeitet stattdessen in Zukunft an dem Dreieck Liebe - Glaube - Hoffnung. Die Liebe steht über allem; dann folgt der Glaube und schließlich die Hoffnung.

Viele Menschen gleichen dem berühmten Kunstkritiker, der in weinseliger Stimmung eine Gemäldeausstellung besuchte. Er betritt die Gemäldegalerie und steht vor einem Spiegel. Er hält sein Abbild für ein Portrait, zieht sein Notizbuch hervor und schreibt hinein: »Mir scheint, ich habe das Modell dieses Portraits schon irgendwo gesehen... Kopf eines Säufers und eines Idioten... Nasenfarbe äußerst bezeichnend. Werk anonym.« Auf diese Weise sehen wir bei den anderen unsere eigenen Seelenzustände. Jeder Mensch, intelligent oder dumm, gut oder böse, betrachtet die anderen durch sein eigenes Prisma, durch seine persönliche Brille und mit seinen ihm eigenen Farben.

Wenn man innere Schönheit besitzt, sieht man sie überall im Äußeren, und umgekehrt trifft dies ebenso zu. Eines Abends, als ich mich zu unserem Vortragssaal begab, wurde ich von einem Betrunkenen angerempelt. Er entschuldigte sich natürlich nicht, sondern drehte sich sogar noch um und rief mir zu: »He, was ist los mit dir? Hast du zu viel getrunken?« Ich lächelte, ohne ihm zu antworten. Es war offensichtlich, dass er sich gerade in einem Spiegel betrachtete und dort sein eigenes Abbild sah. Mir kam nur die Überlegung, dass er noch nicht volltrunken war, da er ja noch sein Abbild im Spiegel sehen konnte.

Wenn einem solche Dinge passieren, wenn man so von einem Betrunkenen auf der Straße angerempelt wird, ist das kein Zufall, und man sollte versuchen herauszufinden, was diese Begegnung bedeutet. Zweifellos wollte er mir sagen: »Machen Sie sich keine Illusionen, Sie werden über die göttliche Liebe und die göttliche Weisheit sprechen, als ob jeder fähig wäre, Sie zu verstehen und Ihnen zu folgen, aber vergessen Sie nicht, dass die Erde voll von Betrunkenen ist, die Sie auf der Straße anrempeln und Sie sogar im Leben zum Straucheln bringen können.«

Aber da wir von Betrunkenen sprechen, möchte ich euch noch Folgendes offenbaren. Manchmal zieht es die unsichtbare Welt vor, dass ein Mensch zum Trinker wird, das heißt, dass er ein wenig einschläft, dass sein Gehirn etwas umnebelt ist, damit er nicht allzu viele Dinge kennenlernt und der Gesellschaft schaden kann. Tatsächlich fangen manche Menschen, die vollkommen in der Lage wären, eine Familie zu vernichten oder die Gesellschaft in Unordnung zu bringen, an zu trinken und vergessen in ihrer Trunkenheit ihre Vorhaben, die weit gefährlicher wären. Manche werden jetzt denken, dass viele Frauen, deren Männer Alkoholiker sind, sich glücklich schätzen dürfen. Nein, was ich da sage, hat nicht für alle Fälle Gültigkeit. Jeder Fall muss getrennt für sich betrachtet werden.

Aber die unsichtbare Welt benutzt keineswegs immer den Alkoholismus, um gefährliche Menschen harmlos zu machen, es gibt noch zahlreiche andere Methoden. Und das ist eine Frage, die immer sehr undurchschaubar bleibt. Es ist eine sehr tiefgründige Frage, welche die Jünger an Jesus in Bezug auf den blind Geborenen stellten: »Meister, wer hat gesündigt, dieser oder seine Eltern, dass er blind geboren ist?« Die Schüler kannten also die Gesetze der Verantwortlichkeit, des Karma, der Gerechtigkeit. Aber es gibt auch ganz spezielle Fälle. Darum antwortete Jesus ihnen: »Es hat weder dieser gesündigt noch seine Eltern, sondern es sollen die Werke Gottes offenbar werden an ihm.« Eines Tages werde ich ausführlicher auf das

Karma eingehen, das heißt auf das Gesetz von Ursache und Wirkung, denn das sind Fragen, die noch nicht richtig verstanden wurden. Man kennt den Sinn dieser Gesetze* nicht. Man sollte die Ratschläge eines Meisters wertschätzen, denn sie können unser Leben beträchtlich verbessern. Schätzt nichts gering, nicht einmal den kleinsten seiner Ratschläge, sondern überprüft ihn, probiert ihn aus, und ihr werdet seinen unschätzbaren Wert entdecken. Der König in unserer Geschichte wurde gerettet, weil er die Formel aussprach: »Was du tust, das tu richtig, aber bedenke die Folgen.« Doch es gibt noch einfachere Methoden, wie zum Beispiel, dass man mehrmals hintereinander die Namen bestimmter Qualitäten und Tugenden ausspricht. Zum Beispiel Reinheit, Licht, Schönheit, Weisheit... Dadurch erlangt jedes dieser Worte eine große Macht und beeinflusst unsere psychische Materie, vor allem, wenn es mit großer Aufrichtigkeit und Überzeugung ausgesprochen wird.

Nehmen wir zum Abschluss aufs Geratewohl die Gedankensammlung von Meister Peter Danov und lesen wir, was er uns an diesem Abend rät: »Allein das Opfer gibt uns die Möglichkeit, unsere ursprüngliche Reinheit wiederherzustellen.« Die Reinheit ist die Grundlage des physischen und spirituellen Lebens.** Der Tag, an dem wir diese Arbeit der Reinigung in Angriff nehmen, wird der Tag sein, an dem die Sonne in uns aufgeht. Und diese Sonne wird unser inneres Wesen erleuchten und damit unsere Seele bis zu der Höhe erheben, wo sie schwebte, bevor wir in die Materie hinabstiegen.

Paris, den 13. November 1938

* Siehe Band 12 der Reihe Gesamtwerke »Die Gesetze der kosmischen Moral«, Kap. 1 »Ihr werdet ernten, was ihr gesät habt« und Kap. 8 »Die Reinkarnation«.
** Über die Reinheit siehe Band 7 der Reihe Gesamtwerke »Die Reinheit«.

Kapitel 7

Das Gleichnis von den fünf klugen und den fünf törichten Jungfrauen

Freier Vortrag

»Dann wird das Himmelreich gleichen zehn Jungfrauen, die ihre Lampen nahmen und gingen hinaus, dem Bräutigam entgegen. Aber fünf von ihnen waren töricht, und fünf waren klug. Die törichten nahmen ihre Lampen, aber sie nahmen kein Öl mit. Die klugen aber nahmen Öl mit in ihren Gefäßen samt ihren Lampen. Als nun der Bräutigam lange ausblieb, wurden sie alle schläfrig und schliefen ein. Um Mitternacht aber erhob sich lautes Rufen: Siehe, der Bräutigam kommt! Geht hinaus, ihm entgegen! Da standen diese Jungfrauen alle auf und machten ihre Lampen fertig. Die törichten aber sprachen zu den klugen: Gebt uns von eurem Öl, denn unsere Lampen verlöschen. Da antworteten die klugen und sprachen: Nein, sonst würde es für uns und euch nicht genug sein. Geht aber zum Kaufmann und kauft für euch selbst. Und als sie hingingen zu kaufen, kam der Bräutigam; und die bereit waren, gingen mit ihm hinein zur Hochzeit, und die Tür wurde verschlossen. Später kamen auch die anderen Jungfrauen und sprachen: Herr, Herr, tu uns auf! Er antwortete aber und sprach: Wahrlich, ich sage euch: Ich kenne euch nicht. Darum wachet! Denn ihr wisset weder Tag noch Stunde.«

Matthäus 25: 1-13

Dieses Gleichnis von den fünf klugen und den fünf törichten Jungfrauen ist so bekannt, dass sogar die Ausdrücke »kluge Jungfrau« und »törichte Jungfrau« in den allgemeinen Sprachgebrauch übergegangen sind. Tatsächlich ist das Wort »töricht« keine gute Übersetzung. »Unvernünftig« wäre genauer; dieses Wort wurde zum Beispiel in der bulgarischen Übersetzung gewählt. Aber gut, es handelt sich nur um ein Detail.

Fünf kluge und fünf törichte Jungfrauen... Warum hat Jesus in diesem Gleichnis die Zahl Fünf gewählt? Warum nicht die Vier oder die Sechs?... Vom astrologischen Gesichtspunkt aus gesehen ist es auch sehr wichtig, dass es Jungfrauen sind, junge Frauen. Wir werden gleich sehen, warum. Andererseits ist auch die Rede von einem Hochzeitsmahl, für das die Jungfrauen ihre Öllampen vorbereitet haben sollten. Wir befinden uns also einer bestimmten Anzahl von Symbolen gegenüber, die es zu interpretieren gilt.

Die fünf klugen Jungfrauen sind die fünf Tugenden: Die Güte, die Gerechtigkeit, die Liebe, die Weisheit und die Wahrheit; und die fünf törichten Jungfrauen stehen für die entsprechenden Untugenden. Die zehn Jungfrauen des Gleichnisses entsprechen daher zehn Menschentypen, die durch den Besitz oder das Fehlen einer dieser fünf Grundtugenden charakterisiert werden, was durch das Pentagramm symbolisiert ist.

Beginnen wir mit den törichten Jungfrauen. Der ersten Jungfrau mangelte es an Güte. Sie achtete niemals darauf, wohin sie die Füße setzte. Und wenn sie durch einen Garten ging, lief sie kreuz und quer und zertrat die Blumen. Sie amüsierte sich damit, Tiere mit einem Fußtritt wegzujagen oder Insekten zu fangen, um sie zu quälen. Sie hatte auch die Gewohnheit, jedem Bosheiten zu sagen, weshalb ihre Umgebung sie verabscheute. Ihre Füße, die sehr hässlich und deformiert waren, verursachten ihr viel Leid.

Die zweite Jungfrau beging alle möglichen Arten von Unrecht und rief so überall, wo sie sich befand, Skandale und

Aufregung hervor, gab aber jedes Mal anderen die Schuld. Sobald es ihr aus irgendeinem Grund schlecht ging, fühlte sie sich völlig unschuldig und beschuldigte alle Welt: ihre Familie, ihre Freunde, die Gesellschaft, und selbst den Herrn, denn wenn Er gerecht wäre, hätte Er ihr nichts als Glück und Erfolg gesandt. Als Besonderheit hatte sie grobe Hände, mit verkrümmten Fingern, besonders an ihrer rechten Hand.

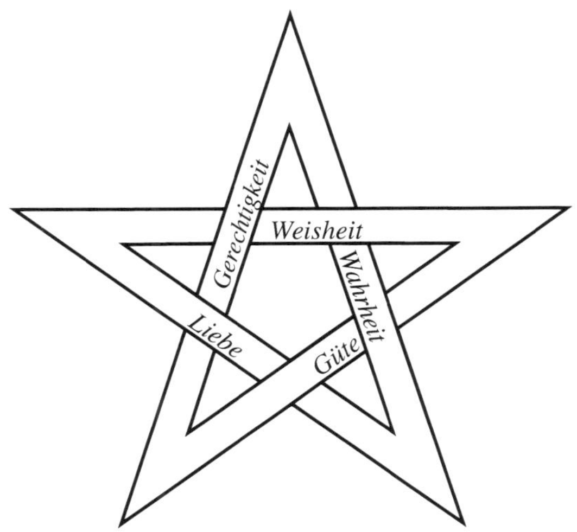

Die dritte Jungfrau hatte keinerlei Liebe, für niemanden. Sie jammerte und heulte oft, und hatte nur Lust, die ganze Welt zu vergiften. Sie hatte einen außerordentlich hässlichen Mund, der nur harte und boshafte Worte heraus ließ, denn sie hatte immer im Sinn, die anderen zu verletzen.

Die vierte Jungfrau war völlig unvernünftig; sie tat alles mit größter Eile, nahm sich niemals Zeit zum Überlegen oder die Folgen ihrer Handlungen abzuwägen. Man konnte ihr nichts anvertrauen, denn sie erzählte alles jedem weiter, selbst denen, wo man sie ausdrücklich gebeten hatte, nichts zu sagen. Ihr Verhalten rief im Leben der anderen Katastrophen hervor. Sie war nicht boshaft, aber derart gedankenlos, dass sie keine überlegte Handlung durchführen konnte. Wenn sie fröhlich war, dann war sie es auf eine sehr unsympathische Weise. Und wenn sie weinte, machte sie einen solchen Lärm und stieß solche Klagelaute aus, dass sie die Aufmerksamkeit aller auf sich zog. Ihr fehlte gänzlich das Unterscheidungsvermögen, und immer hielt sie dumme Leute für intelligent und umgekehrt. Übrigens war sie unfähig, anderen zuzuhören, und auch physisch waren ihre Ohren missgebildet.

Die fünfte Jungfrau trat in der Kunst des Lügens hervor. Das bereitete ihr großes Vergnügen, und sie tat es nicht aus Bosheit, sondern aus dem Bedürfnis heraus, Geschichten zu erzählen. Unablässig erzählte sie alle möglichen Phantastereien, auf die die anderen hereinfielen, was ihr großen Spaß machte. Und jedes Mal kam der Moment, an dem sie schließlich an alles, was sie sich ausgedacht hatte, auch selbst glaubte. Sie wurde zum Opfer ihrer Einbildungskraft und begann, in der Welt der Illusionen und Lügen zu leben. Ihre Augen waren in einem sehr schlechten Zustand.

Befassen wir uns jetzt mit den fünf klugen Jungfrauen. Ich habe euch die Namen der fünf törichten Jungfrauen nicht genannt, weil es kabbalistische Namen sind, und wenn sie in eurem Gedächtnis bleiben, besteht das Risiko, dass sie einen schlechten Einfluss auf euch ausüben. Dagegen werde ich euch die Namen der fünf klugen Jungfrauen nennen.

Die erste Jungfrau hieß Tova. Sie war sehr gut und war immer unterwegs, um den anderen zu helfen. Ihre Füße waren wohlgeformt und schön. Von Kindheit an hatte Tova gelernt, gut zu sein. Sie war Waise und lebte bei ihren Großeltern, die sie sehr liebten. Besonders ihre Großmutter kümmerte sich sehr um sie, zeigte ihr Blumen, Früchte, Insekten und lehrte sie, diese zu lieben und sich um sie zu kümmern. Sie dachte beständig daran, anderen zu Diensten zu sein: Sie passte auf die Kinder in der Nachbarschaft auf, tröstete die Unglücklichen und leistete den Armen Hilfe. Und darum liebten sie alle.

Die zweite Jungfrau hieß Zadka. Zadka hatte einen angeborenen Sinn für Gerechtigkeit. Sie erhielt diese Tugend von ihrem Vater, der sehr ernst war, aber sehr gerecht. Obgleich er eine Vorliebe für Zadka hatte, zeigte er es ihr niemals, damit sie nicht hochmütig wurde. Er verteilte alles in gleicher Weise an alle und gab so seiner Lieblingstochter, die ihren Vater beobachtete und ihn nachzuahmen versuchte, die erste Lektion in Gerechtigkeit. Bevor sie handelte, bedachte Zadka die Folgen dieser Handlungen, und sie beherrschte ihre Hände meisterlich. Sie waren übrigens sehr schön. Sie beobachtete auch überall, wie das Leben sich manifestierte. Sie besaß großes Unterscheidungsvermögen und begriff, dass die Leiden den Menschen nicht aus Zufall auferlegt werden, sondern die Folgen ihrer früheren Fehler sind. Mit Staunen sah sie die Gesetze, welche die Welt regieren.

Die dritte Jungfrau hieß Ahava. Ihr Vater musste in der Fremde Arbeit suchen und die Last der ganzen Familie lag auf ihrer Mutter. Ahava, die all die Opfer sah, die sie für ihre Familie brachte, war überwältigt davon, wie sie diese Liebe den Anderen entgegenbrachte. Sie bewunderte ihre Mutter sehr und auch sie wollte sich für die anderen aufopfern. Wenn sie hinausging, betrachtete sie oft die Sonne, die Wolken, die Vögel, und sie sandte ihnen ihre Liebe. Sie lächelte den Kindern zu, und auch wenn sie gemein zu ihr waren, ertrug sie diese und schaute sie freundlich an. Und darum liebten die Kinder sie immer mehr, wollten sie lächeln sehen, von ihr beachtet werden und ihre Sanftmut spüren. Ahava hatte einen wunderschönen Mund, und wenn sie sprach, waren ihre Stimme und ihre Worte wie eine Liebkosung.

Die vierte Jungfrau hieß Chokmah. Sie war fast immer still und gab sich damit zufrieden, zu betrachten, zu überlegen, zuzuhören. Manchmal war sie einfach nicht auffindbar. Dann war sie zu Besuch bei einem Eingeweihten, der ganz in ihrer Nähe wohnte. Sie befragte ihn, weil sie lernen wollte und auf bestimmte Fragen, die sie beschäftigten, bis dahin keine Antwort gefunden hatte. Sie verstand, wie tiefgründig und komplex das Leben ist, von einer allgegenwärtigen Vernunft gelenkt. Sie sah, dass in der Natur alles verbunden ist, und sie lernte, in sich selbst, in ihren Gedanken, in ihren Gefühlen und in ihrem Tun, Entsprechungen zu den Jahreszeiten, dem Regen, den Sternen, den Blumen und so weiter, zu suchen und zu finden.

Zunächst waren die Eltern von Chokmah nicht sehr zufrieden mit ihr. Sie schimpften mit ihr, weil sie das Haus mit Kieselsteinen, Muscheln, Insekten und nutzlosen Gegenständen anfüllte, aber Chokmah erwiderte nichts oder sagte nur: »Lasst mich gewähren, das Forschen macht mich glücklich, ich mache so interessante Entdeckungen!« Später verstanden ihre Eltern, dass sie den Eingeweihten besuchte, und Chokmah begann damit, sie viele Dinge zu lehren; und ebenso machte sie es auch mit ihren Freunden und allen in ihrer Umgebung.

Chokmah besaß eine bemerkenswerte Qualität, sie konnte zuhören: Sie hörte dem Eingeweihten mit außergewöhnlichem Respekt und Aufmerksamkeit zu. Sie lauschte auch all den Geräuschen in der Natur, den Bächen, dem Regen, dem Wind in den Zweigen... Sehr oft legte sie sich auf den Boden, um den Geräuschen des Waldes zu lauschen, und sie entdeckte mehr und mehr die Stimme, die in allen Dingen spricht.

Die fünfte Jungfrau hieß Amena. Amena wurde zu einer sehr günstigen Stunde geboren, in der Mond, Sonne und Merkur sehr gut aspektiert waren. Sie besaß bemerkenswerte Augen. Wenn sie einen ansah, spürte man, wie alles in ihr offen, klar und aufrichtig war. Sie verbarg nichts, da sie nichts zu verbergen hatte. Sie war so geschaffen auf die Erde gekommen, um die Wahrheit zu bezeugen, weil sie in ihren vorangegangenen Inkarnationen wahrheitsliebend und mit der Welt der Wahrheit verbunden war.

Aufgrund dessen hatte sie selbst die Familie auswählen können, in der sie sich inkarnieren sollte, denn sie war bereits frei. Derjenige, der die Wahrheit bringt, ist frei und er kann die Familie und die Bedingungen, unter denen er geboren wird, wählen. Er übernimmt nur die guten Anlagen von seinem Vater und seiner Mutter, aber er bringt diese höhere Tugend selbst mit.

Wenn Amena jemanden anschaute, spürte dieser, dass die Welt der Wahrheit wirklich existiert. Von ihren Augen ging ein Licht aus, unter dessen Einfluss er sich gestärkt und beruhigt fühlte. Amena liebte auch die Kontemplation. Sie betrachtete den Himmel, die Berge, das Meer. Sie liebte es auch, des Nachts die Sterne zu betrachten, und sie stand oft auf, um sie zu bewundern. In diesen Momenten verband sie sich mit dem gesamten Universum und ihre Seele reiste in den unendlichen Welten, im unbegrenzten Raum. Wenn sie die Sterne betrachtete, konnte sie in ihnen die himmlische Schrift lesen, weil sie verstand, dass sie die Buchstaben darstellten, die vom Herrn in das Buch der Natur geschrieben wurden. Im Frühling stand sie sehr früh auf, um den Sonnenaufgang zu betrachten. Die herausragende Qualität, die sie besaß, war dieses Bedürfnis nach Kontemplation, nach Anbetung. Jesus nahm die Schwester des Lazarus, Maria, als Vorbild für die fünfte Jungfrau, denn wenn Maria ihn anschaute, verband sie sich immer mit dem Geist der Wahrheit.

Nachdem wir jetzt gesehen haben, was die fünf klugen und die fünf törichten Jungfrauen für eine Entsprechung haben, befassen wir uns mit der Öllampe, die sie mitbringen sollten, um den Festsaal zu erhellen.

In der heutigen Zeit benutzen wir keine Öllampen mehr, aber als Symbol spielen das Öl und die Lampe in unserem Leben eine sehr große Rolle. Nehmen wir zum Beispiel an, ihr würdet unter Anämie leiden. Dann ist eure Vitalkraft herabgesetzt, ihr seid schläfrig und erschöpft, das heißt, eurer Lampe – das ist euer Körper – fehlt Öl und sie droht zu erlöschen. Nun bringt man diese Lampe, deren Flamme flackert, ins Krankenhaus, wo man ein wenig Öl nachgießt, und die Flamme wird wieder lebendig und strahlt. In diesem Falle ist das Öl das Blut und euer Körper die Lampe. Oder nehmen wir an, ihr bräuchtet Nahrung und Kleidung; doch ihr seid verzweifelt, weil ihr kein Öl, sprich kein Geld in eurer Lampe habt, um diese Dinge zu kaufen. Stellt euch weiter vor, ihr hättet in eurem Garten eine Blume, die am Vertrocknen ist. Ihr gebt ihr ein wenig Wasser, und schon wächst sie wieder. Das Öl und die Lampe sind überall lebendig: Für den Magen ist es die Nahrung, für die Lungen ist es die Luft, für das Gehirn ist es das Licht...

In den alten alchimistischen Abhandlungen ist von einer Art Öl die Rede, das wunderbare Eigenschaften besaß: Es heilte Krankheiten, es verlieh Intelligenz, Schönheit, Wissen... In Wirklichkeit können alle lebendigen Wesen, Pflanzen, Tiere und Menschen, diese Essenz destillieren. Man hat ihr alle möglichen Namen gegeben: wahrer Saft, Prana, Elixier des ewigen Lebens... andere nennen sie Magnetismus. Von dieser Essenz sprach auch Jesus, als er sagte: »Aus seinem Schoß strömen Quellen lebendigen Wassers.« Und wenn der Mensch sich ernährt, wenn er atmet (denn in der Luft ist eine Essenz verteilt, die von der Sonne stammt, und die wir mittels der Atmung aufnehmen können) oder wenn er denkt, versucht er, dieses lebendige »Öl« zu extrahieren, um damit seine Lampen aufzufüllen, die niemals genug davon enthalten. Denn wir sind auf der Erde als Reisende und wir brauchen Licht auf unserem langen Weg. Darum müssen unsere Lampen leuchten.

Doch ich habe es euch bereits erklärt, diese Essenz befindet sich überall. Die Pflanzen entnehmen sie der Erde, der Luft, den Sonnenstrahlen, und mit ihrer Hilfe bereiten sie den Saft zu, analog dem Lebenssaft, der auch in uns strömt. Und wo befindet sich dieser Lebenssaft?... Manchmal, wenn ihr beunruhigt, unzufrieden oder ungeduldig seid, könnt ihr feststellen, dass etwas in eurem Solarplexus an Kraft verliert, falls ihr sensibel genug seid, um beobachten zu können, was in euch geschieht. Der Solarplexus ist das Gefäß, das den lebendigen Magnetismus bewahrt, und wenn sich dieser abbaut, fühlt ihr, wie ihr schwach werdet und unfähig, zu handeln oder euch zu konzentrieren.* Diese Unruhe, dieses Unbehagen, das ihr spürt, beeinflusst auf spezielle Weise den Solarplexus, der daraufhin das ganze Öl, das er enthielt, seinen ganzen Magnetismus verliert. Wenn ihr hingegen glücklich und ausgeglichen seid, spürt ihr eine Erweiterung im Solarplexus, etwas, das wie eine Quelle sprudelt.

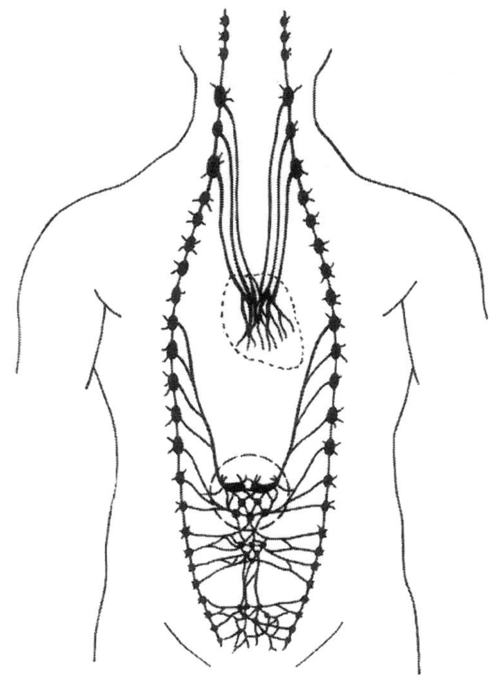

* Über den Solarplexus siehe Band 6 der Reihe Gesamtwerke »Die Harmonie«, Kap. 9 »Sonnengeflecht und Gehirn« und Kap. 11 »Das geistige Herz«.

Der Solarplexus ist das Reservoir der Vitalkräfte, Sammelpunkt aller Energien. Wenn ihr ihn täglich zu füllen wüsstet, hättet ihr eine Quelle, aus der ihr in jedem Augenblick die notwendigen Kräfte schöpfen könntet. Das heißt, dass eure Lampe euch helfen könnte, denjenigen zu erwarten, der kommen soll, denjenigen, den die Jungfrauen erwarteten und der jeden Tag in euch erscheinen kann in Form von Licht, von Weisheit, von Inspiration und Liebe.

Das Öl symbolisiert die Vitalkraft, den Saft, der alle Zellen ernährt. Ihr habt schon viele Erfahrungen gemacht und bemerkt, dass ihr Schwierigkeiten leichter begegnen könnt, wenn ihr eine Woche lang euer Leben mit Weisheit, Güte, Großzügigkeit und Selbstbemeisterung führen konntet. Alles läuft so ab, als hättet ihr Unterstützung, Hilfe, etwas wie Kraft, die in euch zubereitet worden wäre, eine Widerstandskraft, einen Schutz in den Zellen eures Nervensystems, so stark, dass ihr jetzt große Spannungen aushalten könnt. Etwas ist in euch zubereitet worden, was euch die Möglichkeit gibt, Erschütterungen und Prüfungen die Stirn zu bieten. Wer ein sinnvolles, lichtvolles Leben voller Liebe führt, spürt eine Kraft in sich aufsteigen, die vergleichbar ist mit dem Öl der Lampe. Und selbst wenn wir erschöpft oder krank sind, es uns aber gelingt, einen Moment in Ruhe innezuhalten, spüren wir eine Kraft in uns arbeiten, die uns genesen lässt. Würde es diese Kraft in den Zellen nicht geben, könnten wir nicht standhalten.

Ihr seht, dieses Gleichnis von den zehn Jungfrauen hat eine viel umfassendere und tiefgründigere Bedeutung, als man ihm bisher zugestand. Für die Eingeweihten ist diese Bedeutung völlig einleuchtend, und Jesus sprach in dem Gleichnis deshalb von klugen und törichten »Jungfrauen«, weil der Solarplexus in Verbindung mit dem Tierkreiszeichen Jungfrau steht. Der Solarplexus, das habe ich euch bereits gesagt, ist das, was Jesus mit dem Wort »Leib« bezeichnet hat, als er sagte: »… aus dessen Leib werden Ströme lebendigen Wassers fließen«. Das bedeutet, dass unser Solarplexus dazu fähig wird, die lebendige Kraft an unsere Zellen zu verteilen, sobald wir auf die richtige Weise leben, denken und fühlen. Dann sind wir immer gesund, stark und voller Energien. Wenn wir uns daran erinnern, dass Jesus fünftausend Menschen mit zwei Fischen und fünf Broten gespeist hat, dann ist die Anmerkung interessant, dass das Sternzeichen Jungfrau, das mit dem Solarplexus verbunden ist, genau gegenüber dem Sternzeichen Fische liegt. Die Jungfrau wird durch eine junge Frau dargestellt, die Weizengarben trägt, aus denen man das Brot macht, und ihr Gegenüber ist das durch zwei Fische dargestellte Sternzeichen.

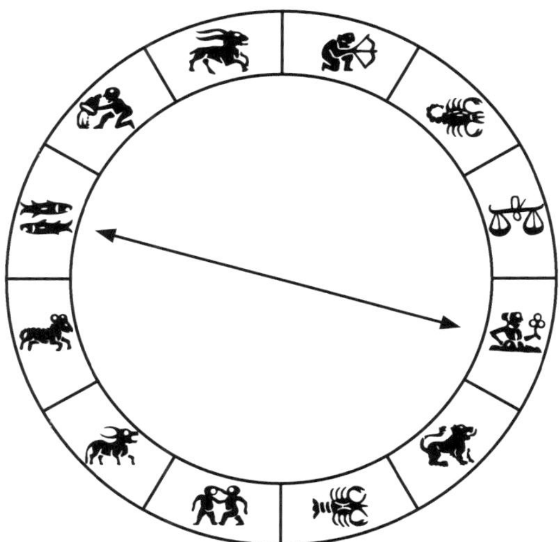

Die fünf klugen und die fünf törichten Jungfrauen stellen zwei Kategorien von Menschen dar: Die einen verstehen es, das Öl für ihre Lampen zuzubereiten und die anderen können es nicht.

Gelegentlich verausgabt ihr alle eure Energien in Wutausbrüchen, Streitereien oder Vergnügungen, und wenn der Gatte erscheint (das heißt, großartige Ereignisse, höhere Wesen), seid ihr nicht darauf vorbereitet, ihn zu verstehen, ihm zu folgen und ihn zu lieben. Ihr seid schwach, krank, erschöpft, und ihr leidet darunter, nicht die Kraft zu haben, diesen Ereignissen beizuwohnen und diesen Wesen zu begegnen, und so bringt ihr euch selbst um alle Segnungen. In gewissem Maße kann dies jeden Tag geschehen. Nehmt an, ihr wärt gestern in einem sehr schlechten Zustand gewesen, und heute ist euer Gesicht verspannt, ihr fühlt euch nicht so, wie es sein sollte. Doch nun seid ihr auf einen Empfang eingeladen oder ihr müsst bedeutende Persönlichkeiten treffen und ihr bedauert, euch nicht mit dem passenden Gesicht präsentieren zu können. Ein anderer hingegen, der in einer ausgezeichneten geistigen Verfassung war und auch auf diesen Empfang eingeladen ist, der sagt sich: »Ja, ich kann dort hingehen, ich bin prächtig angezogen und ich fühle mich wohl.« Er hat also Öl in seiner Lampe.

Es gibt Empfänge, zu denen man ganz unerwartet eingeladen werden kann, und wenn ihr euch nicht wohl fühlt und euch trotzdem entschließt, auf das Fest zu gehen, wird niemand eure Gesellschaft als angenehm empfinden, man wird euch meiden, weil man euch trotz eures Schmucks und eurer Juwelen als finster und lichtlos empfindet, und ihr seid gewissermaßen von dem Fest ausgeschlossen. Ihr seid zwar physisch dort, aber ihr nehmt nicht mit eurem Bewusstsein daran teil, weil ihr das Öl nicht vorbereitet habt, das sich nur langsam und beständig destillieren lässt und dessen Herstellung viel Zeit erfordert – dieses Öl, mit dem ihr euren Solarplexus auffüllen sollt.

Nehmt weiterhin an, ihr würdet euch vor einem Theater oder einem Konzertsaal befinden, und ihr wollt hinein, um euch die Aufführung anzusehen. Ihr geht zum Kartenschalter und sagt zum Angestellten: »Ich habe berühmte Eltern, Sie haben bestimmt schon von Ihnen gehört, lassen Sie mich also in den

Saal hinein.« Der Angestellte wird euch antworten: »Wir kennen Ihre Eltern nicht, bezahlen Sie ihre Eintrittskarte.« Und ihr könnt euch lange beschweren, man wird euch nicht hineinlassen, ihr werdet draußen bleiben. Oder ihr wollt zu einem Ball, einem Fest gehen, man wird euch auch da nicht ohne bezahlte Eintrittskarte hineinlassen. Natürlich ist das symbolisch zu verstehen. Der Ball, das Konzert, das Fest – zu denen für alle der Eintritt verwehrt ist, die nicht bezahlen können – sie stellen dieses wahre Leben dar, in das ihr von jetzt an eintreten könnt. Dort sind die Eingeweihten, die Engel und die Erzengel versammelt, aber um bei ihnen Einlass zu bekommen, müsst ihr wie die fünf klugen Jungfrauen sein: gut, gerecht, klug, voller Liebe und Wahrheit ausstrahlend.

Alle, welche die fünf Tugenden im Inneren besitzen, können in dieses neue Leben eintreten, denn eben diese Tugenden sind die Eintrittskarten. Ihr könnt Wissenschaftler, Minister oder Bankier sein, ihr werdet dort nicht hineingelangen, wenn ihr diese Tugenden nicht besitzt. Man wird euch erklären: »Ja, an der Akademie, an der Sorbonne* oder im Parlament kennt man Euch, aber für hier habt Ihr keine Eintrittskarte, auf der steht: Güte, Gerechtigkeit, Weisheit, Liebe, Wahrheit, und wir können Euch nicht empfangen.« Die Füße stehen für die erste Eintrittskarte, die Hände für die zweite, der Mund für die dritte, die Ohren für die vierte, die Augen für die fünfte, und je nachdem, was auf diesen Eintrittskarten geschrieben steht, verjagen euch die Eingeweihten oder sie empfangen euch im Festsaal, wo Christus das Fest leitet, wo die Freude vorherrscht, wo getanzt und gesungen wird. Bei diesem Fest muss jeder seinen Platz finden und singen, jedoch nicht irgendwelche Gesänge. Alle, die an diesem Fest teilnehmen, sind auserwählt, eine bestimmte Melodie zu singen – der vorgetragene Chorgesang ist fünfstimmig, und diese Stimmen sind auf die fünf Linien eines ganz

* Anmerkung: Traditioneller Name der ersten Universität in Paris bzw. Frankreich.

besonderen Notensystems geschrieben. Auf der ersten Linie ist die Güte vermerkt, auf der zweiten die Gerechtigkeit, auf der dritten die Liebe, auf der vierten die Weisheit und auf der fünften die Wahrheit. Es ist jedem Menschen vorbestimmt, eine dieser fünf Melodien zu singen, diejenige, die er im Laufe seines irdischen Lebens gelernt hat. Jede Tugend ist eine besondere Melodie.

Was die törichten Jungfrauen angeht, die keine dieser Melodien der fünf Tugenden lernen wollten, sie werden abgewiesen. Natürlich suchen sie daraufhin die fünf klugen Jungfrauen auf, um sie um ein wenig Öl zu bitten. Aber das wahre Öl kann weder weitergegeben werden, noch auf irgendeinem Markt gekauft werden. Man kann es nur durch das Opfer erlangen und durch die beständige Hingabe seiner selbst. Die Natur liefert uns ein wenig von diesem Öl in der Nahrung und in der Luft, aber es liegt im Wesentlichen an uns zu wissen, wie wir es in uns selbst, durch unsere Gedanken und unsere Gefühle, zubereiten können.

Die fünf törichten Jungfrauen, die keine Zeit hatten, das Öl für ihre Lampen zuzubereiten, konnten nicht beim Gemahl eintreten. Genau das drückt dieser Satz aus: »Wahrlich, ich sage euch, ich kenne euch nicht.« Anders gesagt: Ihr habt nie Öl zubereitet. Ihr kommt heute zum ersten Mal, doch ihr habt zeitlebens weder Anstrengungen unternommen noch spirituelle Erfahrungen gesammelt, ich habe euch nie gesehen, ich kenne euch nicht, verschwindet!

Beim Lesen des Gleichnisses ist euch vielleicht aufgefallen, wie sonderbar bestimmte Details sind. Bei diesem Fest verlangt man von jedem Gast eine Lampe, und zwar brennend. Man muss daraus schließen, dass der Saal nicht beleuchtet ist und dass jeder Gast das Licht selbst mitbringen muss. Hat man jemals so etwas gesehen? Dieses absurde Detail ist der größte Beweis dafür, dass man die Gleichnisse nicht wörtlich auffassen darf.

Noch ein unverständliches Detail: die Grausamkeit des Gemahls, der nicht zögert, den fünf Jungfrauen, die kein Öl haben, aber doch zu dem Treffen mit ihm gekommen waren, seine Tür zu verschließen. Ist ihre Schuld also so groß, dass sie eine solche Bestrafung verdienen? Was für ein schlecht erzogener Mann, dieser Gemahl, der alle mitten in der Nacht weckt, und fünf arme junge Frauen unter dem Vorwand draußen lässt, dass sie kein Öl in ihren Lampen haben! Lohnt es sich wirklich, auf einen derart unangenehmen Mann zu warten?

Überall in den Gleichnissen findet man solch seltsame Details, und gerade in diesen Details entdecken die Eingeweihten den Beweis für die tiefe Weisheit der Evangelien. Angesichts der Widersprüche und der Absurditäten in diesem Gleichnis ist man zu der Schlussfolgerung gezwungen, dass es sich gänzlich um eine andere Lampe, ein anderes Öl und einen anderen Gemahl handelt, als man für gewöhnlich annimmt. Wir kennen diesen Gemahl; er ist nicht wirklich böse, aber er weigert sich, sich von den Gedankenlosen und den Unbesonnenen stören zu lassen. Ihr wisst alle, wie streng die Natur ist: Wenn wir die wertvollsten Energien, die sie uns mitgegeben hat, verschwendet haben, lässt sie uns geschwächt zurück, sie hat es nicht eilig, sie uns zurück zu geben. Wenn wir krank werden, ist die Genesung oft sehr langwierig und manchmal sogar unmöglich. Kann man da sagen, die Natur sei grausam, wo doch wir selbst unvernünftig gewesen sind?

»Wachet, denn ihr wisst weder Tag noch Stunde«, sagt der Gemahl. Das ist ein wichtiger Satz. Wachet, das soll nicht heißen »schlaft nicht«, denn die Jungfrauen waren eingeschlafen, die klugen wie die törichten, und das Gleichnis sagt nicht, dass das ein Fehler war. »Wachet«, das bedeutet spirituell wachen, erwarten, denn ihr wisst weder Tag noch Stunde, wann der Gemahl kommen wird. Doch der Gemahl kommt jeden Tag, und da unsere Lampe nicht mit Öl gefüllt ist, können wir nicht eintreten, um an dem Fest teilzunehmen, zu dem er uns einlädt.

An dem Tag, an dem ihr dieses Öl habt, betretet ihr den Festsaal und werdet von Freude überwältigt sein. Alle in eurer Umgebung werden erstaunt sein und sich fragen, was mit euch passiert ist, dass ihr so glücklich, so strahlend seid. Unglücklicherweise bleibt der Gemahl nicht sehr lange, denn man weiß nicht, wie man ihn dabehalten soll, man kann diesen Zustand der Begeisterung nicht lange in sich aufrechterhalten.

Das Symbol der Lampe und des Öls ist sehr verbreitet, man findet es auch im Märchen »Aladin und die Wunderlampe« aus »Tausend und eine Nacht« wieder. Diese Märchen haben eine tiefgründige, okkulte Bedeutung, und wenn man sie zu interpretieren weiß, findet man dort Kenntnisse von Alchimie und Magie.

Wenn man von einer Lampe träumt, die verlöscht, ist das ein Zeichen, dass jemand in der Familie sterben wird. Wenn die Lampe euch selbst darstellt und ihr sie immer heller leuchten seht, ist das die Ankündigung von sehr glücklichen Ereignissen, einer Zunahme von Wohlstand und Vitalität.

Es heißt im Sohar, dass einer der größten Kabbalisten, Schimon bar Yochai, »die heilige Lampe« genannt wurde. Seine Schüler sagten, dass sie von der »Lampe« unterrichtet wurden. Und Schimon bar Yochai war wahrlich eine die Welt erhellende Lampe.

Obwohl wir heute elektrische Glühlampen verwenden, bleibt das Symbol der Öllampe genauso gültig wie in der Vergangenheit. Stellen wir uns vor, dass die elektrische Lampe unseren Intellekt, unseren Geist, darstellt. Dann ist die Elektrizität das Öl, die Flüssigkeit, ohne die die Lampe erlöschen würde. Woher kommt dieses lebendige Öl? Nun, es existiert ein Kraftwerk, das es uns liefert. Wenn die Lampe, unser Intellekt, nicht mit diesem Kraftwerk (dem Herrn, unserem Himmlischen Vater) verbunden ist, wird unser Geist verlöschen. Hierin liegt das Geheimnis, das es uns ermöglicht, dieses wundersame Öl zu erlangen: mit dem Herrn durch Gebet, Meditation und Kontemplation verbunden zu sein. Wenn wir diese Verbindung herstellen, wird das Öl in uns einfließen, unsere Lampe wird entzündet und ihre Flamme wird immer heller strahlen. Die Eingeweihten stellen spirituelle Lampen dar. Die gewöhnlichen Menschen hingegen, die nicht mit der unsichtbaren Welt verbunden sind, leben in der Dunkelheit, und alle Probleme des Lebens bleiben für sie unverständlich.

Ich werde euch jetzt dieses Gleichnis unter einem praktischen Aspekt darlegen. Wenn ihr mit den fünf Jungfrauen (den Fingern der rechten Hand) die Lampe (den Solarplexus) berührt und über erhabene und göttliche Themen meditiert, füllt ihr diese Lampe mit Kräften und Energien, die ihr später verwenden könnt. Wenn ihr euch glücklich fühlt, voller Kraft, dann verschwendet sie nicht unnütz mit Gesten, Worten, Gedanken und Gefühlen, sondern tut, was ich euch gerade sagte: Legt eure rechte Hand auf euren Solarplexus und meditiert, füllt ihn in Stille mit dieser Kraft und dieser Freude. Unser Solarplexus ist die Bank, auf der wir Geld ansammeln können, das wir später brauchen werden. Diese Erfahrung können wir jeden Tag machen.

Ich werde euch noch eine andere Methode aufzeigen. Ihr wählt euch einen großen Baum aus, zum Beispiel eine Eiche, Buche, Pinie oder Birke usw. und lehnt euch mit dem Rücken gegen den Baum. Legt die linke Hand auf den Rücken, mit der Innenfläche gegen den Baum, und die recht Hand auf den Solarplexus. Ihr konzentriert euch auf die Energie des Baumes, die ihr versucht mit der linken Hand aufzunehmen, und ihr leitet sie mit eurer rechten Hand in euren Organismus. Nach einigen Minuten dieser Übung fühlt ihr euch gestärkt, beruhigt und sogar geheilt. Aber um diese Übertragung von Energien richtig auszuführen, muss man bereits unterrichtet sein. Wenn ihr sie zu schätzen wisst, ist diese Methode von außerordentlichem Wert.

Anstatt zu versuchen, das Öl der Alchimisten zuzubereiten, wofür manche ein Vermögen ausgegeben und ihre Gesundheit ruiniert haben, ohne je etwas erreichen zu können, sollten wir lieber in einen Wald gehen, den Bäumen einen Besuch abstatten und zu ihnen sprechen. Aber um zu ihnen zu sprechen, müssen wir wissen, dass sie lebendige Wesen sind und sie lieben. Durch das Verständnis und die Liebe zu den Bäumen werden wir eine feinstoffliche Beziehung in Harmonie mit der Natur aufbauen. Aber nur sehr wenige Menschen erahnen heutzutage die ungeheure Kraft, die den Bäumen des Waldes innewohnt. Mit den Geistern der Bäume zu kommunizieren ist eine Kunst, welche die alten Druiden beherrschten. Heute ist den Menschen das geheime Wissen, wie sie sich regenerieren können, verloren gegangen und ebenso das Verständnis der universellen Sprache, die jedem Ding in der Natur eigen ist. Wir müssen also beides wieder finden. Später werden die Menschen zu Tausenden die Wälder aufsuchen, um sich zu beleben und den Herrn zu preisen, der so viele Wunder erschaffen hat.

Verbinden wir uns jeden Tag mit Christus, damit das wahre Öl in unserer Lampe gemehrt wird, die dann mit dem Öl der Liebe, der Weisheit und der Wahrheit angefüllt sein wird.

Paris, den 24. April 1938

Kapitel 8

Das Öl der Lampe

Freier Vortrag

Wenn ich eure Gesichter, euer Lächeln sehe, habe ich Lust zu euch zu sprechen, meine lieben Brüder und Schwestern! Und worüber? Über das Öl der Lampe, aus dem Gleichnis von den fünf klugen und den fünf törichten Jungfrauen. Ich habe noch nie von einer Interpretation gehört, die wirklich dem Gedanken Jesu entsprach, als er dieses Gleichnis von den fünf klugen und den fünf törichten Jungfrauen, dem Gemahl, dem Festsaal und der Lampe gebrauchte.

Wenn man das Gleichnis wörtlich interpretiert, gewinnt man den Eindruck, dass dieser Gemahl recht grausam ist, wenn er diese netten jungen Mädchen, die fünf törichten Jungfrauen, aus dem einfachen Grunde abweist, weil sie kein Öl in ihrer Lampe haben. Ist es denn so ein Vergehen, kein Öl in seiner Lampe zu haben? Da doch die anderen genug davon haben, ist der Saal erhellt, und sie könnten eintreten und trotzdem am Fest teilnehmen... Aber nein, der Gemahl verjagt sie: Es ist kein Platz für sie! Dieser Gemahl ist wirklich weder nachsichtig noch sympathisch. Und außerdem, wo hat man schon jemals einen Gemahl gesehen, der so nachdrücklich nach Öl verlangte? Was ist dieses Öl, was ist diese Lampe, wer ist dieser Gemahl? Darüber gilt es nachzudenken.

Vor einigen Jahren habe ich erklärt, wie wir dieses Gleichnis interpretieren sollten, übrigens gibt es mehrere mögliche Interpretationen. Dieser Gemahl ist derjenige, auf den wir warten. Einen Tag, mehrere Jahre oder das ganze Leben wartet ihr auf ihn. Und eines Tages präsentiert er sich als ein ganz besonderer Besucher, ein König, ein Prinz oder in Form eines sehr bedeutenden Umstandes oder Ereignisses in eurem Leben. Dann kleidet ihr euch gut, putzt euch heraus mit Schmuck und Edelsteinen... Oh ja, und dann habt ihr kein Öl: Das Rendezvous, der Empfang ist gescheitert, der Gemahl ist enttäuscht und akzeptiert euch nicht – weil ganz einfach kein Öl in eurer Lampe war!

Und was ist dieses Öl, mit dem ihr eure Lampe nicht gefüllt habt? Das ist ein Fluidum oder, wenn ihr wollt, ein Licht, ein Magnetismus, der euch Ausdruckskraft und Charme verleiht. Solange ihr kein Öl in eure Lampe gefüllt habt, das heißt in euren Solarplexus, seid ihr weder ausdrucksvoll noch reich noch anziehend, und der Gemahl (der Besucher oder Freund), welcher erwartete, von euch in Begeisterung versetzt zu werden, geht enttäuscht wieder fort. Innerlich hat er euch die Tür seines Herzens verschlossen, wenigstens für einen Tag.

Nehmen wir an, es handle sich dabei um eine Frau. Und der Geliebte, der Gemahl, im eigentlichen Sinn des Wortes, erscheint schließlich... doch sie hat leider kein Öl mehr in ihrer Lampe, das heißt, sie ist bereits verblüht, hässlich geworden, verwelkt, weil sie schon durch alle Schornsteine gekrochen ist. Nun, was kann der Gemahl da tun? Er schickt sie zurück: »Geh weg, törichtes Mädchen, törichte Jungfrau!« Und passt das Wort «Jungfrau« hier überhaupt? Ich weiß es nicht, aber egal, es ist der Begriff in dem Gleichnis. Also gibt es keine Heirat. Der Gemahl hat sie abgewiesen, weil sie kein Öl mehr hatte!

Nun, warum muss man Öl haben? Weil es das Öl ist, das die Flamme, das Licht nährt. Wenn man den Docht einer Lampe entzündet, dann nährt das Öl die Flamme. Dank ihrer wird alles hell, alles erstrahlt; man kann lesen, arbeiten, sich fortbewegen.

Ihr sagt: »Aha, ich habe verstanden, ich werde jetzt daran denken, meine Lampe mit Öl zu füllen.« Gut, aber wo werdet ihr ein solches Öl finden? Man verkauft es nicht auf dem Markt. Dennoch gibt es Orte, wo wir es finden können: im Raum, in der Luft, die man atmet, und vor allem in der Sonne. Die Sonne ist der größte Quelle für dieses Öl. Wenn ihr eure Lampe mit diesem Öl füllt, seht ihr eure Flamme in wunderbarer Weise scheinen, aufleuchten und erstrahlen! Wer kann sich da weigern, euch die Türe zu öffnen? Ihr werdet sagen: »Aha, und das ist alles?« Ja, aber wartet, ich habe noch nichts erklärt.

Wenn Jesus von törichten oder klugen »Jungfrauen« sprach, denkt man immer, es handele sich um Frauen. Aber glaubt ihr nicht, dass auch Männer dieselbe Torheit oder dieselbe Klugheit zeigen können? Ja, im spirituellen Bereich sind die Männer ebenso »kluge Jungfrauen« oder »törichte Jungfrauen«. Manche Heilige und manche Mystiker bereiten sich jahrelang vor, sie bemühen sich, ihre »Lampe« zu füllen für den Tag, an dem der Geliebte, der Gemahl sich zeigen wird, um ihn einzufangen, ihn zu bezaubern. Und dieser Geliebte, dieser mystische Gemahl, das ist der Heilige Geist. Wenn ihr nicht bereit seid, wenn ihr weder Magnetismus noch Licht, weder Reinheit noch Charme besitzt, um ihm diese als Nahrung anzubieten, werdet ihr den Heiligen Geist nicht anziehen, er wird vorübergehen, ohne einzutreten, er wird woanders hingehen. Und er ist in Jesus eingezogen, weil dieser viel Öl besaß. Es wird für niemanden eine Ausnahme gemacht, es handelt sich um ein absolutes Gesetz: Wenn ihr dieses Öl nicht besitzt, diesen Magnetismus, dieses Leben, dieses Licht – nennt es wie ihr wollt –, dann wird der Heilige Geist nicht in euch einziehen.

Und worin besteht jetzt die Entsprechung für dieses Öl, für dieses Leben bei den Pflanzen? Das ist das Wasser. Wenn eine Pflanze auszutrocknen droht, gießt ihr sie und sie lebt wieder auf. Und bei den Autos? Da ist es das Benzin: Ohne Benzin können sie nicht fahren. Für die Lungen ist es die Luft und für den gesamten Organismus ist es das Blut. Ja, das Blut ist ein Öl. Wenn ihr nicht mehr genug davon habt, erlischt die Lampe eures Lebens. Und für den Verstand? Da ist es die Klarheit. Man kann also das Wort »Öl« auf verschiedene Weise übersetzen: Licht, Luft, Benzin, Blut, Wasser, es ist immer dasselbe Prinzip, aber den verschiedenen Bereichen oder Gebieten angepasst. Das Öl aus dem Gleichnis ist ein sehr vielschichtiges Symbol, das zahlreiche Bedeutungen komprimiert darstellt und zusammenfasst.

Das Licht der Sonne ist auch eine Art Öl, weil ohne es nichts wachsen und gedeihen kann. Pflanzen, Tiere und Menschen können noch so viel Luft, Wasser und Nahrung haben, ohne Sonne können sie dennoch nicht leben. Das Unverzichtbarste ist das Licht; die anderen Bedingungen kommen erst danach. Ohne Licht jedoch geht nichts. Also muss man arbeiten, damit man Licht hat. Und nicht nur einige Minuten arbeiten, sondern das ganze Leben lang, um eben dieses Öl, im höheren Sinne dieses Begriffes, zu erlangen; das bedeutet, um innerlich ein absolut reines, jungfräuliches, lichtvolles Element zu erwerben! Das ganze Leben lang muss man auf den Gemahl warten, voller Vertrauen und Geduld, und dabei empfänglich bleiben. Wenn man sich amüsiert, tanzen geht, Dummheiten anstellt, so findet man sich ohne Öl wieder, wenn der Gemahl dann erscheint.

Warum braucht dieser Gemahl so dringend dieses Öl? Ein Gemahl sucht doch kein Öl. Wer hat schon jemals einen Gemahl gesehen, der von seiner Geliebten Öl verlangte und sie verließ, wenn sie keines besaß? Das hat es noch nie gegeben. In Wirklichkeit verlangt dieser Gemahl etwas anderes als Öl. Das Öl ist ein Symbol. Ihr werdet sagen: »Sie erfinden das, sie liefern uns ihre eigene Interpretation.« Nein, ich spreche gemäß der Überlieferung, gemäß der großen ewigen Symbole, die alle Eingeweihten schon immer verstanden und auf dieselbe Weise benutzten. Die Sprache der Symbole ist die gemeinsame Sprache aller Eingeweihten. Heutzutage sprechen die Menschen eine Vielzahl von Sprachen, es existiert auf der Erde keine einheitliche, universelle, ewige Sprache, außer vielleicht die Sprache der Liebe, die universell verstanden wird, selbst von Naturvölkern und selbst von Tieren. Betrachtet einen Hund mit Liebe und sofort ist er glücklich und wedelt mit dem Schwanz. Werft ihm einen etwas strengen Blick zu, und er spürt sofort, dass etwas nicht in Ordnung ist. Ja, die Tiere verstehen die Sprache des Blickes, des Lächelns, der Gesten, der Stimmlage. Einzig die Menschen brauchen lange, bis sie euch verstehen. Ihr schnauzt jemanden an, beschimpft ihn, und er ist auch noch glücklich: »Oh, der Tau vom Himmel!« Ja, der Mensch – was wollt ihr, er ist ein seltsames Tier. Keinem Schriftsteller, keinem Dramaturgen ist es gelungen, ihn zu beschreiben, nicht einmal Shakespeare, der am besten von allen die menschliche Natur kannte und wahres Einweihungswissen besaß. Wie viele neue, unbekannte und unvermutete Aspekte des Menschen treten manchmal in Erscheinung. Unwahrscheinliche Dinge!... Niemand, bis heute, konnte alles ausschöpfen, was das menschliche Wesen an Gegensätzen, Verrücktheiten, Perversitäten oder an Göttlichem in sich trägt.

Aber kommen wir auf dieses Gleichnis zurück, um zu begreifen, was der Gemahl, das Öl und die Lampe in ihrer erhabenen Bedeutung wirklich darstellen. Die Geschichte der klugen Jungfrauen ist die Geschichte des Schülers, der in der Lage ist, dieses Öl aufzufangen, es zu assimilieren und in sich anzusammeln: mit Hilfe seiner Gebete, seiner Meditationen, seines reinen und keuschen Lebens. Dann wird er eines Tages vom Geist aufgesucht. Ob Mann oder Frau, das ist bedeutungslos. Jesus hat das Wort »Jungfrau« verwandt, weil es um die menschliche Seele geht und weil die Seele – beim Mann wie bei der Frau –, immer ein junges Mädchen ist, eine Jungfrau, die eine rezeptive Haltung haben muss, wenn sie dieses Öl, dieses feinstoffliche Element auffangen und ansammeln will. Wo auffangen? Es ist überall in der Atmosphäre verbreitet, es durchzieht die Welt, aber man findet es nur in verschwindend geringen Dosen, und man muss Tropfen für Tropfen einen Vorrat anlegen, um immer etwas in Reserve zu haben, was immer auch geschieht. Eine »törichte« Jungfrau zu sein, das bedeutet nicht unbedingt, »törichte« Dinge anzustellen, sondern in erster Linie nicht vorauszusehen, dass wir Reserven für die Zukunft anlegen müssen.

Ihr kennt die Geschichte von Joseph und dem Pharao: Der Pharao hatte im Traum sieben fette Kühe gesehen und danach sieben magere Kühe, die sie auffraßen, und er verstand die Bedeutung dieses Traumes nicht. Joseph interpretierte ihn folgendermaßen: »Der Traum bedeutet, dass sieben fette Jahre, das heißt blühende Jahre, für das Königreich Ägypten kommen werden; aber ihnen folgen sieben Jahre der Unfruchtbarkeit und des Hungers. Daher rate ich Folgendes: Legt Getreidespeicher an, um darin einen großen Teil der Ernten einzulagern, die ihr während der sieben Jahre des Überflusses und des Reichtums eingefahren habt. Und wenn dann die Hungerjahre kommen, wird Ägypten der Kornspeicher der Nationen sein, es wird den anderen Ländern von seinen Vorräten verkaufen und wird sehr reich werden.« Der Pharao befolgte Josephs Ratschläge, und alles kam genau so, wie er es vorhergesagt hatte.

Und diese Ereignisse, die in einer Gemeinschaft eintreten oder in einem Land, treten auch beim Individuum ein. In eurem individuellen Leben wiederholt sich ständig dieses Wechselspiel: einige fruchtbare Tage, dann einige unfruchtbare Tage, dann wieder einige fruchtbare Tage, und so fort... Derjenige, der einer törichten Jungfrau gleicht, trifft keinerlei Vorsorge, legt keine Reserven an, und dann jammert er: »Alles ist unfruchtbar, alles ist trocken, ich habe nichts mehr, weder Freude noch Inspiration.« Hätte er, anstatt seine Reichtümer zu verschwenden, die schwierige Periode vorausgesehen, so wie der abnehmende Mond dem zunehmenden Mond folgt, so hätte er einige Vorräte, ein wenig von diesem Magnetismus, von diesem Fluidum angelegt. Und die Tage des abnehmenden Mondes hätten genauso fruchtbar und segensreich sein können wie die anderen Tage.

Ihr könnt die Fülle und die Wahrhaftigkeit all dieser Analogien und all dieser symbolischen Interpretationen für euch selbst überprüfen, so wie ich es bereits für mich getan habe. Man ist nicht dazu in der Lage, ökonomisch, intelligent, vorausschauend zu sein und bestimmte Reichtümer für die kommenden Tage zu bewahren. Es gibt in Frankreich das Sprichwort: »Hebe eine Birne für den Durst auf!«, nicht wahr?... Man findet in den Sprichwörtern die Spuren einer sehr alten Weisheit, die von den Eingeweihten der Vergangenheit unters Volk gebracht wurden. Sie waren hochintelligente Menschen, die ein vertieftes Wissen über Zeitspannen besaßen, über den Wechsel von Reichtum und Elend, von Fülle und Mangel; und sie gaben Ratschläge.

Nun, worin besteht jetzt die praktische Anwendung dessen, was ich euch gerade gesagt habe? Wenn ihr euch zum Beispiel freut, dann schöpft eure Freude nicht voll aus, sonst werdet ihr bald weinen. Freut euch, aber ohne ein gewisses Maß zu überschreiten. Wenn ihr diese Regel nicht beachtet, wird Folgendes geschehen: Ihr werdet jenem Betrunkenen gleichen, der ein Glas zu viel getrunken hatte und nun durch die Strassen torkelt. Er stößt sich an einer Mauer, er spürt, dass da ein Hindernis ist, er schwankt zurück, aber... hoppla, schon empfängt ihn die gegenüberliegende Mauer, und so weiter... Die beiden Mauern schicken sich den armen Betrunkenen gegenseitig zu. Natürlich spreche ich nicht von den heutigen Straßen, die sehr breit sind, sondern von den Gassen der alten Städte, die sehr schmal waren. Besucht zum Beispiel Florenz, und wenn ihr durch manche Sträßchen geht, könnt ihr euch vorstellen, was da geschah, wenn man in allzu weinseliger Stimmung war!... Gezwungen zum Hin und Her zwischen den Mauern findet der Gute entweder seinen Weg oder aber er endet damit, dass er das Pflaster ausmisst: Er betreibt geometrische Studien!

Ich sage all das, um euch zu erklären, dass man niemals in Extreme verfallen sollte. Ein Extrem wirft euch immer in das andere Extrem zurück, und ihr seid ewig der Spielball zwischen den beiden. Wie oft habe ich Leute erlebt, die lachten und lachten und lachten... und wenig später weinten sie und schluchzten! Dann begannen sie wieder zu lachen und zu lachen... und so verbrachten sie ihr ganzes Leben – der Erregbarkeit ihres Gemütes preisgegeben. Auf diese Art zeigt uns das Leben oft törichte Jungfrauen! Das Lachen offenbart übrigens oft, ob die Leute töricht oder klug sind; ganz einfach das Lachen. Manchmal begegnet man jungen Mädchen, die ein wahrhaft dummes Lachen haben. Man merkt genau, dass sie nur lachen, um Aufmerksamkeit auf sich zu lenken: ein derart dummes Lachen! Man lacht gerne, ich verstehe das, aber man sollte in seinem Lachen wenigstens Intelligenz durchklingen lassen. Man findet sehr selten intelligentes Lachen.

Aber um auf die Frage des Öls zurückzukommen... bemüht euch von nun an, an dieses Öl zu denken, wenn ihr morgens zum Sonnenaufgang geht, und es in eurer Lampe – dem Solarplexus – anzusammeln. Das ist eine Methode von vielen.

Ich habe euch zahlreiche Übungen vorgestellt, die ihr beim Sonnenaufgang ausführen könnt.* Es gibt darunter sogar einige, auf die ich eines Tages länger eingehen werde, denn sie sind sehr wichtig. Zum Beispiel, wie wir mit den Wesenheiten in höheren Regionen kommunizieren können. Mit den himmlischen Regionen kommunizieren, das bedeutet, etwas von uns selbst auszusenden, den feinstofflichsten Teil unserer Seele, unserer Vorstellungskraft, unserer fluidalen Emanationen, damit sie uns bei ihrer Rückkehr neue, feinstofflichere Elemente mitbringen, die wir noch nicht besitzen. Auf diese Weise wird es uns gelingen,

* Siehe Band 10 der Reihe Gesamtwerke »Sonnen-Yoga«. Darin wird die Rolle der Sonne im spirituellen Leben behandelt.

uns selbst zu übertreffen, anstatt ewig dieselben Verhaltensweisen oder dieselben Dummheiten zu wiederholen wie die Tiere. Die Tiere haben nicht die Möglichkeit, sich genau so schnell wie der Mensch zu entwickeln, weil sie die Fähigkeit zu dieser Projektion nicht besitzen. Seit Tausenden von Jahren pflanzen sich die Tiere immer wieder in den gleichen Formen fort. Wenn sie sich einmal wirklich schneller entwickeln, dann nur aufgrund der Nachbarschaft zum Menschen. Der Mensch hingegen kann erschaffen, dank seiner Fähigkeit, einen Teil seiner selbst in den Raum hinaus zu senden, um sich Elemente zu holen, die ihm fehlen. So schafft er Meisterwerke oder erschafft sich selbst, das heißt, er wächst über sich selbst hinaus. Und eben das nennt man sich weiterentwickeln.

Um euch zu zeigen, dass das möglich ist, erinnere ich euch an den Vorgang des Pfropfens, des Veredelns. Einen Baum pfropfen heißt, man bewahrt seine Wurzeln, die voller Kraft sind, sowie den gesunden starken Stamm, aber man setzt ihm einen fremden Trieb von besserer Qualität auf, Dank ihm ersetzt man die sauren, herben und harten Früchte des ursprünglichen Baumes durch süße, köstliche Früchte. Genau das tun wir hier: Wir fügen unserer niederen, animalischen Natur ein Element des Himmels, der Sonne oder des Raumes hinzu, um uns zu verwandeln. Es ist möglich, sich zu verwandeln, aber nur dank dieser vorwärts gerichteten Projektion, mit deren Hilfe wir ein neues Element auffangen und es unserer Natur hinzufügen. Auf diese Weise tragen wir unterschiedliche Früchte. So wie das Veredeln auf der physischen Ebene möglich ist, so ist es auch auf der spirituellen Ebene möglich*, und wenn wir die Sonne betrachten, pfropfen wir neue Reiser auf, wir absorbieren spirituelle Elemente, und genau das ist es, was mit dem Öl der Lampe gemeint ist, von dem Jesus spricht.

* Siehe Band 10 der Reihe Gesamtwerke »Sonnen-Yoga«, Kap. 13 »Die geistige Veredelung«.

Das Öl hat noch eine weitere Bedeutung: In seiner mineralischen, metallischen Form ist es nichts anderes als Gold. Auch Gold bringt das Leben, wenn ihr kein Gold habt, gehen die Geschäfte schlecht. Wenn man euch die Frage stellt: »Wie leben Sie? « bedeutet das: »Wie verdienen Sie Ihren Lebensunterhalt?« Das Gold (obgleich man im Französischen von »Silber«* spricht) ermöglicht euch zu leben, ja, aber äußerlich zu leben, in der Welt. Wenn ihr nicht dieses ganz konkrete Öl habt, das sich also »Silber« nennt, seid ihr blutarm, erloschen, nicht existent in der Gesellschaft. Aber sobald ihr etwas davon habt, schätzt man euch, seid ihr berühmt und mächtig. Das ist also noch eine weitere symbolische Bedeutung des Wortes »Öl«, aber von all diesen verschiedenen Ölen ist das feinstofflichste, das edelste das Licht, das Licht, das von der Sonne kommt. Wenn ich also zu euch sage, dass ihr euch ein neues Element aufpfropft, wenn ihr die Sonne betrachtet oder auch, dass ihr eure Lampe mit Öl füllt oder dass ihr Goldteilchen sammelt, dann ist das immer richtig. Es gibt so viele Bilder, welche dieselbe Realität zum Ausdruck bringen.

Ja, jeden Morgen beim Sonnenaufgang sammeln wir Goldteilchen an, und da wir sie jahrelang angesammelt haben, haben wir jetzt ganze Waggons voll! Wir gleichen den Männern, die den Sand der Flüsse durchwühlen, um Goldteilchen zu finden. Wir sind Goldsucher, auch wir wollen reich werden. Aber anstatt den Sand der Flüsse durchzusieben, steigen wir auf den Felsen, und dort bemühen wir uns, das Licht der Sonne aufzufangen, und es zu Blut, zu Kraft, zu Luft, zu Wasser, zu Gold zu verdichten. Denn ihr müsst wissen, meine lieben Brüder und Schwestern, dass die Alchimisten, welche diese Frage gründlichst erforscht haben, sagten, dass das Gold nichts anderes ist, als das Licht der Sonne, das im Inneren der Erde – von auf

* Frz. l'argent = Geld; Silber.

diese Aufgabe spezialisierten Wesen – kondensiert wird. Dem einen oder anderen ist es sogar gelungen, diesen Prozess der Kondensation umzukehren, und in diesem physischen Gold all die Wärme, das Leben, das Licht und die Kraft der Sonne wiederzufinden. Mit Hilfe gewisser Methoden gelang es ihnen, aus einem Goldplättchen all das herauszuziehen, was die Sonne darin seit Jahrtausenden kondensiert hatte.

Man weiß noch nicht, welche Energie sich in einigen Gramm Gold verbirgt, und auch nicht, wie man sie extrahieren kann. Es ist die Sonne, die all dieses Gold mit ihrer Energie angefüllt hat. Und die größten Mysterien befinden sich dort, aber um Zugang zu ihnen zu bekommen, müssen wir zunächst ein Freund der Sonne werden, und sie selbst wird sie euch dann eines Tages enthüllen. Sie wird zu euch sagen: »Seht, so gehe ich vor, so sende ich meine langen Arme aus. Meine Strahlen sind die Boten meiner Seele, meines Herzens und meiner Liebe, und so haben sich all diese lebendigen Reichtümer verdichtet und sind zu Gold geworden.« Sie wird euch offenbaren, wie ihr alles aus ihrem Licht herausholen könnt, was sie da hineingelegt hat. Aber ihr müsst euch in Freundschaft mit ihr verbinden, anstatt sie außer Acht zu lassen, wie es die meisten Menschen tun. Ich lade euch daher ein, Freunde der Sonne zu werden. Aber glaubt nicht, dass ihr sie einfach so gewinnen werdet, in einigen Tagen, mit ein wenig Lächeln oder kleinen Geschenken... Selbst nach Jahren gelingt es einem nicht immer, sie zu gewinnen.

Es ist die Sonne, die alle Reichtümer der Erde enthält; sie ist es, die sie verdichtet und geformt hat, und die Gold im Überfluss in den Seen, den Ozeanen, den Bergen verteilt hat. Es gibt Leute, die nach diesen Schätzen suchen, weil sie Bücher darüber gelesen haben. Und die Armen suchen ihr ganzes Leben lang und sterben, ohne je etwas gefunden zu haben. Wenn ihr Schätze finden wollt, müsst ihr euch zuerst an die Sonne wenden und zu ihr sagen: »Meine liebe Sonne, du hast das Gold der ganzen Erde hergestellt, sag mir, wie ich vorgehen soll, um diese Schätze zu finden.« Dann wird sie euch antworten: »Nicht so, wie du dir das vorstellst. Versuche zuallererst, mich zu verstehen: Wer ich bin, was ich darstelle – und dann reden wir weiter.« Sie hat mir viele Dinge offenbart, die Sonne, weil ich sie über alles gestellt habe, was es auf der Erde gibt. Deshalb ist sie sehr gerührt. Ja, es ist mir gelungen, die Sonne anzurühren. Für die meisten Leute bleibt sie jedoch zu weit entfernt... Ja, ich weiß, ich entführe euch in eine bizarre, ungewohnte, ungewöhnliche Welt, in eine Welt, mit der man sich für gewöhnlich nicht beschäftigt und für die ihr nicht vorbereitet seid. Es ist viel Zeit nötig, bis man allmählich Zutrauen gewinnt, sich mit diesen Vorstellungen vertraut macht.

Aber überlassen wir die großen Geheimnisse der Sonne, dem Gold, dem Inneren der Erde, und sagen wir noch zwei Worte über dieses Öl. Es mag sein, dass man es nicht sehr poetisch findet, aber es ist trotzdem das Wort »Öl«, das diese Fluida, diese kosmische Kraft bezeichnet, die wir auffangen und in unseren Lampen ansammeln sollen. Wir haben mehrere Lampen: Das Gehirn ist eine Lampe, die Chakras sind ebenfalls Lampen, aber die größte, die wichtigste Lampe ist der Solarplexus. Wir müssen darauf achten, dass wir nicht alle Kräfte und Energien, die er enthält, verausgaben, denn wenn der Gemahl sich zeigt, müssen wir Öl haben. Und der Gemahl, das kann ein Freund sein, der euch in die Regierung einlädt oder ein Bräutigam, der euch heiraten möchte oder sogar der Heilige Geist. Der erhabenste Gemahl, das ist der Heilige Geist. Und für ihn sollten wir Öl haben, denn er ist eine Flamme, und eine Flamme muss genährt werden. Die Flamme, das ist der Gemahl, und das Öl ist seine Nahrung. Die Flamme braucht Öl, sonst erlischt sie. Der Gemahl, das ist das Licht. Der Heilige Geist ist nichts anderes als der Licht-Gemahl. Doch das Licht kommt nur, wenn ihr genug Öl habt, um seine Flamme zu nähren. Ihr versteht jetzt, warum die Jünger fünfzig Tage nach Ostern den Heiligen Geist in Form von Flammen, von Feuerzungen, empfangen haben, die über ihren Köpfen brannten: Das geschah, weil sie Öl hatten.

Man kann sich ebenso mit Hilfe der Nahrung, der Atmung, der Meditation und des Gebetes einen Vorrat von diesem Öl anlegen. Wenn man mit großer Achtsamkeit und viel Liebe isst, gelingt es einem, der Nahrung die Quintessenz zu entziehen, wie man auch die Essenz der Rosen gewinnt: gerade einmal einige Gramm aus einer riesigen Menge von Blütenblättern. Beim Atmen nehmen wir auch andere, sehr feinstoffliche Elemente auf, und beim Meditieren und beim Beten wieder andere, noch feinstofflichere Elemente. Sobald ihr diese Quintessenz besitzt, entströmt euch ein Duft, wie eine köstliche Emanation, und ihr zieht dann all die spirituellen Wesenheiten an, die euch voller Entzücken aufsuchen... Und zum Schluss ist es der Gemahl selbst, der angezogen wird und der euch aufsucht, der wunderbarste Gemahl von allen, der Heilige Geist. Und hat sich der Heilige Geist erst einmal in euch niedergelassen, lässt sein Licht euch alle Dinge sehen, und es erwärmt euch auch, denn dieses Licht ist eine Flamme.

Wenn ihr daher in Zukunft zum Sonnenaufgang geht, bittet die Sonne um ein Pfropfreis zur Veredelung, bittet sie um Goldteilchen, bittet sie um dieses Öl, um diese Quintessenz, und bemüht euch vor allem, ihr Freund zu werden. Sagt zu ihr: »Ich verstehe dich, meine liebe Sonne, ich will dein Freund werden«, und gebt ihr einen Platz ganz oben in eurer Wertschätzung, sie wird davon sehr angerührt sein. Im Augenblick richten sich eure Vorlieben auf dumme, unsaubere Leute, auf Nichtsnutze. Die Sonne jedoch…! Habt ihr darüber nachgedacht, was die Sonne überhaupt ist? Setzt sie an die erste Stelle, und ihr werdet sehen, was sie euch alles offenbaren wird. Ich für meinen Teil tue das schon seit Langem. Und als ich das sagte, wollte man mir nicht glauben, man hat sich über mich lustig gemacht: »Also, der ist doch nicht normal! Hört nur, was er uns erzählt. Obwohl es so viele Männer und Frauen auf der Erde gibt, hat er sich doch tatsächlich in die Sonne verliebt! Aber was gewinnt er dabei?...« Die ganze Welt, meine lieben Brüder und Schwestern, ich werde die ganze Welt gewinnen. Geduldet euch ein wenig, ich bin gar nicht so verrückt. Meine Verrücktheit besteht darin, dass ich eine Weisheit besitze, die heutzutage nicht mehr besonders anerkannt ist, die aber in der Vergangenheit viele besaßen. Nun, so stelle ich mich also vor: als ein Spinner, wenn ihr so wollt, der aber viele Dinge verstanden hat!

Bonfin, den 6. August 1968

Kapitel 9

Die beiden Bäume im Paradies

Teil 1

Die Achsen Widder-Waage und Stier-Skorpion

Freier Vortrag

Heute Abend lese ich euch einige Anfangs-Passagen aus der Apokalypse des Johannes vor.

»Dies ist die Offenbarung Jesu Christi, die ihm Gott gegeben hat, seinen Knechten zu zeigen, was in Kürze geschehen soll; und er hat sie durch seinen Engel gesandt und seinem Knecht Johannes kundgetan, der bezeugt hat das Wort Gottes und das Zeugnis von Jesus Christus, alles, was er gesehen hat.

Selig ist, der da liest und die da hören die Worte der Weissagung und behalten, was darin geschrieben ist; denn die Zeit ist nahe.

Johannes an die sieben Gemeinden in der Provinz Asien: Gnade sei mit euch und Friede von dem, der da ist und der da war und der da kommt, und von den sieben Geistern, die vor seinem Thron sind, und von Jesus Christus, welcher ist der treue Zeuge, der Erstgeborene von den Toten und Herr über die Könige auf Erden! Ihm, der uns liebt und uns erlöst hat von unsern Sünden mit seinem Blut und uns zu Königen und Priestern gemacht hat vor Gott, seinem Vater, ihm sei Ehre und Gewalt von Ewigkeit zu Ewigkeit! Amen.

Siehe, er kommt mit den Wolken, und es werden ihn sehen alle Augen, und alle, die ihn durchbohrt haben, und es werden wehklagen um seinetwillen alle Geschlechter der Erde. Ja, Amen. Ich bin das A und das O, spricht Gott der Herr, der da ist und der da war und der da kommt, der Allmächtige.

Ich, Johannes, euer Bruder und Mitgenosse an der Bedrängnis und am Reich und an der Geduld in Jesus, war auf der Insel, die Patmos heißt, um des Wortes Gottes willen und des Zeugnisses von Jesus. Ich wurde vom Geist ergriffen am Tag des Herrn und hörte hinter mir eine große Stimme wie von einer Posaune, die sprach: Was du siehst, das schreibe in ein Buch und sende es an die sieben Gemeinden: nach Ephesus und nach Smyrna und nach Pergamon und nach Thyatira und nach Sardes und nach Philadelphia und nach Laodizea.

Und ich wandte mich um, zu sehen nach der Stimme, die mit mir redete. Und als ich mich umwandte, sah ich sieben goldene Leuchter und mitten unter den Leuchtern einen, der war einem Menschensohn gleich, angetan mit einem langen Gewand und gegürtet um die Brust mit einem goldenen Gürtel. Sein Haupt aber und sein Haar war weiß wie weiße Wolle, wie der Schnee, und seine Augen wie eine Feuerflamme und seine Füße wie Golderz, das im Ofen glüht, und seine Stimme wie großes Wasserrauschen; und er hatte sieben Sterne in seiner rechten Hand, und aus seinem Munde ging ein scharfes, zweischneidiges Schwert und sein Angesicht leuchtete, wie die Sonne scheint in ihrer Macht.

Und als ich ihn sah, fiel ich zu seinen Füßen wie tot; und er legte seine rechte Hand auf mich und sprach zu mir: Fürchte dich nicht! Ich bin der Erste und der Letzte und der Lebendige. Ich war tot, und siehe, ich bin lebendig von Ewigkeit zu Ewigkeit und habe die Schlüssel des Todes und der Hölle.

Schreibe, was du gesehen hast und was ist und was geschehen soll danach. Das Geheimnis der sieben Sterne, die du gesehen hast in meiner rechten Hand, und der sieben goldenen Leuchter ist dies: Die sieben Sterne sind Engel der sieben Gemeinden, und die sieben Leuchter sind sieben Gemeinden.

Dem Engel der Gemeinde in Ephesus schreibe: Das sagt, der da hält die sieben Sterne in seiner Rechten, der da wandelt mitten unter den sieben goldenen Leuchtern: Ich kenne deine Werke und deine Mühsal und deine Geduld und weiß, dass du die Bösen nicht ertragen kannst; und du hast die geprüft, die sagen, sie seien Apostel, und sind's nicht, und hast sie als Lügner befunden, und hast Geduld und hast um meines Namens willen die Last getragen und bist nicht müde geworden. Aber ich habe gegen dich, dass du die erste Liebe verlässt. So denke nun daran, wovon du abgefallen bist, und tue Buße und tue die ersten Werke! Wenn aber nicht, werde ich über dich kommen und deinen Leuchter wegstoßen von seiner Stätte – wenn du nicht Buße tust. Aber das hast du für dich, dass du die Werke der Nikolaiten hassest, die ich auch hasse.

Wer Ohren hat, der höre, was der Geist den Gemeinden sagt! Wer überwindet, dem will ich zu essen geben von dem Baum des Lebens, der im Paradies Gottes ist.

Und dem Engel der Gemeinde in Smyrna schreibe: Das sagt der Erste und der Letzte, der tot war und ist lebendig geworden: Ich kenne deine Bedrängnis und deine Armut – du bist aber reich – und die Lästerung von denen, die sagen, sie seien Juden, und sind's nicht, sondern sind die Synagoge des Satans. Fürchte dich nicht vor dem, was du leiden wirst! Siehe, der Teufel wird einige von euch ins Gefängnis werfen, damit ihr versucht werdet, und ihr werdet in Bedrängnis sein zehn Tage. Sei getreu bis in den Tod, so will ich dir die Krone des Lebens geben.

Wer Ohren hat, der höre, was der Geist den Gemeinden sagt! Wer überwindet, dem soll kein Leid geschehen von dem zweiten Tode.«

Ich habe euch eine lange Passage vorgelesen, doch wir beschäftigen uns weder mit den sieben Kirchen noch mit den sieben Leuchtern noch mit dem Mann in Weiß, der sieben Sterne in der Hand hielt. Ich möchte über das sprechen, was ihr in keinem Buch findet und was euch zum Verständnis vieler Ereignisse im Leben sehr nützlich sein wird.

Befassen wir uns also mit den beiden Botschaften an die Gemeinden von Ephesus und Smyrna. Jede dieser Botschaften enthält zunächst eine Beurteilung des Verhaltens der Kirche, dann Ratschläge und sie endet mit Versprechen für den, der überwindet. In der ersten Gemeinde wird dem Überwinder »die Frucht vom Baum des Lebens« versprochen. Der zweiten, »dass sie nicht den zweiten Tod« erleiden muss.

Wir können jedoch sehr schnell erkennen, was jeder einzelnen Kirche versprochen wird. Bezüglich der dritten Kirche heißt es: »Wer überwindet, dem werde ich geben von dem verborgenen Manna und will ihm geben einen weißen Stein; und auf dem Stein ist ein neuer Name geschrieben, den niemand kennt als der, der ihn empfängt.« Vers 2,17

In Bezug auf die vierte heißt es: »Und wer überwindet und hält meine Werke bis ans Ende, dem will ich Macht geben über die Heiden, und er soll sie weiden mit eisernem Stabe, und wie die Gefäße eines Töpfers soll er sie zerschmeißen, wie auch ich Macht empfangen habe von meinem Vater; und ich will ihm geben den Morgenstern.« Vers 2,26

Zur fünften: »Wer überwindet, der soll mit weißen Kleidern angetan werden, und ich werde seinen Namen nicht austilgen aus dem Buch des Lebens, und ich will seinen Namen bekennen vor meinem Vater und vor seinen Engeln.« Vers 3,5

Und der sechsten verspricht der Geist: »Wer überwindet, den will ich machen zum Pfeiler in dem Tempel meines Gottes, und er soll nicht mehr hinausgehen, und ich will auf ihn schreiben den Namen meines Gottes und den Namen des neuen Jerusalem, der Stadt meines Gottes, die vom Himmel hernieder kommt von meinem Gott, und meinen Namen, den neuen.« Vers 3,12

Und schließlich der siebten Gemeinde: »Wer überwindet, dem will ich geben, mit mir auf meinem Thron zu sitzen, wie auch ich überwunden habe und mich gesetzt habe mit meinem Vater auf seinen Thron. Wer Ohren hat, der höre, was der Geist den Gemeinden sagt!« Vers 3, 21-22

Auf diese Weise gibt der Geist am Ende jeder Botschaft den sieben Gemeinden ein Versprechen. Tatsächlich werden für jede die sieben Tugenden erwähnt, die wir erwerben und die sieben Sünden, die wir überwinden müssen. Auf diese Tugenden und Sünden weisen sehr schwer auszulegende Bilder hin, dennoch wird das einfach, wenn man den Schlüssel zur Auslegung besitzt. Es würde zu lange dauern, euch alles zu erklären. Deshalb beschränke ich mich auf zwei Gemeinden, Ephesus und Smyrna, bei denen es heißt: »Wer überwindet, dem will ich zu essen geben von dem Baum des Lebens, der im Paradies Gottes ist«, und: »Wer überwindet, dem soll kein Leid geschehen von dem zweiten Tode.«

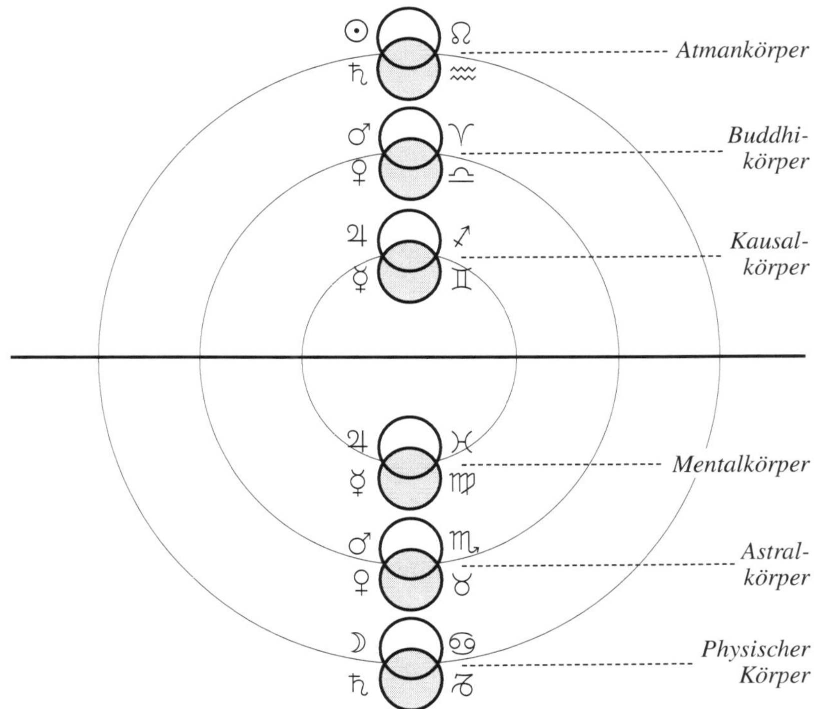

In den vorhergehenden Vorträgen gab ich euch eine Anzahl von Erklärungen, für die ich mich der obigen Abbildung bediente. Diese Abbildung stellt den Menschen mit seinen verschiedenen Körpern und deren Entsprechungen zu den Planeten sowie zum Tierkreis dar.

Hierzu noch eine Darstellung des Tierkreises:

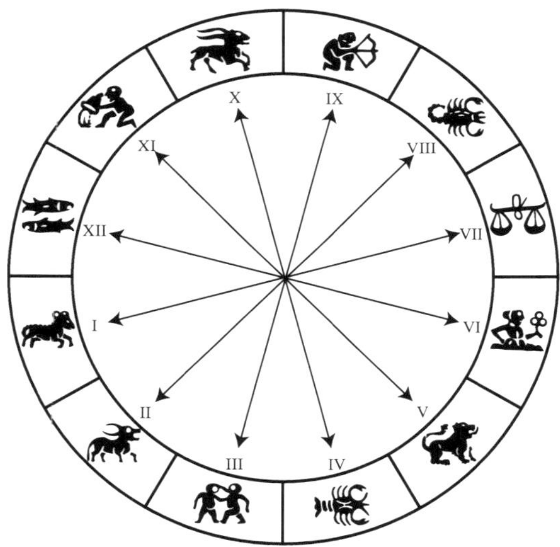

Im Tierkreis steht jedes Zeichen einem anderen gegenüber, das heißt in Opposition. Der Krebs zum Beispiel, steht dem Steinbock gegenüber, der Löwe dem Wassermann, Jungfrau den Fischen, und ich sagte euch auch, dass diese Verbindungen eine besondere Bedeutung haben.

Laut der ersten Abbildung sehen wir, dass der Astralkörper der Bereich von Mars und Venus ist: von Mars für alles, was Leidenschaften, Gewalt, Zorn und zerstörerische Kräfte betrifft und von Venus für alles, was die niedere Liebe und die Sinnlichkeit betrifft. Andererseits sehen wir, dass der Astralkörper mit dem Buddhikörper in Verbindung steht, der seinerseits von denselben Planeten regiert wird, jedoch in ihrem höheren Aspekt. Wie ihr wisst, besitzen die Planeten zwei entgegengesetzte Aspekte. Mars zum Beispiel kann Zorn, Zerstörung und so weiter sein, er kann sich aber ebenso als Mut, Aktivität, Dynamik, als ritterliche Gesinnung äußern, die zum Schutze anderer kämpft. Venus kann sich in sexueller Liebe und egoistischen Gefühlen äußern, aber auch in geistiger Liebe. Jeder Planet hat also zwei Häuser, eines im unteren Teil der Abbildung, das andere im oberen Teil.

Im unteren Teil der Abbildung sehen wir Venus und Mars in den Zeichen Stier und Skorpion, im oberen Teil hingegen befinden sie sich in den Zeichen Waage und Widder. Im Tierkreis liegt nun aber gerade Widder der Waage gegenüber und Stier dem Skorpion.

Untersuchen wir also diese beiden Achsen:

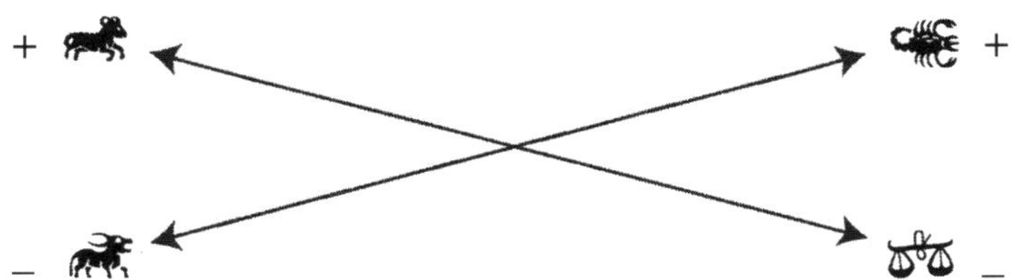

Jede Achse verbindet zwei Pole: Venus stellt das weibliche Prinzip dar und ist mit Mars verbunden, dem männlichen Prinzip. Damit man die Natur dieser beiden Prinzipien Männlich und Weiblich versteht, reicht ein ganz einfaches Beispiel aus. Fixiert ihr einige Sekunden lang die Farbe Rot und lenkt anschließend euren Blick auf einen weißen Hintergrund, dann seht ihr die Farbe Grün erscheinen, und umgekehrt. Warum sind Rot und Grün auf diese Weise verbunden? Nun, Rot ist die Farbe von Mars und Grün die Farbe von Venus. Dank der Kenntnis dieses

Phänomens, können wir besser verstehen, was in bestimmten psychologischen Bereichen vor sich geht. Wenn ihr mit dem Stier handelt, erfolgt eine Reaktion des Skorpions; und wenn ihr mit dem Widder handelt, erfolgt eine Reaktion der Waage, denn es gibt eine Verbindung zwischen diesen Sternbildern.

Im Stier manifestiert sich Venus in ihrem niederen Aspekt, sie drängt die Menschen dazu, sich auf primitive Art zu lieben, die Liebe körperlich zu berühren, zu kosten und zu fühlen; nach einer gewissen Zeit jedoch spüren sie zwangsläufig, aufgrund dieser Verbindung, die zwischen diesen beiden Planeten besteht, die Einflüsse von Mars im Skorpion. Und wenn Mars dann erscheint, bringt er Streit, Gewalt und Zerstörung mit sich. Wer nach der physischen Liebe sucht, gibt sich zwangsläufig auch der Härte, der Auflehnung und selbst der Grausamkeit hin. Er wird einen guten Gedanken in sich selbst und auch in den anderen töten, und auch ein gutes Gefühl wird er zerstören. Aber nehmt umgekehrt an, dass ein schlechter Einfluss von Mars euch dazu drängt, hart und grausam zu sein und ihr wenig später in Sinnlichkeit und Leidenschaften hineingezogen werdet.

Im höheren Bereich, wo Venus sich als uneigennützige Liebe, Güte, Schönheit und Selbstlosigkeit manifestiert, manifestiert sich auch Mars, aber er kommt nicht, um alles umzustürzen oder zu zerstören, er kommt und unterstützt, bewahrt, verteidigt und stärkt alles Gute in uns und in anderen. Das ist ein absolutes Gesetz. Wer seine Liebe im spirituellen, geistigen Bereich manifestiert, kann nicht in Gewalt verfallen, sondern zieht im Gegenteil die wohltuende Kraft von Mars an. Nehmt nun an, Mars würde sich als Erster in euch manifestieren, in eurem Bemühen um Selbstbeherrschung, um Bemeisterung der Leidenschaften, um Mut in Prüfungen – in diesem Moment wird Venus erscheinen wie ein Engel und euch alle Schätze des Paradieses bringen, eure Seele weiten, euch das unsterbliche Leben kosten lassen, ja, diese Liebe wird euch unterstützen, euch stärken und euch in Glück und Licht hüllen.

Der Skorpion kann hier als andere Form für das Symbol der Schlange interpretiert werden. Er entspricht dem achten Haus des Tierkreises, dem Haus des Todes. Es heißt in der Genesis, dass unter den Bäumen des Paradieses der Baum des Lebens und der Baum der Erkenntnis des Guten und des Bösen wuchs, und Adam das Recht hatte, von den Früchten aller Bäume dieses Gartens zu essen, ausgenommen die Frucht des Baumes der Erkenntnis des Guten und des Bösen. Doch ihr wisst nicht, was das für eine Frucht ist. Sie ist das Symbol für die Kräfte, die der erste Mensch noch nicht zu lenken, zu verwandeln und zu benützen wusste. Deshalb sagte Gott zu ihm: »Es wird eine Zeit kommen, wo ihr von dieser Frucht essen könnt. Doch im Augenblick seid ihr noch schwach, und wenn ihr davon esst und dabei mit den in ihr enthaltenen Kräften in Berührung kommt, werdet ihr sterben«; das heißt, euer Bewusstseinszustand wird sich verändern. Auf diese Veränderung des Bewusstseinszustandes wird in der Genesis hingewiesen, doch man wusste nicht immer, wie man diesen Hinweis auslegen sollte. Als Adam und Eva glücklich im Paradies lebten, heißt es: »Mann und Frau waren beide nackt und schämten sich nicht.« Und später, als sie von der verbotenen Frucht gegessen hatten: »Da wurden ihnen beiden die Augen aufgetan, und sie wurden gewahr, dass sie nackt waren, und flochten Feigenblätter zusammen und machten sich Schurze« (1. Mose 3,7). Diese plötzliche Bewusstheit ihrer Nacktheit beweist, dass sich in ihnen etwas verändert hatte.

Verweilen wir noch einen Augenblick bei den beiden Bäumen des Paradieses.

Im Garten Eden wuchs eine Vielzahl an Bäumen, doch in der Genesis werden nur zwei erwähnt: der Baum des Lebens und ein zweiter, der seitdem besonders berühmt geworden ist: der Baum der Erkenntnis des Guten und des Bösen. Der Baum des Lebens stellte die Einheit des Lebens dar, wo sich noch keine Polarisierung manifestiert, das heißt, wo es weder

Gut noch Böse gibt: ein Bereich jenseits von Gut und Böse. Der andere Baum hingegen stellte die Welt der Polarisierung dar, wo man dem Wechsel von Tag und Nacht, von Freude und Leid usw. unterworfen ist… Diese beiden Bäume stehen also für Regionen im Universum und sind nicht einfach nur Pflanzen. Und wenn Gott zu Adam und Eva sagte, sie dürften nicht vom Baum der Erkenntnis des Guten und des Bösen kosten, bedeutet das, dass sie noch nicht in die Region der Polarisierung vorstoßen durften. Warum? War dieses Verbot eine Laune, eine Boshaftigkeit vonseiten des Herrn? Nein. Im Übrigen hat Gott niemals unnütze Dinge erschaffen. Die Vorstellung von einem Baum, der Früchte hervorbringt, von denen niemand essen oder profitieren darf, steht im Widerspruch zur göttlichen Weisheit, die nichts erschafft, was nicht auch von Nutzen wäre. Bestimmte Wesen aßen Früchte von diesem Baum, doch sie waren in der Lage, sie zu vertragen, während Adam und Eva die Früchte noch nicht vertragen konnten, weil diese zusammenziehende Kräfte enthielten; das bedeutete, die gesamte Feinstofflichkeit der Aura musste bei der Berührung mit ihnen erstarren; und genau das geschah. Nachdem Adam und Eva von der verbotenen Frucht gegessen hatten, sind sie hinunter gestiegen, wurden sie schwer und plump, was zum Ausdruck kommt mit den Worten: »…sie wurden gewahr, dass sie nackt waren.« Nackt, das waren sie vorher schon, aber sie nahmen sich mit Licht bekleidet wahr; nach ihrem Fehler jedoch, fühlten sie sich plötzlich dieses Lichtkleides beraubt und verbargen sich. Zuvor sprachen sie frei mit Gott, jetzt aber verbargen sie sich vor ihm.

Nachdem Adam und Eva von der Frucht vom Baum der Erkenntnis des Guten und des Bösen gegessen hatten, lebten sie weiterhin, doch sie sind tot auf der Ebene eines höheren Bewusstseinszustandes, sie wurden verjagt aus dem Paradies (das heißt aus diesem Bewusstseinszustand), dessen Eingang von nun an ein Engel mit einem Schwert bewachte. Im Tierkreis wird der Baum der Erkenntnis des Guten und des Bösen von der

Achse Stier-Skorpion dargestellt, der Baum des Lebens hingegen von der Achse Widder-Waage. Wer in Sinnlichkeit und Leidenschaften lebt, isst von der Frucht vom Baum der Erkenntnis des Guten und des Bösen und stirbt jeden Tag auf der Ebene des höheren Bewusstseinszustandes, während derjenige, der sich bemeistert, von der Frucht vom Baum des ewigen Lebens isst, inmitten des Reiches Gottes.

Manch einer wird sagen: »Aber wir können weder vernünftig sein noch uns bemeistern; wir brauchen einfach unser Vergnügen, unsere Dummheiten.« Ihr könnt leben, wie ihr wollt, aber anschließend müsst ihr bezahlen. Ihr könnt nicht entkommen, und wenn eure Gläubiger euch nicht in dieser Inkarnation finden, dann wird es in einer anderen sein. Selbst wenn ihr die Familie gewechselt habt, den Namen, das Geschlecht, werden sie euch doch immer entdecken. Man kann dem Schicksal, dem Karma nicht entkommen.

In Wirklichkeit fügt die Wissenschaft den Menschen viel Schlechtes zu. Man glaubt, sie sei da, um die Menschen aufzuklären, doch anstatt ihnen zu sagen: »Passt auf, seid vernünftig«, sagt sie zu ihnen: »Habt keine Angst, wir haben Heilmittel gefunden, ihr könnt weitermachen mit den Dummheiten; wenn ihr krank seid, machen wir euch wieder gesund.« Das ist richtig, sie macht sie gesund bis zu einem gewissen Grad, doch es kommt ein Moment, in dem sie nichts mehr für sie tun kann, und dann überlässt sie sie ihrem Elend.

Manche erwidern, dass sie weder das Maß noch die Grenze kennen können, die man nicht überschreiten darf. Das ist falsch; sogar die Tiere kennen diese Grenze, und der Mensch, die Krone der Schöpfung, sollte sie nicht kennen? Er wird das Maß verstehen lernen, wenn Mars kommt und Zerstörung mit sich bringt. Studiert die Geschichte der Mehrzahl der Völker. Wie viele sind verschwunden aufgrund ihres Sittenverfalls! Während sie von ihrem Überfluss profitierten, um sich ihren Leidenschaften und ihrer Ausschweifung hinzugeben, bereiteten die Nachbarn ihre

Zerstörung vor. Wer die Verbindung zwischen Venus und Mars vergisst, geht seinem Untergang entgegen.*

Nein, man darf sich nicht dieser allzu gewöhnlichen Liebe hingeben, die immer Gegenstand von Theaterstücken, Filmen, Romanen ist, denn das ist keine Liebe, sondern eine zerstörerische Leidenschaft, ähnlich einem Gewitter, das alles zerstört und nur Ruinen hinterlässt: Es fehlt jeglicher spirituelle Antrieb, jegliches Ideal. Eine göttliche Liebe, die sich opfert, die über das geliebte Wesen wacht, es schützt und bewahrt, das ist die wahre Liebe! Wenn zwei Menschen sich gegenseitig behüten, sich schützen, dann bedeutet das, dass sie einander mit einer spirituellen Liebe lieben, während in der gewöhnlichen Liebe der eine den anderen zerstört, weil beide nur an sich selbst, an ihr eigenes Vergnügen denken, an ihre eigene Befriedigung.

Kommen wir nun zu dem Text zurück, den ich euch vorhin vorgelesen habe. »Dem Engel der Gemeinde in Ephesus schreibe… Ich kenne deine Werke und deine Mühsal und deine Geduld und weiß, dass du die Bösen nicht ertragen kannst; und du hast die geprüft, die sagen, sie seien Apostel und sind's nicht, und hast sie als Lügner befunden, und hast Geduld und hast um meines Namens willen die Last getragen und bist nicht müde geworden (das ist hier der höhere Mars in beständiger

* Schon in der griechischen Mythologie ist die Liebesgöttin Aphrodite nicht zu trennen von Ares, dem Kriegsgott. Diese Verbindung zwischen Aggressivität und Sexualität wird besonders in unserer Epoche sichtbar, die man als von Erotik und Gewalttätigkeit geprägt beschreibt. Deshalb zeugt vor allem der Slogan »Make love, not war!« eines Teiles der Jugend eher von deren naivem Idealismus als von Kenntnissen über psychologische Realitäten. Zwar spricht man von der »Ruhe des Kriegers«, weiß jedoch um so weniger darüber, wie sexuelle Ausschweifungen die Instinkte der Aggressivität erwecken, und man übersieht vollkommen, dass sie sogar der Ursprung aller Kämpfe sein können, die in der Welt ausgetragen werden. Zu diesem Thema stellt Meister Omraam Mikhael – indem er sich auf das Einweihungswissen stützt – in aller Deutlichkeit fest: Es sind die Männer und Frauen, die mit ihrer zügellosen Sexualität die Kämpfe in der Welt nähren. Er sagt: »Alle, die sich bisher mit dem Thema Sexualität näher befasst haben, haben überhaupt noch nie herausgefunden, was während des sexuellen Aktes im Bereich des Feinstofflichen und Ätherischen, im Bereich der Fluida geschieht. Sie wissen nicht, dass bei der rein physischen, biologischen, egoistischen Sexualität alle möglichen Vulkanausbrüche erfolgen, die sich dann in Form von Farben, Formen, Ausströmungen usw. manifestieren. Alle diese Ausströmungen versinken in der

Aktivität). Aber ich habe gegen dich, dass du die erste Liebe verlässt (das heißt die höhere Venus. Wir sehen uns also der Achse Widder-Waage gegenüber.) So denke nun daran, wovon du abgefallen bist, und tue Buße und tue die ersten Werke... Aber das hast du für dich, dass du die Werke der Nikolaiten hassest, die ich auch hasse (der Widder ist Pflanzenfresser und er ist das Symbol der Reinheit. Die Nikolaiten waren eine ketzerische Sekte, die gerne an Banketten teilnahm, bei denen den Göttern Fleisch von Götzenopfern gereicht wurde und bei denen sehr lockere Sitten herrschten) ... Wer überwindet, dem will ich zu essen geben von dem Baum des Lebens, der im Paradies Gottes ist (das heißt, auf der höheren Ebene, der Buddhikörper in der Mitte, zwischen dem Kausal- und dem Atmankörper, so wie der Baum mitten im Paradies stand).

Und für die Gemeinde von Smyrna heißt es: »Ich kenne deine Bedrängnis und deine Armut – du bist aber reich – (denn der Stier entspricht dem zweiten astrologischen Haus, dem des Reichtums und des Wohlstandes, es ist hier also die Rede von der spirituellen Armut der Gemeinde von Smyrna, die unter den Einfluss der niederen Venus im Stier geraten ist.) und die Lästerung von denen, die sagen, sie seien Juden und sind's nicht, sondern sind die Synagoge des Satans. Fürchte dich nicht

---

Erde, wo viele Geschöpfe darauf warten, ihre Mahlzeit abzuhalten und sich an diesen vitalen Energien satt zu essen. Früher war es oft so, dass anlässlich einer Hochzeit oder eines Sieges die Herrscher ein öffentliches Fest feierten, das mehrere Tage dauerte und wo alle Armen des Reiches sich satt essen konnten, weil etwas für sie aufgetischt war. Wenn die Liebenden sich austauschen, geben auch sie ein Festmahl. Und selbst wenn es im Geheimen geschieht, kommen andere Besucher und essen sich satt; und oft sind sie es, die alles absorbieren, weil es während dieser Gefühlsausbrüche nur sehr wenige Elemente für den Geist und die Seele gibt. Deshalb sage ich, dass es noch so viele Kriege und Leiden gibt, weil so viele den Liebesakt unüberlegt vollziehen, wie die Tiere; das heißt, sie geben allen Geistern, die der Menschheit nur Übel wollen, Materialien, sie stärken und nähren sie und versetzen sie in Erregung. Wenn Männer und Frauen das wüssten, wären sie über das, was sie tun, so unglücklich und so angeekelt davon, dass sie gerne lernen würden, wie man liebt, damit das Reich Gottes und Seine Gerechtigkeit auf die Erde kommt. Sie würden verstehen, dass die Vergeistigung der Liebe eine grundlegende Vorraussetzung für das Kommen des Reiches Gottes ist.« (Anmerkung des Herausgebers).

vor dem, was du leiden wirst! Siehe, der Teufel wird einige von euch ins Gefängnis werfen, damit ihr versucht werdet, und ihr werdet in Bedrängnis sein zehn Tage (in den Leiden des Skorpion). Sei getreu bis an den Tod, so will ich dir die Krone des Lebens geben… Wer überwindet, dem soll kein Leid geschehen von dem zweiten Tode (anders ausgedrückt, wer sich aufrichtet, entgeht dem Tod, den der Skorpion bringt, dem spirituellen Tod, dem von Adam und Eva).«

Ihr seht, diese Texte entsprechen ganz genau dem, was ich euch über die beiden Achsen Stier-Skorpion und Widder-Waage sagte. In der Apokalypse sind alle Mysterien der Alchimie, der Magie, der Astrologie und der Kabbala enthalten. Die meisten Pastoren und Priester wagen es nicht, sie auszulegen, denn dann wären sie gezwungen, alle diese Wissenschaften anzuerkennen und somit manche Aspekte der Religion zu verändern. Man lässt die Apokalypse beiseite, weil sie der Beweis ist, dass für die Interpretation der Heiligen Bücher andere Wissenschaften nötig sind; sogar die Tarot-Karten sind darin enthalten, ebenso wie die esoterischen Zahlen und Symbole. Übrigens haben diejenigen, die die Apokalypse auslegen wollten, viele Irrtümer begangen, weil sie dies auf eine persönliche und subjektive Weise taten; vor allem, was das Tier betrifft! Man hat viel danach gesucht, was die Zahl 666 darstellen soll, die Zahl des Tieres; je nach Epoche und je nach Einzelfall sah man darin den Protestantismus, Napoleon, Hitler, den Kommunismus usw. Noch niemand hat diese Zahl korrekt ausgelegt.

Bringt euch in Harmonie mit dem Allmächtigen, mit allen Reichen der Natur, den Tieren, den Pflanzen, den Mineralien, auf diese Weise werdet ihr in den Paradiesgarten versetzt, wo ihr die Früchte vom Baum des Lebens essen könnt: Freude, Freiheit, Unsterblichkeit. Verbindet euch mit der Universellen Weißen Bruderschaft, die oben existiert, mit der Liebe, der Weisheit und der Wahrheit. Nur die Liebe, die Weisheit und die Wahrheit, tief greifendes und wahres Wissen, wahrhafte Reinheit, die Erfüllung des Willens Gottes, sie machen es uns möglich, das verlorene Paradies wiederzufinden.

Manche werden erwidern: »Aber das wissen wir doch alles!« Nun gut, aber warum findet ihr euch dann innerlich in unentwirrbare Schwierigkeiten verstrickt? Warum seid ihr so nervös, so schwach, so unwissend? Euer Wissen ist in Wirklichkeit kein wahres Wissen. Ihr glaubt, Wissen verträgt sich gut mit Zweifel, Schwäche, Ungewissheit? Nein, das, was ihr als Wissen bezeichnet, das sind in Wirklichkeit nur ein paar oberflächliche Kenntnisse. Wer weiß, der kann auch. Ihr könnt nicht? Das heißt, dass ihr nicht wisst. Es gibt kein anderes Wissen als die Verwirklichung.

Mögen Liebe, Weisheit und Wahrheit auf ewig bei uns einkehren, damit wir in das Reich Gottes gelangen und fähig werden, unserer Familie, unseren Freunden und der ganzen Menschheit etwas Gutes und Schönes zu bringen!

Paris, den 12. November 1938

Teil 2

Die Schlange in der Genesis

Freier Vortrag

Die Erbsünde* ist eines der am schwierigsten zu verstehenden Themen überhaupt. Worin bestand die Ursünde? Es liegt noch immer vieles im Dunkeln bei diesem Thema. Ich weiß nicht genau, wie die christlichen Theologen diese Frage erklären, ich kenne jedoch die Auslegung der Kabbala, und meiner Meinung nach ist sie die genaueste und wahrhaftigste.

Moses, der Verfasser der Genesis, war ein großer Eingeweihter; der Beweis dafür ist, dass er die Fähigkeit besaß, die Kräfte der unsichtbaren Welt auszulösen, um Wunder zu vollbringen. Ihr kennt die Schöpfungsgeschichte: Gott erschuf Himmel und Erde, dann den ersten Mann und die erste Frau, denen Er untersagte, von den Früchten eines Baumes zu essen, der im Garten Eden wuchs, dem Baum der Erkenntnis des Guten und des Bösen… Moses hat damit eine symbolische Geschichte geschrieben, die Wahrheiten enthält, die zu den tiefgründigsten der Einweihungslehre zählen. Alles in der Genesis ist symbolisch zu verstehen, und nicht nur in der Genesis, sondern auch

* Anmerkung des Herausgebers: Hinsichtlich eines so bedeutenden Themas wie die Erbsünde, haben wir den Vortrag von 1938 durch zwei weitere Vorträge vervollständigt, die diesem ersten mehrere Jahrzehnte später folgten.

in vielen anderen Büchern des Alten Testamentes. Moses hatte die symbolischen Aspekte des Lebens in der Natur erforscht, und durch das Bild vom ersten Mann und der ersten Frau, die in einem Garten lebten, in dessen Mitte Bäume wuchsen – wobei sie von dem einen Früchte essen durften und vom anderen nicht – wollte er psychische und spirituelle Gegebenheiten von größter Bedeutung ansprechen.

Adam und Eva lebten also im Paradies und durften nur Früchte vom Baum des Lebens essen. Nun, warum wurde dann auch der andere Baum erschaffen? Gott tut niemals etwas ohne Grund, ohne Vernunft, warum also hatte Er diesen Baum der Erkenntnis des Guten und des Bösen erschaffen? Um die ersten Menschen in Versuchung zu führen? Denn wie ihr wisst, genügt es, dass etwas verboten ist, damit man Lust bekommt, es auszuprobieren. Sagt nichts zu eurem Kind und es wird keine Dummheit machen; aber sagt zu ihm: »Das darfst du nicht machen!«, und schon wird es genau das tun… Weil ihr es ihm verboten habt! Gleich werdet ihr sehen, wie tief greifend und vielschichtig diese Frage ist.

Viele Leute suchten das Paradies auf Erden und stellten sich vor, es müsse am anderen Ende der Welt liegen, in Indien, in Amerika oder in Afrika und machten sich vergeblich auf die Suche danach. Das Paradies war selbstverständlich auf der Erde, aber um welche Erde handelt es sich? Alles ist symbolisch zu verstehen, ihr werdet gleich sehen. Ich werde euch natürlich nicht alles sagen, das ist unmöglich, denn das ist ein zu umfangreiches Thema, diese Geschichte vom ersten Mann und der ersten Frau, aber ich beginne mit den beiden Bäumen. Man darf durchaus annehmen, dass dieser Baum des Lebens ebenso Früchte trug und Adam und Eva jeden Tag davon aßen. Wie viele Mahlzeiten nahmen sie zu sich? In der Geschichte steht nichts darüber, jedoch aßen sie sich sicher satt, denn dieser Baum besaß die Eigenschaft, sie unsterblich zu machen.

Das Leben von Adam und Eva sah also so aus, dass sie sich von diesem Baum ernährten und alles erforschten, was Gott erschaffen hatte. Jeder von ihnen war sogar auf seinem Gebiet zu einem großartigen Experten geworden. Eva, die Pflanzen sehr liebte, wurde zur Botanikerin; sie ging ständig zwischen den Bäumen und Blumen spazieren! Deshalb kam sie oft an diesem berühmten Baum der Erkenntnis des Guten und des Bösen vorüber. Und Adam beschäftigte sich mit den Tieren. In der Genesis heißt es, dass Adam jedem Tier einen Namen gab. Alle, welche die Einweihungswissenschaft nicht kennen, stellen sich vor, dass die Tiere alle hintereinander aufmarschierten und Adam ihnen irgendeinen Namen gab, einfach so, damit die Arbeit erledigt war. Ganz und gar nicht! Tatsächlich hatte er alle Tiere erforscht; ihre Größe, ihre Form, ihre Farben, ihre Verhaltensweisen, ihre Schwingungen. Und für jedes von ihnen fand er genau den Namen heraus, der zu ihm passte, gemäß den Entsprechungen zwischen seinen Emanationen und den kosmischen Einflüssen.

Was Eva betraf, die ständig mit den Pflanzen lebte, sie war beinahe zu einer Blume geworden. Ihr entströmten dieselben Düfte und überall, wo sie ging, erfüllte sie die Atmosphäre mit Wohlgeruch. Sie war wie ein Garten. Wenn man sich mit Blumen, mit blühenden Pflanzen beschäftigt, ist das normal; man wird beeinflusst und es gelingt einem beinahe, sich mit ihnen zu identifizieren. Aber nach dem Sündenfall, als Adam und Eva dem Befehl Gottes zuwidergehandelt hatten, verloren sie viel von ihrem Wissen und ihren guten Eigenschaften. Neben vielen anderen Dingen verlor Eva ihren Duft, ihren größten Zauber. Sie war kein blühender Garten mehr und musste die Pflanzen darum bitten, ihr das Verlorene zu geben. Bis heute sind bei den Frauen noch Spuren dieser Beschäftigung Evas geblieben. Frauen lieben die Beschäftigung mit Blumen und Pflanzen, und sie fühlen sich mit dem Pflanzenreich verbunden. Und sie parfümieren sich so gerne, weil sie sich daran erinnern, wie sie in der Vergangenheit waren, wie köstlich, wie zauberhaft; und sie möchten diesen Zustand gerne wiederfinden. Aber da sie diesen innerlichen Duft verloren haben, verwenden sie künstliche Parfums. Die Menschen tun viele Dinge unbewusst, ohne die Ursache dafür zu kennen, ohne dass sie wissen, dass jede Geste, jedes Verhalten und die Art und Weise, wie sie es tun, von einer fernen Vergangenheit spricht und Zeugnis ablegt und genau erklärt, woher sie kommen und was sie gemacht haben. Ich kann euch sagen, auf welche Weise es möglich ist, den alten Zustand des Paradieses wiederzufinden, aber ihr glaubt mir vielleicht nicht und denkt, das alles seien meine Erfindungen… Nein, was ich euch sage, sind nicht meine Erfindungen!

Aber kommen wir zum Baum des Lebens zurück. Er ist das Symbol für eine Wirklichkeit, die irgendwo im Universum existiert, aber auch gleichzeitig im Inneren des Menschen. In der einen oder anderen Form können wir ihn finden. Die Menschen haben jedoch bereits vergessen, dass sie von den Früchten dieses Baumes essen können. Seit sie von einem Engel mit einem flammenden Schwert aus dem Paradies verjagt wurden, wie es in den Schriften heißt, konnten sie nicht mehr dorthin zurückkehren, um sich von diesem Baum des Lebens zu nähren und weiterhin in den Genuss des ewigen Lebens zu kommen. Diesen Baum gibt es wirklich, und auch den anderen, den Baum der Erkenntnis des Guten und des Bösen. Es gibt sie als kosmische Realität, aber es gibt sie auch als psychische Realität im Menschen.

Es gibt zahlreiche Möglichkeiten der Auslegung der biblischen Erzählung. Eine dieser Auslegungen besteht darin, aufzuzeigen, wie diese Geschichte im Menschen selbst abläuft, in seiner Seele, in seinen Bewusstseinszuständen, in der Art und Weise, wie er sich manifestiert. Man kann alles wiederfinden im Menschen, alles stimmt perfekt überein. Wenn ihr die Geduld habt, werdet ihr feststellen, wie diese Geschichte aus ferner Vergangenheit sich jeden Tag in eurem Leben wiederholt. Ja, die Menschen erleben sie jeden Tag aufs Neue, es ist eine reale

Geschichte, eine ewige Geschichte und auch eine alltägliche Geschichte. Wer glaubt, sie gehöre einzig der Vergangenheit an, der kommt nicht sehr weit.

Der Mensch trägt in sich selbst dieses Paradies, aus dem er verjagt wurde, um auf die Erde geschickt zu werden. Aber auf welche Erde? Wenn man diesen Ort als »irdisches« Paradies bezeichnet, so deshalb, weil der Mensch bereits auf der Erde war; und wenn also in der Geschichte steht, dass er »auf die Erde« geschickt wurde, um welche Erde handelt es sich dann? Die Kabbala lehrt, dass es sieben Erden gibt. Sie gibt ihre Namen an, ihre besonderen Eigenschaften von der dichtesten bis zur feinstofflichsten; und diese Erde, auf der wir leben, ist noch nicht die letzte Erde. Es gibt andere Erden, die noch viel schlimmer sind, aber es gibt auch noch andere, wunderbare, nämlich jene, von denen die Menschen verjagt wurden.

Was weiß man von unserer Erde? Nicht viel. Man weiß nicht, dass sie auch noch eine feinstoffliche, ätherische Ebene besitzt. Wie ihr seht oder vielmehr, wie ihr nicht seht, durchwandert die Erde den Raum, und manchmal legt sie die Hände auf den Rücken und manchmal legt sie sie auf den Bauch…, sie geht einfach spazieren! Und sie bewegt sich voran, umgeben von etwas, von dem sie sich niemals trennt und das man Atmosphäre nannte. Die Atmosphäre hat mehrere verschiedene Schichten, und die Wissenschaft ist dazu aufgerufen, noch viele Entdeckungen hinsichtlich der höchsten Schichten und der Beschaffenheit der Gase zu machen, aus denen sie zusammengesetzt sind. All die Strömungen, die von den Sternen kommen, die kosmischen Strahlen, wie man sie nennt, müssen die Atmosphäre durchqueren, um bis zu uns zu gelangen. Deshalb kommen sie alle bei uns mehr oder weniger verändert an, je nach der Zusammensetzung der verschiedenen atmosphärischen Schichten, die sie durchquert haben und dem Ort, an dem die Geschöpfe sie aufnehmen. In jedem Fall bildet die Atmosphäre einen Schutz für die Erde, so wie eine Aura oder eine Haut, eine ziemlich dicke Haut, die mehrere hundert Kilometer dick ist.

Die Eingeweihten jedoch, welche die Augen dafür haben, etwas besser sehen zu können als die Mehrzahl der Menschen, haben die Frage studiert und entdeckten, dass ähnlich dieser Atmosphäre noch eine zweite existiert, mit der die Erde ebenso den Raum durchwandert, und die nichts anderes ist als ihr Ätherkörper. Genau diese Atmosphäre, lichtvoll, rein und feinstofflich, stellt die wahre Erde dar, von der in der Genesis die Rede ist, der Erde, so wie Gott sie erschaffen hat. Die wahre Erde ist nicht diese Erde hier, wie wir sie berühren, verfestigt und verdichtet. Die wahre Erde ist die ätherische Erde. Das war die Region, in die Gott die ersten Menschen stellte, damit sie dort lebten. Sie hatten also noch keinen plumpen, schwerfälligen, glanzlosen, dichten Körper wie heute, sondern einen feinstofflichen, strahlenden, leuchtenden Körper. Mit diesem lebten sie im Paradies, und mit diesem Körper konnten sie ewig leben. Aufgrund ihrer Reinheit kannten sie weder Leid noch Krankheit noch Tod.

Und wisst ihr, dass dieses Paradies immer noch existiert, dass es niemals aufgehört hat zu existieren? Obwohl man es nicht sieht, ist es überall, jedoch im feinstofflichen Bereich der Materie, denn es ist materiell; ja, die ätherische Ebene ist materiell. Und auch der Baum des ewigen Lebens existiert, er steht noch immer in diesem Paradies. Dieser Baum steht für den Lebensraum, in den die Menschen eingetaucht waren und wo sie ihre Nahrung fanden. Genau so wie die Fische, die im Wasser leben, das sowohl ihr natürliches Milieu als auch ihre Nahrungsquelle ist. Beim Schwimmen absorbieren sie das Wasser, das ihren Körper durchdringt und dort belebende Teilchen hinterlässt. Genau so verhielt es sich mit den ersten Menschen: Sie lebten in der ätherischen Substanz und ernährten sich davon. Diese ätherische Substanz hielt das Licht und die Reinheit ihres Lebens aufrecht. In Wirklichkeit war der Baum des Lebens kein

Baum wie man ihn sich vorstellt, sondern ein Strom, ein Strom, der von der Sonne kam; und Adam und Eva nährten sich von den Strahlen der Sonne, die diese Region durchdrangen. Der Baum des Lebens, das war die Sonne!

Und da auch wir nach dem Modell der ersten Menschen erschaffen wurden, haben wir dieselbe Struktur beibehalten, und deshalb besitzen wir in unserem Inneren auch immer noch die Möglichkeit, diese Strahlen der Sonne aufzunehmen, die Früchte des Lebensbaumes zu essen und ins Paradies zurückzukehren oder, so wie es in der kabbalistischen Philosophie heißt, uns mit Gott zu vereinen, wieder zu Gott zurückzukehren, mit Ihm eins zu werden. Alle Religionen, ob alt oder modern, haben ihre eigene Sprache, ihre besondere Art und Weise, sich auszudrücken, aber alle sprechen von dieser Rückkehr in Gott, von dieser Rückkehr zur »Causa Prima«. Sie verwenden unterschiedliche Ausdrücke dafür, doch das ist nicht von Bedeutung, sie sprechen alle von derselben Wirklichkeit.

Und was ist nun mit dem Baum der Erkenntnis des Guten und des Bösen? Er stellt einen anderen Strom dar, der ebenso das Paradies durchquerte, und eben dieser ist die niedere Erde. Die Erde besitzt sieben Zustände, der letzte ist der gröbste, der dichteste, der dunkelste. Gott sprach zu den ersten Menschen: »Untersucht und erforscht in dieser Region alles genau, der Augenblick, diesen Bereich des Lichtes zu verlassen, um nach den Wurzeln der Schöpfung zu suchen, ist für euch jedoch noch nicht gekommen. Lasst dieses Thema vorerst beiseite, versucht nicht, sofort alles zu erkennen.« Von dem Augenblick an, in dem dieser Baum existierte, konnte man ihn nicht einfach entfernen. Ihr könnt auch nicht einfach die Gedärme, die Leber oder die Milz von jemandem entfernen. Der Mensch besteht aus zwei Regionen: dem Baum des Lebens, oben, und dem Baum der Erkenntnis des Guten und des Bösen, ein wenig weiter unten, dort wo die Wurzeln aller Dinge liegen. Gott wusste sehr wohl, dass Seine Geschöpfe noch nicht dafür bereit waren, diese Bereiche zu erforschen.

Ihr erwidert: »Aber hatte Gott die ersten Menschen denn nicht vollkommen erschaffen?« Er dachte daran, sie vollkommen zu erschaffen, Er hatte das Muster dafür, aber Er hat es nicht verwirklicht. Der Beweis: Er hat sie erschaffen wie Kinder, dazu bestimmt zu wachsen und sich zu entwickeln, bis sie so werden wie Er. Bevor sie jedoch so werden wie Er, mussten sie durch einige Prüfungen hindurchgehen. Der Herr misstraute diesen Geschöpfen ein wenig und Er sagte sich: »Man muss sie ein bisschen schmoren lassen, und wenn sie dann wirklich reif sind, den Höhepunkt ihrer Entwicklung im Wissen, in der Liebe und in der Güte erreicht haben, dann werden sie so sein wie Ich.« Es heißt am Anfang der Genesis: »Gott sprach: Lasst uns den Menschen schaffen nach unserem Bilde, nach unserem Abbild. Ihr seht, zwei Worte: Bild und Abbild; nichts wurde dem Zufall überlassen. Moses hätte keine unnützen Worte verwendet. Er hat sie alle abgewogen und kalkuliert: »Bild« und »Abbild«. Weiter hinten fügt er für diejenigen, die lesen können, hinzu: »Und Gott schuf den Menschen zu seinem Bilde, zum Bilde Gottes schuf er ihn… Und wo bleibt das Abbild? Hat der Herr es vergessen oder machte sich Moses einen Spaß daraus, denselben Satz zwei Mal zu wiederholen? Jeder Begriff, jeder Ausdruck hat einen sehr tiefgründigen Sinn.

Wir haben bereits gesehen, was die sechs Tage der Schöpfung bedeuten. Es heißt, Gott erschuf die Welt in sechs Tagen; und das Außergewöhnliche daran ist, dass jeder Tag am Abend begann: »Da ward aus Abend und Morgen der erste Tag … Da ward aus Abend und Morgen der zweite Tag«, es ist jedoch nirgendwo die Rede von der Nacht. Man kann sich sogar fragen, was diese Abende, Tage und Morgen bedeuten, wo es doch weder Sonne noch Mond schon gab, weil sie erst am vierten Tag erschaffen wurden. Das beweist, dass Moses große Kenntnisse besaß, sie aber absichtlich auf diese mysteriöse Weise ausdrückte, um die Studierenden zum Suchen zu veranlassen.

Aber was war an diesem Baum der Erkenntnis des Guten und des Bösen, dass er so schrecklich war? Die Früchte dieses Baumes besaßen so stark koagulierende, zusammenziehende Kräfte, dass die ersten Menschen dem nicht standhalten konnten. Dieser Baum stellte den Strom »coagula« dar, und der Herr wusste sehr wohl, dass dieser Strom die Qualität des Bewusstseinszustandes von Adam und Eva verändern würde, sobald sie mit ihm in Berührung kämen. Und genau das geschah. Bei der Berührung mit diesem zusammenziehenden Strom wandelte sich die Materie ihrer Körper; sie begann dicht, dick, lichtundurchlässig und finster zu werden. Dadurchdass Gott den ersten Menschen verbot, von diesen Früchten zu essen, das heißt, diesen Strom zu erforschen, diese Kräfte der Natur auszuprobieren, wollte Er sie vor dem Tod bewahren. Natürlich wurden sie unsterblich erschaffen, sie konnten nicht sterben und sind auch nicht daran gestorben, dass sie von den Früchten des Baumes der Erkenntnis des Guten und des Bösen aßen, doch sie starben, was ihren lichtvollen, reinen und ätherischen Zustand betrifft und wurden lebendig für eine andere, finstere und schwere Seite. Sie wurden von den niederen Schichten der Erde angezogen, und sie mussten also dieses Reich verlassen, dieses Paradies, in dem sie in Leichtigkeit, in Licht und Freude lebten und mussten auf diese Erde hinuntersteigen, wie wir sie heute kennen. Wir haben also die erste Erde verlassen, auf der wir lebten und sind deshalb heute auf dieser Erde...

Der Baum der Erkenntnis des Guten und des Bösen stellt also den Strom »coagula« dar, während der Baum des Lebens den Strom »solve« darstellt, der alle Dinge feinstofflicher, subtiler, macht. Wenn ihr ihn zu benutzen versteht, verwandelt sich alles, was ihr anseht, alles, was ihr esst, alles, was ihr lebt in Licht. Die ersten Menschen waren demnach Schöpfer: Alles, was sie berührten, vergeistigten sie. Als sie jedoch das Gesetz Gottes übertraten, stürzten sie in eine Region, die den Gesetzen des Zerfalls und der Auflösung unterworfen war. Auf diese Weise lernten sie Krankheit, Leid und Tod kennen, jedoch nur den Tod des Körpers, nicht den des Geistes.

Und wer war nun die Schlange, die Eva verführte, diese seltsame Schlange, die sprechen und so intelligente Dinge sagen konnte? Wir treffen hier auf das Symbol der Schlange, das sehr bedeutsam und tiefgründig ist. Man findet sie in allen Religionen wieder: in Japan in Form des Drachens, in Indien, wo manche sie im Aspekt der Kobra anbeten; es gibt sogar Weise, die man »nagi« nennt, was Schlangen bedeutet, und viele Skulpturen und Malereien, die »naginis« darstellen, das heißt Geschöpfe, die den Kopf und die Brust einer Frau haben, während der Rest ihres Körpers eine um eine Säule geschlungene Schlange darstellt. Das Symbol der Schlange ist so weitreichend und tiefgründig, dass man allein damit ganze Bände füllen könnte. Übrigens hat ein bekannter Okkultist, Stanislaus de Guaita, drei ganze Bände nichts anderem als nur der Schlange aus der Genesis gewidmet. Und er ist nicht der Einzige. Alle Eingeweihten aller Epochen beschäftigten sich eingehend mit der Schlange und zogen es sogar vor, nicht offen darüber zu sprechen. Dieses Symbol der Schlange stellt sehr unterschiedliche Wirklichkeiten dar: die Kundalini-Kraft, das Böse, den Teufel oder auch das magische Agens, das alle Dinge vom Himmel zur Erde und von der Erde zum Himmel weiterleitet.

Die Eingeweihten halten die Schlange nicht für ein gänzlich negatives Symbol: Nur ihr niederer Teil ist finster und dunkel, ihr höherer Teil jedoch ist lichtvoll. Das mag einige Christen irritieren, und ich werde dieses Thema nur streifen, um euch nicht zu beunruhigen. Diese Schlange ist also das magische Agens, das sowohl das Gute als auch das Böse übermittelt. Es ist das »ätherische Licht« wie es Eliphas Levi nennt, das, wenn es von Unreinheiten durchdrungen ist, von schädlicher Wirkung ist, wenn es jedoch mit den lichtvollsten Gedanken von Heiligen und Propheten durchdrungen ist, diese bis zum Thron Gottes weiterleitet.

Die Schlange ist also lichtvoll in ihrer oberen Hälfte und finster in ihrer unteren Hälfte. Im Sohar, dem »Buch des Glanzes«, findet man ein Bild, das einen weißen, lichtvollen, sehr harmonischen Kopf darstellt, der sich unten widerspiegelt, im Abgrund, im Ozean der lichtundurchlässigen Materie und dort das Aussehen eines schwarzen, abscheulichen Kopfes hat. Das ist der Schatten Gottes. Doch ich möchte diese Dinge lieber für später aufheben, damit ihr dann besser darauf vorbereitet seid und sie verstehen könnt.

Die Schlange oder der Drache sind also ein Symbol für dieses magische Agens, das man auch astrales Licht nennt, welches das gesamte Universum durchdringt, bis hinauf zu den Sternen und ebenso die guten wie die schlechten Emanationen weiterträgt. Manchmal wird es auch dargestellt als großer Eingeweihter, der auf einem Feuer speienden Drachen sitzt und den Raum durchquert. Diesen Drachen musste der Eingeweihte zunächst unterwerfen, ihn zähmen, ohne ihn zu töten. Selbst Erzengel Michael darf den Drachen nicht töten. In der Apokalypse heißt es, er wird ihn nur binden für tausend Jahre. Weshalb? Weil der Drache eine absolut notwendige Kraft ist; nur die Menschen wissen nicht, wie sie sich ihrer bedienen sollen.

Seht euch die Märchen an. Man darf nicht vergessen, dass die Märchen von Eingeweihten geschaffen wurden, die eine umfassende Lehre dort hineingelegt haben. Ihr kennt die Erzählungen, die von einem verzauberten Schloss berichten, in dem der Drache eine Prinzessin inmitten von unermesslichen Schätzen gefangen hält. Zahlreiche Ritter tauchen auf, um den Drachen zu besiegen, die Prinzessin zu befreien und die Schätze mitzunehmen. Aber alle werden vom Drachen besiegt, getötet und verschlungen. Und am Ende kommt ein junger Ritter, dem ein Magier oder eine Fee Waffen gegeben hat, die ihn unverwundbar machen: den Schild der Wahrheit oder das Schwert der Willenskraft. Selbstverständlich besiegt der Ritter am Ende den Drachen, bemächtigt sich der Schätze, flieht mit der Prinzessin, und das oft noch auf dem Rücken des Drachen, der sich in einen gehorsamen Diener verwandelt hat.

Das magische Agens, die Schlange, ist ein guter Mittler, es übermittelt treu die Gedanken und Gefühle der Menschen. Aber da die Atmosphäre, die sie umgibt, von all ihren schlechten Trieben und Begierden durchdrungen ist, formt sich darin ein schreckliches Egregorium. Der Teufel ist nichts anderes als dieses Egregorium. Wir beklagen uns darüber, dass er sich an uns festbeißt, und dabei bieten wir ihm ständig neue Köder an. Würden die Menschen ihn nicht weiter stärken, wäre der Teufel schwach, er würde niemals jemandem etwas Böses antun und wäre ein Diener.

Tatsächlich können zu weit gehende Enthüllungen bezüglich der Natur des Bösen gefährlich sein, weil man dabei riskiert, die Menschen zu beunruhigen. Aber dennoch entsprechen die herkömmlichen Ansichten, die man ihnen über das Gute und das Böse eingetrichtert hat, nicht der Wahrheit. Lest in der Bibel das Buch Hiob. In diesem Buch wird unter anderem berichtet, wie der Teufel an der Versammlung der Söhne Gottes teilnahm. Ich weiß nicht, wie die Kirche dies interpretiert, sie, die so oft die Gläubigen mit dem Teufel in Angst und Schrecken versetzt hat; doch Satan in Person nahm an dieser Versammlung teil, und, meine Güte, damit er daran teilnehmen durfte, musste er schon einen gewissen Rang einnehmen, denn man empfängt nicht jedermann bei dieser Versammlung. Der Herr hätte ihn vernichten können, doch Er hat es nie getan, weil der Teufel nützlich ist und Dienste erfüllt, auch er ist ein Diener Gottes. Im Buch Hiob spricht Gott den Satan sogar direkt an. »Schrecklich!« werden die Kirchenleute sagen. Aber ja, Gott richtet das Wort an Satan, Er behandelt ihn nicht als Feind. Wie kleidete sich Satan zu dieser Gelegenheit? Ich weiß es nicht, vielleicht hatte er aber ein anderes Gesicht und trug andere Kleidung, um in dieser Versammlung aufzutreten. Wäre dem nicht so, warum würde man ihn dann Luzifer, Träger des Lichtes, nennen?

Also, so heißt es im Buche Hiob, richtet Gott das Wort an Satan und sagt zu ihm: »Nun, was hast du bei deinem Spaziergang auf der Erde gesehen? Hast du meinen Diener Hiob getroffen? Es geht ihm gut, nicht wahr? Was sagst du dazu?« – »Oh ja, ›gut‹ wie man eben so sagt«, antwortet Satan. »Es geht ihm ›gut‹, weil Du ihm alles gegeben hast (Ja, er duzt selbst den Herrn!). Er ist reich, er hat schöne Kinder, Häuser, Diener, es fehlt ihm an nichts, er verfügt über Gesundheit, Schönheit, Wissen, da muss es ihm ja ›gut‹ gehen.« – »Ach, glaubst du?« – »Natürlich, davon bin ich überzeugt. Wenn Du mir aber erlaubst, ihn ein paar kleinen Prüfungen zu unterwerfen, wirst Du Deinen Hiob schon sehen!« Ihr seht mit welcher Kühnheit Satan das Wort an den Herrn richtet. Er spricht ohne Umschweife zu Ihm, und Gott lässt ihn nur gewähren, weil Er Gründe dafür hat. Es ist die Aufgabe des Teufels, die Menschen zu versuchen und zu prüfen. Die anderen Engel haben andere Aufgaben, doch für diese Aufgabe gibt es keinen anderen, also nimmt sie der Teufel auf sich. Und Gott hat ihm die Befugnis dazu erteilt.

Doch ich fahre fort mit der Geschichte. Der Teufel spricht: »Wenn ich ihm seine Reichtümer und seine Kinder nehme, wird er sich gegen Dich auflehnen, und Du wirst sehen, dass er nicht mehr so ›gut‹ sein wird.« – »Gut«, antwortet der Herr, »versuche es, aber nimm ihm nicht das Leben.« Alles Weitere kennt ihr. Ihr kennt alles Unglück, das Hiob zustieß. Er verlor alles, was er hatte: seine Kinder, seine Herden, seine Häuser und so fort. Er lehnte sich jedoch nicht auf. Einige Zeit später fand eine weitere Versammlung der Söhne Gottes statt, und der Herr sprach zu Satan: »Nun, du siehst, du hattest keinen Erfolg, Hiob bleibt mir treu.« – »Oh, ich hatte deshalb keinen Erfolg, weil er immer noch im Besitz seiner Gesundheit ist. Nehme ich ihm diese weg, dann wird er sich auflehnen.« – »Gut, versuche es«, sprach der Herr, »aber nimm ihm nicht das Leben.« Ihr merkt, dass Gott ihm nicht alles erlaubte; und der Beweis dafür, dass der Teufel die Anordnungen Gottes respektiert, ist, dass er auch dieses Mal gehorchte. Hiob durchlebt also schreckliche Leiden: auf einem Misthaufen, den Körper mit Geschwüren bedeckt, verlassen von allen und unverstanden von allen seinen Freunden… Aber er war am Leben, weil Satan treu die Anordnungen Gottes respektierte. Und am Ende, als Hiob gezeigt hatte, dass er ohne sich aufzulehnen solche Prüfungen durchstehen konnte, gab Gott ihm alles zurück: seine Söhne und Töchter, seine Häuser, seine Tiere, seine Reichtümer, seine Gesundheit, und von allem mehr als zuvor. Und alle seine Freunde, die sich über ihn lustig gemacht hatten und ihn kritisiert hatten, kamen und verneigten sich vor ihm.

Nun, wie soll man diese Geschichte auslegen? In den Einweihungsschulen der Vergangenheit enthüllte man diese Mysterien nur den sehr weit fortgeschrittenen Schülern. Zu den anderen sagte man: »Auf der einen Seite ist Gott, das Gute, und auf der anderen der Teufel, das Böse. Sie befinden sich im ewigen Streit, ohne dass der Eine jemals den Anderen besiegt. Es gelingt weder dem Teufel Gott zu besiegen, noch Gott den Teufel zu besiegen. Also braucht der Herr, der Arme, uns, damit wir Ihm helfen!... Aber ja, seit ewigen Zeiten streiten sich Gott und der Teufel herum, packen sich an der Gurgel und schlagen sich. Und das Schlimmste ist, dass es den Menschen noch nicht gelungen ist, dem Herrn zum Sieg zu verhelfen… « Doch das ist eine unhaltbare Vorstellung!

Die Wirklichkeit sieht so aus, dass es in der Natur eine Kraft gibt, die wir nicht verstehen; sie wird dargestellt in Form einer sich um den Baum der Erkenntnis des Guten und des Bösen windenden Schlange und ist also ein mit der Erde verbundener Strom. Der Baum hingegen repräsentiert die niedere Erde als solche mit Bewohnern, die uns ein wenig einräuchern und uns Versuchungen schicken, um uns in die Irre zu führen und leiden zu lassen. Weshalb? Weil Gott dem Menschen misstraut und ihm so lange nicht glaubt, bis dieser durch Prüfungen gegangen ist und sein Diplom bekommen hat! Hat er einmal siegreich all diese Prüfungen überstanden, kann er diese furchtbare Schule, die Erde, verlassen und nach oben zurückkehren. Dann findet die Wiedereingliederung in den Schoß des Ewigen statt und er wird unsterblich. Aber wie kann man bis dorthin kommen? Genau das ist das Interessante. So viele Fragen stellen sich da, seht ihr?

Diese Kraft, die Satan genannt wird und die von so vielen Religionslehren als eine Kraft dargestellt wird, die Gott feindlich gegenüber steht und ohne Unterlass gegen Ihn Krieg führt, ist in Wirklichkeit eine Kraft, die man beherrschen muss, und die, einmal besiegt, zu einer der besten Dienerinnen wird. Die wahren Magier befehligen die Geister der Hölle, und diese gehorchen ihnen und bringen ihnen alles, worum sie bitten. Wer jedoch die Geister beherrschen will, bevor er sich selbst beherrschen kann, wird zu ihrem Opfer, er wird verfolgt und gebissen.

Wenn ihr die Tarot-Karten kennt, konntet ihr feststellen, dass die 15. Karte die Karte des Teufels ist. Stanislaus de Guaita hat die Tiefe dieses Arkanums verstanden, und er kommentiert ein Bild, das oben das strahlende, lichtvolle Gesicht eines siegreichen, allmächtigen Wesens darstellt und unten – gleichsam wie sein auf den Kopf gestelltes Spiegelbild – ein zerrissenes Wesen mit verzerrtem Gesicht und voller Wut, den Teufel. Beide zusammen bilden ein und dieselbe Wirklichkeit, die man auch mit zwei Dreiecken darstellen kann; nicht ineinander geschoben wie beim Siegel Salomons, sondern symmetrisch mit einer gemeinsamen horizontalen Basis. Diese Figur bedeutet, dass der Teufel und auch das magische Licht-Agens dieselbe Wirklichkeit darstellen, aber in verschiedenen Regionen. Dieses Symbol ist auch das Symbol für den Menschen, dessen unterer Teil schmutzig und abstoßend ist und dessen oberer Teil schön, himmlisch und göttlich ist: Für den Menschen hängt alles davon ab, mit welchen Kräften er arbeitet, in welcher Region er sich befindet und welche Elemente er berührt.

Nun, der Baum der Erkenntnis des Guten und des Bösen stand im Paradiesgarten und Eva ging dort spazieren… Da sie sehr neugierig war, wollte sie wissen, was das für ein Baum sei und sie prüfte ihn aus der Ferne, um sich ein Bild von ihm zu machen. »Oh, das ist schade«, sagte sie (ja, ich habe sie gehört!), »wir haben die Möglichkeit alles zu sehen, von allem zu kosten, doch das Einzige, was uns entgeht, ist dieser Baum, wir kennen ihn nicht«, und die Neugier nagte an ihr. Sie näherte sich ihm immer mehr, und je intensiver sie ihn betrachtete – ohne dass sie es wagte, ihn schon zu berühren – desto empfänglicher wurde sie für die Stimme der Schlange, das heißt für die irdische Strömung, die sehr schlau zu ihr sagte: »Aha, siehst du, du kennst nicht alles, du brauchst nur zu uns zu kommen, um Bescheid zu wissen.«

Denn die Schlange war kein einzelnes Wesen, sondern eine Gruppe von Geschöpfen, die Gott lange vor den Menschen erschaffen hatte, eine Generation von Engeln, Erzengeln, von Gottheiten, die vom Schöpfer den Auftrag hatten, in den Tiefen der Erde an den Metallen, den Kristallen, dem Feuer und so weiter zu arbeiten, an allen unterirdischen Schätzen, und eines Tages zu Ihm zurückzukehren, sobald sie ihren Auftrag erfüllt haben. Und in der Überlieferung heißt es …, (ja, die Überlieferung sagt das, nicht ich; ich für meinen Teil erfinde nichts; wenn ich von Zeit zu Zeit ein paar Ausschmückungen hinzufüge oder da und dort einige Dialoge, dann tue ich das nur, damit die Berichte etwas lebendiger werden, und daraus kann man mir keinen Vorwurf machen).

Also, die Überlieferung bekräftigt, dass Gott lichtvolle Wesen erschaffen hatte, eine ganze Hierarchie von Engeln und Erzengeln, die nach der Erfüllung ihres Auftrages in den Schoß des Ewigen zurückkehren sollten. Aber da sie frei waren, wollten einige von ihnen nicht zurückkehren, das Leben dort unten gefiel ihnen und sie weigerten sich, es aufzugeben. Das nannte man den Aufstand der Engel. Sie haben nicht oben revoltiert, im Himmel, sie revoltierten, als sie fern von Gott waren. Doch der Schöpfer wollte sie nicht zum Tode verdammen oder sie vernichten, Er sagte zu ihnen: »Bleibt dort unten, ihr werdet dort sehr viel lernen, und an dem Tag, an dem ihr genug davon habt, in Dunkelheit und Begrenzung zu leben, kommt zurück, Ich werde euch aufnehmen.« Ja, Er gab selbst den am tiefsten gefallenen Geschöpfen die Möglichkeit, auf der hierarchischen Leiter nach oben zu steigen. Seht ihr, so zeigt sich Gottes Liebe. Wenn Gott Liebe ist, wie könnte Er sich dann auf ewig weigern, diejenigen bei sich aufzunehmen, die gesündigt und Verbrechen begangen haben, wenn sie zu Ihm zurückkehren wollen? Nein, das wäre pure Grausamkeit, das ist nicht möglich. Da er absolute Liebe ist, können sogar die Dämonen zu Ihm zurückkehren, wenn sie eines Tages genug gelitten haben. Denn in Wirklichkeit leben sie unter größten Entbehrungen!

Genauso wie die Bettler ihre Nahrung in den Mülleimern der Reichen suchen müssen oder manche Insekten, wie Fliegen und Käfer, sich von Exkrementen ernähren, genauso müssen manche Geister – da sie nicht die Möglichkeit haben, sich mit Licht und Reinheit zu sättigen – allen Schmutz essen, den die Menschen ausscheiden: Das ist ihre Nahrung. Da das nicht gerade ein schöner Zustand ist, leiden sie. Doch aufgrund ihres Hochmutes weigern sie sich, zum Herrn zurückzukehren. Dennoch bleibt die Tür für sie offen; sobald sie bereuen und aufhören, den Menschen zu schaden, werden sie sich wieder aufrichten und den Platz einnehmen, den sie verloren hatten. Und so wird Luzifer wieder zum Engel des Lichtes werden. Die Überlieferung berichtet, dass bei Luzifers Fall ein Stein aus seiner Krone fiel, ein riesiger Smaragd, und dass aus diesem Smaragd der Heilige Gral geformt wurde, der Kelch, der das Blut Christi aufnahm. Warum diese Verbindung zwischen Luzifer und Christus? …

Doch kommen wir zu den rebellischen Engeln zurück, die nicht zu Gott zurückkehren wollten. Sie hatten ein wunderbares Wissen und großartige Kenntnisse. Ihr Name wird in der Kabbala erwähnt, ich kenne ihn, möchte ihn jedoch nicht aussprechen. Für die anderen Bezeichnungen ist das nicht von Belang, spricht man jedoch den kabbalistischen Namen aus, dann verbindet man sich mit ihnen, und das ist nicht notwendig. Sie richteten also das Wort an Eva und sprachen zu ihr: »Wir verfügen über großes Wissen und wunderbare Kräfte; wenn dich das interessiert, dann komm zu uns, wir lehren es dich. Nur musst du uns ein Versprechen geben; wir drücken dir unser Siegel auf und du wirst in unsere Arkana eingeweiht, und dann sage Adam, er soll auch kommen.«

In der Genesis wird dieser Pakt, den Eva und die Schlange schlossen, so dargestellt, dass Eva den Apfel aß. Einen Apfel essen – soll das ein Verbrechen sein? Alle essen Äpfel. Die symbolische Seite daran ist jedoch das Interessante. Unter dem, wofür der Apfel steht, muss man eine ganze Lehre verstehen, die den ersten Menschen bis dahin unbekannt war. Die Schlange sagte zu Eva: »Gott verbietet euch, die Früchte dieses Baumes zu essen, weil Er weiß, dass ihr genau so mächtig werdet wie Er, wenn ihr davon esst, und das möchte Er nicht. Er sagte euch, ihr würdet sterben, aber das ist nicht richtig. Ihr werdet leben und Regionen kennenlernen, die euch bis heute unbekannt sind.« Also ließ sich Eva verführen, und laut Kabbala empfing sie zum ersten Mal und wurde schwanger. Das war die erste Einweihung.

Davor hatten Adam und Eva nicht diese Kenntnisse. Alle beide besaßen wohl den Baum der Erkenntnis des Guten und des Bösen, denn, wie ich euch sagte, der Baum steht im Paradies, und das Paradies steht auch für den Körper des Menschen. Doch sie aßen nicht von seinen Früchten und sie kannten nicht deren Eigenschaften. Die erste Einweihung von Adam und Eva bestand darin, mit den Kräften der Natur, die sie noch nicht kannten, Kontakt aufzunehmen, sich mit ihnen verbunden zu fühlen. Denn Eva, die davon begeistert war, berichtete Adam ganz schnell von ihrer neuen Erfahrung. Und da es in diesem Egregorium, das »Schlange« genannt wird, weibliche Wesenheiten gab (deren Name auch in der Kabbala genannt wird), wurde Adam von einem weiblichen Dämon eingeweiht. Er aß seinerseits von dieser Frucht. Eva wandte sich also zur einen Seite und Adam zur anderen: Ihre Einheit als Paar war gebrochen.* Ab diesem Moment begann die zusammenziehende, die coagulierende Kraft zu wirken, und sie, die bis dahin keine Scham darüber empfanden sich nackt zu sehen, weil ihre Körper aus Licht waren, sie schämten sich plötzlich ihrer Nacktheit, als sie sich so dicht, schwer und plump sahen. Sie wussten nicht mehr, was sie tun sollten und, so heißt es in der Bibel, »sie versteckten sich im Garten«. Doch wie soll man sich verstecken? Man kann den Augen Gottes nicht entgehen.

* Anmerkung des Herausgebers: In Bezug auf das Band, das Adam und Eva vor dem Sündenfall vereinte, und den Bruch dieses Bandes sagt Meister Omraam Mikhael Aivanhov in einem anderen Vortrag: »Vor dem Fall lebten Adam und Eva im Paradies im Licht und in der Liebe. Gott hatte sie erschaffen, damit sie mithilfe ihrer Aura so miteinander verschmelzen konnten, wie kein anderes Geschöpf es heute mehr tun kann auf der physischen Ebene, wo nur ein ganz kleiner Teil eines Wesens sich mit einem anderen Wesen verbindet und mit ihm in Einklang schwingt.
Ihr werdet mich besser verstehen, wenn ich euch ein Beispiel anhand der Farben nenne. Blau gemischt mit Gelb ergibt Grün. Rot gemischt mit Gelb ergibt Orange, und so weiter. All diese Mischungen sind harmonisch und die Farben, die sie ergeben, sind Symbole großer göttlicher Tugenden. Auf diese Art und Weise hatten Adam und Eva feinstoffliche Austausche und aus ihrer Verschmelzung entstanden andere Tugenden, andere Freuden: ihre Kinder. Doch die Schlange lehrte sie Rot und Grün, Orange und Blau, Gelb und Violett zu mischen, und so ergab sich fortan alles Unglück. Laut Kabbala sagte die Schlange zu Eva: »Eure Ehegemeinschaft ist vollkommen, ihr tauscht euch aus, ihr seid glücklich, doch ihr wisst noch nichts von der Unermesslichkeit der Schöpfung und dass man auf andere Weise eine Vereinigung erfahren kann.« Adam und Eva wussten in der Tat nicht, dass andere Teile ihres physischen Körpers sich austauschen konnten. Eva begann ihre Versuche mit Samael (dem Luzifer der Christen), einem Erzengel aus der Region von Mars, der an der Spitze einer Hierarchie von Wesen stand. Er unterwies sie in diesem Vorgehen. Und Eva war von dieser Einweihung so überwältigt, dass sie Adam davon erzählte. Auch er wollte es versuchen und vereinte sich mit einem anderen Wesen, mit der großen Verführerin Lilith. Aus diesen düsteren Vereinigungen sind Ungeheuer und Dämonen hervorgegangen, die heute noch existieren und die Menschheit heimsuchen. Vor dem Sündenfall hatte Gott Adam und Eva ermöglicht, Devas hervorzubringen, reine Geschöpfe, die immer noch leben und ihren armen gefallenen Eltern von Zeit zu Zeit helfen. Manche dieser Wesen, die uns helfen, sind Kinder der ersten Menschen, die den Nachkommen ihrer Eltern Unterstützung leisten wollen. Andere hingegen brachten nur Unglück auf die Erde.«

Eine populäre bulgarische Überlieferung berichtet von dieser Geschichte auf ihre Weise, und obwohl sie nicht ganz ernst zu nehmen ist, erzähle ich sie euch. Adam und Eva versteckten sich also in einiger Entfernung voneinander in den Büschen und Adam aß weiter an seinem Apfel. Der liebe Gott kommt, tut so, als wüsste Er von nichts und sagt zu ihm: »Oh, du bist es (er hieß noch nicht Adam). Was machst du hier?« Und er antwortete: »Jadam, Gospodi«, das heißt »Ich esse, Herr«. Die Unterhaltung fand auf Bulgarisch statt, das darf man nicht vergessen! »Ach ja?«, sagte der Herr, »nun, von heute an wirst du Adam heißen.« In flagranti überrascht, hatte er sich einen Namen gegeben. »Und wo ist deine Gefährtin?« – »Evea, Herr« (hier ist sie, Herr), antwortete Adam. »Gut«, sagte der Herr, »von heute an wird man sie Eva nennen.« Wie intelligent und genau die Bulgaren doch sind!

Man darf aber nun nicht glauben, Gott sei wütend gewesen, als Er sah, dass sie von dieser Frucht gegessen hatten. Wie hätte Er auch wütend sein können, das frage ich euch, Er, der die Liebe selbst ist? Er war auch nicht sonderlich überrascht, denn Er wusste im Vorhinein, was geschehen würde; und ohne Zorn sprach Er zu ihnen: »Nun gut, ihr habt das, was ihr haben wolltet, nun müsst ihr sehen, wie ihr damit zurechtkommt!« Als Er nach Hause kam, kratzte Er sich am Kopf, denn diese Geschichte machte Ihm doch etwas zu schaffen, und Er beschloss, Adam und Eva für einige Zeit auf die andere Erde zu schicken – auf die Erde, auf der wir uns befinden – um zu arbeiten, das Feld zu bestellen, ihr Brot zu verdienen, Krankheit und Tod kennen zu lernen, und er rief einen Engel, der ihnen ab sofort den Eintritt ins Paradies verwehren sollte. Auch wenn diese Erzählung einen symbolischen Gehalt hat, heißt das nicht, dass das nicht wahr ist: Die Menschen leiden, sind krank und verdienen ihr Brot im Schweiße ihres Angesichtes. Es gibt nur wenige Bevorzugte, die scheinbar diesem Schicksal entgangen sind.

Ihr beginnt langsam zu verstehen, was diese beiden Bäume bedeuten und was die Schlange darstellt? … Und warum hat Gott in diesem Moment die Schlange nicht vernichtet? Er sagte nur zu ihr: »Du wirst auf deinem Bauch kriechen«, und verlieh ihr wirklich eine sehr besondere Art der Fortbewegung, in der die Eingeweihten die Bewegung der kosmischen Elektrizität wiedererkennen, des Astrallichtes, das sich sinusförmig bewegt. Deshalb wissen sie, dass man die Schlange in der Genesis mit dem magischen Agens gleichsetzen kann, das den Baum der Erkenntnis des Guten und des Bösen umschlingt. Diese Schlange, das sagte ich euch bereits, ist nicht absolut schlecht: Sie schlängelt sich um diesen Baum, um zu zeigen, dass in ihr in ihrem oberen Teil das Gute enthalten ist und in ihrem unteren Teil das Böse. Je unreiner, ungerechter, verbrecherischer der Mensch ist, desto weiter entfernt er sich von Gott und steigt in die »schwarze« Schlange hinab, in die Schlange des Bösen, und desto mehr wird er gebissen, gemartert und gequält; und je reiner und lichtvoller er ist, desto mehr wird die Schlange im Gegenteil zu seiner Dienerin.

Ich gebe euch nun ein Bild, mit dessen Hilfe ihr die Zusammenhänge zwischen dem Guten und dem Bösen verstehen könnt. Ihr habt sicher schon einmal auf dem Lande ein kleines Mädchen gesehen, das in der Nähe des Dorfes die Kühe hütet. Es sitzt irgendwo und strickt, liest oder tut gar nichts. Zu seinen Füßen sitzt ein großer schwarzer Hund und sieht es voller Liebe an, bereit all das zu tun, was es von ihm verlangt. Die Kühe sind sehr artig und klug, versteht ihr, sehr friedlich, und alles ist in Ordnung. Doch da entfernt sich eine Kuh, um auf der Wiese des Nachbarn zu weiden. Das kann nicht gut gehen, das bringt Ärger! Das Mädchen schickt den Hund los: »Lauf, beiß sie!« Und der Hund steht gehorsam auf und stürzt sich bellend auf die Kuh, um sie ein bisschen in die Beine zu beißen. Natürlich läuft die Kuh, die Angst hat vor dem Hund, sofort auf das Feld ihres Herrn zurück und der Hund legt sich zufrieden wieder neben das kleine Mädchen. Einige Zeit später entfernt sich eine andere Kuh, und wieder schickt das kleine Mädchen den Hund los. Denn die Kühe haben nicht das Recht, die Regeln zu übertreten und ihre Wiese zu verlassen, auch wenn ihnen das Gras des Nachbarn noch so appetitlich zu sein scheint.

Genau dasselbe gilt für den Teufel. Übertreten die Menschen bestimmte Regeln, dann passiert ihnen dasselbe wie den Kühen, die auf die Wiese des Nachbarn gehen: Der Teufel stürzt sich auf sie. Ihr sagt: »Was? Sie vergleichen uns mit Kühen?« Warum nicht? Solange ihr artig auf dem Feld des Herrn bleibt, geht alles gut, doch sobald ihr euch in Regionen begebt, die euch untersagt sind, bekommen die anwesenden »Hunde« den Befehl, euch zu verfolgen, damit ihr wieder zurückkommt. Nun, da habt ihr die Prüfungen, die Leiden: Sie kommen, weil es da eine Übertretung gab. Wenn der Mensch rein ist, gibt es keinen Grund dafür, dass er von einem Unglück heimgesucht wird. Doch da er oft die Gesetze übertritt, auch ohne es zu wissen, kommt der große Hund. Er ist schwarz, er ist bissig, doch er gehorcht der Hirtin. Wird der Mensch jedoch zu einem wahren Diener Gottes, beißt der Hund ihn nicht mehr, obwohl er da ist, er stellt sich in seinen Dienst. All dies lehrt uns das wahre Einweihungswissen.

Wenn ihr Angst habt vor dem Teufel, dann siegt ihr niemals über ihn. Ihr dürft keine Angst haben. Warum fürchtet ihr euch vor etwas, was ihr selbst erschaffen habt? Anstatt Angst zu haben, sollte man sich besser dem Herrn zuwenden, sich nur auf Ihn einlassen und aufhören, sich mit dem Teufel zu beschäftigen. Wollt ihr nachprüfen, was ich euch sage? Dann befasst euch mehr und mehr damit, mit dem Herrn zu sprechen, in Harmonie zu kommen mit den Regeln, die Er aufgestellt hat und ihr werdet sehen, dass euch sogar der Teufel zu Diensten steht. Und wenn ihr zu ihm sagt: »Nun, mein Guter, wo sind die Schätze der Erde? Zeige sie mir«, so wird er euch ganze Waggons voll davon bringen, Rubine, Perlen, Gold..., jedoch nur unter der Bedingung, dass ihr eure Angelegenheiten mit Gott geregelt habt; sonst ist er schrecklich, er hat Zähne und Krallen; wirklich, der Teufel ist schrecklich, das muss man zugeben. Aber alles hängt von eurem Verständnis ab und von der Art und Weise, wie ihr arbeitet.

Das ist die wahre Philosophie der Einweihung, die seit der Erschaffung der Welt existiert; die großen Meister und großen Eingeweihten studierten und kannten sie, wagten es aber nicht immer, sie offen zu lehren, weil die Menschen nicht darauf vorbereitet waren, sie auch zu verstehen. Deshalb haben sie unterdessen manchmal unglaubliche Erklärungen in Umlauf gebracht, ein wenig so, wie wenn eine Mutter zu ihrem Kind sagt: »Man hat dich in einem Kohlkopf gefunden«, oder: »Der Storch hat dich gebracht«. Ihr seht, man erzählte den Menschen alle möglichen Geschichten, weil ihr Gehirn für diese Dinge noch nicht reif war. Man sagte ihnen, man hätte sie in einem Krautkopf gefunden. Aber da ihr erwachsener geworden seid, sage ich euch die Wahrheit: Man hat euch nicht in einem Krautkopf gefunden.

In der Vergangenheit zweifelten die Menschen nicht an der Lehre der großen Meister, sie glaubten absolut daran und wandten auch alles ohne Diskussion an; und sogar ohne es zu verstehen. Aus diesem Grunde wurden in den Heiligen Büchern viele Vorschriften ohne Erklärungen gegeben. »Macht dies«, »lasst jenes bleiben«, und die Leute akzeptierten es. Doch die Jahrhunderte gingen vorüber und eine andere Epoche folgte. Mit der Entwicklung des Intellektes akzeptiert es die Menschheit nicht mehr, ohne Erklärungen alles zu glauben, sie will wissen. Deshalb stehen die großen Wahrheiten des Einweihungswissens kurz vor deren Enthüllung. Schon seit mehreren Jahrzehnten hat die Universelle Weiße Bruderschaft beschlossen, bestimmte Wahrheiten zu enthüllen, weil unsere heutige Zeit danach verlangt, Licht in diese Fragen zu bringen.

Widmen wir uns nun der Frage, weshalb die Eingeweihten der Reinheit eine so große Bedeutung zumessen. Der Grund dafür ist, dass die Eingeweihten – nachdem sie das Leben der Tiere, das Leben der Pflanzen, Insekten und Menschen beobachtet, nachdem sie alle Phänomene der Natur, wie Regen, Feuer usw. studiert haben, aber auch nachdem sie andere Regionen, sowohl unter der Erde als auch auf anderen Planeten, erforscht haben – herausfanden, dass Reinheit die einzig wirksame Methode ist, ins Paradies zurückzukehren, unseren ursprünglichen Zustand* wiederzufinden. Denn das ist möglich. Die Rückkehr ist möglich. Denn das überlieferte Einweihungswissen dient dazu, Regeln und Vorschriften zu bringen, mit deren Hilfe wir ins Paradies, in den Schoß des Ewigen zurückkehren können. Es enthüllt die wahren Methoden für diese Rückkehr.

Der Mensch hat seine Krone verloren; vor dem Fall jedoch hatte er ein Antlitz, das alle lebendigen Wesen mit Respekt betrachteten. Alle Tiere gehorchten ihm aufgrund dieses Siegels und dieses Lichtes, das er auf dem Antlitz trug. Aber als er diese Krone verlor und dabei die Tiere bei seinem Fall mit sich zog, haben diese sich in zwei Gruppen geteilt. Manche, sehr stolz und hochmütig wie der Löwe und der Tiger, waren entrüstet und sagten: »Wir können es nicht akzeptieren, einem gefallenen Meister zu dienen. Wir können ihn nicht mehr respektieren. Wir rächen uns für das Böse, das er uns und allen Naturreichen angetan hat.« Da Adam und Eva sehr mächtig waren, hatte ihr Fall nicht nur Folgen für die Tiere, sondern für die ganze Natur; die Pflanzen waren nicht mehr so schön und wohltuend, manche fingen an, Dornen zu bilden und Gifte auszuscheiden. Also, ein Teil der Tiere hat den Menschen verlassen und hat sich in den Wäldern versteckt. Sie wurden zu Raubtieren. Andere blieben ihm treu und entschieden sich, ihm zu dienen, bis er von Neuem zu Gott zurückkehrt.

* Siehe Band 7 der Reihe Gesamtwerke »Die Reinheit«. Er behandelt die verschiedenen Aspekte der Reinheit.

Doch die Feindschaft, die die Tiere nach seinem Fall dem Menschen gegenüber empfanden, spiegelt sich auch in seinem inneren Leben wider: Solange der Mensch seine Krone nicht wiederfindet, werden die Raubtiere in seinem Inneren immer da sein, ihn verfolgen, ihn beißen, ihm sein Vieh wegfressen, seine Vögel, seine Schafe, seine Ziegen, seine Hühner und alles, was er besitzt. Sie stürzen sich darauf und verschlingen alles. Deshalb muss er gezwungenermaßen immer auf der Hut sein. Der Mensch wird in der Einweihungswissenschaft ein Mikrokosmos genannt, weil er eine Zusammenfassung aller lebendigen Reiche der Natur darstellt. Man findet in ihm die Steine, die Pflanzen und die Tiere, die guten wie die bösen. Doch wenn er seine Fähigkeiten wiedergewinnt und seine verlorene Autorität, werden die Tiere ihm nicht länger Böses antun und ihn wieder als Herrn anerkennen.

Um dem Menschen dabei zu helfen, seine Krone wiederzufinden, die er in ferner Vergangenheit besaß, dafür bietet unsere Lehre alle Methoden; so wie übrigens viele andere religiöse Lehren. Alle Religionen wurden geschaffen, um den Menschen zu seiner ursprünglichen Vollkommenheit zurückzubringen. Ihr Ziel ist dasselbe, nur die Methoden unterscheiden sich. Es ist wie beim Yoga: Alle verschiedenen Yoga-Arten haben zum Ziel, uns unsere alten Fähigkeiten und unsere Verbindung zur Gottheit wiederfinden zu lassen. »Yoga« bedeutet Einheit; das lateinische »religio« bedeutet Verbindung, Band. Es handelt sich immer um dieselben Wirklichkeiten in verschiedenen Formen. Alle Religionen lehren, dass die Rückkehr in den paradiesischen Zustand mit Reinigung, Disziplin, Askese beginnt, »sadhana«, wie man im Sanskrit sagt.

In den Paulusbriefen wird erwähnt, dass wir einen unvergänglichen Leib, einen Leib aus reinem Licht besitzen, den Glorienleib, den wir verloren haben und den wir in uns wiedererschaffen müssen. Mit diesem Leib, unserem ersten Lichtleib konnten wir in der Vergangenheit im Raum reisen, alles sehen, alles erkennen, außer den ganz niederen Regionen, denn aufgrund der Leichtigkeit dieses Körpers konnten wir nicht so weit hinuntersteigen. Seht euch die Heißluftballons an, wenn sie in geringer Höhe fahren sollen, muss man sie mit Ballast beschweren, sonst sind sie zu leicht und steigen sehr hoch. Ebenso ist es, wenn in euch Licht und Wärme abnehmen, die euch weit machen, dann sinkt ihr immer tiefer in Richtung der grobstofflichen Wirklichkeiten. Also müssen wir selbst diesen Lichtleib erschaffen, diesen Glorienleib, welcher der wahre Tempel Gottes ist, und in eben diesem Körper werden wir ewig leben. Wir werden nicht sterben. Wir werden alle Fähigkeiten wiedererlangen, die wir in der Vergangenheit besaßen: Die Tiere werden uns gehorchen und die Geister werden uns dienen. Alle Kräfte stehen dem zur Verfügung, dem es gelungen ist, seinen Glorienleib wiederzuerschaffen, denn er ist ein Sohn Gottes. Und in diesem Körper, nicht im physischen Körper, dort wird Gott dann wohnen.* Seinen Glorienleib erbaut der Mensch selbst. Deshalb sprach man in der Vergangenheit vom »Maurer«. Die Lehre der Maurer oder der Frei-Maurer, war ursprünglich eine geheime, tiefgründige und göttliche Philosophie, die lehrte, dass jeder Mensch seinen eigenen spirituellen Tempel erbauen muss, mithilfe von symbolischen Materialien und Werkzeugen, die man kennen musste und deren Anwendung man beherrschte. Ich gehe jetzt nicht näher darauf ein, was heute aus der Freimaurerei geworden ist, ob sie sich von ihrem ursprünglichen Ansatz entfernt hat, ob sie sich – wie viele andere – zu einer politischen Organisation gewandelt hat; ich weiß es nicht, das ist auch nicht mein Gebiet; es gibt übrigens eine Menge Literatur zu diesem Thema. Jedenfalls war die Freimaurerei anfänglich eine tiefgründige Philosophie, die lehrte, dass jeder Mensch seinen Tempel bauen muss, den Tempel des Neuen Jerusalem, von dem

* Siehe Band 9 der Reihe Gesamtwerke »Im Anfang war das Wort«, Kap 13 »Der Körper der Auferstehung«.

Johannes in der Apokalypse spricht, mit seinen vollkommenen Maßen, seinen mit Edelsteinen geschmückten Fundamenten, seinem Platz aus reinem Gold, wie durchsichtiges Glas und seinen zwölf Toren aus Perlen. In einem anderen Vortrag habe ich euch die Bedeutung der zwölf Tore dargelegt, wo sie sich befinden und was diese kostbaren Perlen und Materialien in Wirklichkeit bedeuten. Wir haben gesehen, dass das Neue Jerusalem im eigentlichen Sinn des Wortes keine Stadt ist, sondern ein symbolisches Gebäude, das den Menschen darstellt, euch selbst, meine lieben Brüder und Schwestern, den neuen Menschen mit seinen zwölf »Toren« aus Perlen, den Tugenden, mit Gott, der in ihm wohnt, dem Licht, das jegliche Finsternis vertreibt.*

Das Neue Jerusalem, das ist der Glorienleib, der Tempel, den jeder in sich selbst mit den Materialien und Werkzeugen aufbauen muss, die Gott ihm gegeben hat. Tag und Nacht, jedes Mal, wenn euch eine uneigennützige, großzügige, aufrichtige Begeisterung erfasst, jedes Mal, wenn ihr ein Gefühl von Liebe, Sanftmut, Güte, Demut, wenn ihr etwas Reines, Helles, Klares verspürt, bilden sich kleine Lichtteilchen, deren Schöpfer ihr seid und die am Entwurf des Tempels haften bleiben. Versteht ihr? Wir selbst fügen jeden Tag die Elemente hinzu, die diesem Entwurf einen Körper geben, so wie es in der Physik beim Vorgang der Galvanoplastik geschieht. Die Galvanoplastik besteht darin, dass durch Elektrolyse eine Metallschicht auf einen Gegenstand aufgebracht wird. Das Metall, das aufgebracht werden soll, zum Beispiel Gold, dient als Anode, der Gegenstand, der vergoldet werden soll, dient als Kathode und wenn man Strom von einem zum anderen fließen lässt, heften sich die Goldteilchen an den Gegenstand und bedecken ihn nach einer gewissen Zeit vollständig. Der Vorgang im Inneren ist derselbe. Ihr habt zunächst eine Idee, ihr formt ein Bild, ein Ideal, und dieses Ideal dient

* Siehe Band 7 der Reihe Gesamtwerke »Die Reinheit«, Kap. 1 »Die Tore des himmlischen Jerusalem«.

als Entwurf: Es ist bereits eine Zeichnung, die ihr in eure Seele und in euer Herz eingraviert, eine Zeichnung des Neuen Jerusalem, oder, wenn euch das lieber ist, des Reiches Gottes, der Vollkommenheit. Wenn ihr dieses Ideal jeden Tag aufrechterhaltet, über viele Jahre, ohne Unterlass, dann haftet und klebt alles, was an Gutem aus eurem Herzen kommt, all eure aufrichtigen und uneigennützigen Regungen an diesem Bild; und dieses Bild wächst, bildet und entwickelt sich weiter, bis zu dem Tage, an dem ihr endlich diesen Glorienleib geformt habt.

Jetzt erkennt ihr den Sinn einer Schule wie der unseren, den Grund der Einweihung. Und wenn Unwissende sich darüber lustig machen wollen, dann sollen sie das ruhig tun, doch die Wirklichkeit können sie niemals ändern. Wir wissen, was wir wissen. Es handelt sich um die größten Wahrheiten. Arbeitet also daran, dieses Ideal in euch zu formen, und arbeitet Tag und Nacht an ihm, um es aus euch selbst, aus eurem Fleisch und Blut, aus euren Emanationen und aus eurer Liebe zu erbauen; denn mit eurer Wärme und eurem Licht müsst ihr es erschaffen. Auf diese Weise wird euer Leben erfüllt und reich. Und verliert nicht den Mut. Macht weiter mit der Arbeit, bis es euch gelingt, eines Tages diesen ursprünglichen Zustand wiederherzustellen, in dem ihr einst lebtet, den paradiesischen Zustand. Dann aber wird es Tausende von kleinen Neuen Jerusalems geben, die das große Jerusalem bilden: Es wird eines Tages genauso aussehen wie eine große Stadt, aber eine Stadt, die aus lebendigen kleinen Städten besteht, mit ihren zwölf Perlentoren und den zwölf Fundamenten aus Edelsteinen. Alle gemeinsam bilden sie den materiellen Körper des Jerusalem von oben, des geistigen Jerusalem.

Wenn es heißt, dass das Neue Jerusalem vom Himmel herabsteigen wird, so muss man begreifen, dass ‚Himmel' für all das steht, was es an Reinstem im Kopf des Menschen gibt. Übrigens wirkt die Galvanoplastik in dieser Richtung: von oben nach unten, vom Kopf zu den Füßen.

Wird das jetzt klarer? Ihr seht nun, welche Arbeit der Himmel von euch erwartet: dass ihr euren spirituellen Tempel erbaut, durch ausdauernde, ununterbrochene Arbeit, indem ihr all das ausstrahlt, was es an Reinstem und Uneigennützigstem gibt. Die anderen Materialien kommen für diese Konstruktion nicht in Frage, das ist unmöglich. Dieses Jerusalem aus Blei, Lehm oder Schlamm erbauen zu wollen, das heißt aus Materialien, die von ganz unten stammen, die zerbrechlich, dunkel, verdorben sind, nun, das wäre nicht der Mühe wert, das gibt es schon, das ist schon erbaut. Nein, das wahre Jerusalem wird aus Materialien von reinster Uneigennützigkeit und wahrer Liebe erbaut: wenn ihr euch vollständig mit Körper und Seele in den Dienst des Herrn stellt, wenn ihr alle eure Gedanken, alle eure Gefühlsregungen, die euch überkommen, die lichtvollsten und reinsten, wenn ihr all das in den Aufbau dieses Körpers hineinlegt, der allmählich wächst.

Man kann diese Idee auch auf andere Weise ausdrücken, man kann sie die zweite Geburt nennen, die Geburt des göttlichen Kindes, des Christus. Ihr habt es empfangen, es wächst in eurem Inneren, und nun geht es darum, es mit euren reinsten Emanationen zu nähren. Paulus sagte: »Ach, wie habe ich mich bemüht, wie viel Ärger habe ich gehabt mit euch (seid nicht schockiert von meiner Übersetzung), bevor es mir gelungen ist, das Christuskind in euch zur Welt kommen zu lassen. Hinter diesem Satz verbirgt sich tiefes Wissen. Es handelt sich um eine symbolische Empfängnis, die zunächst oben stattfindet, im Kopf. Alle diese Ausdrücke, wie die zweite Geburt, das Christuskind, der Glorienleib, die Auferstehung, weisen immer auf dieselbe Realität hin, auf dasselbe spirituelle Ereignis. Sie bedeuten, dass jeder von uns dazu aufgerufen ist, zum Maurer zu werden, aber zu einem wahren Maurer, fähig, die kostbarsten Materialien aus sich herauszuholen, um seinen Körper der Unsterblichkeit zu erbauen.

Die Überlieferung berichtet, dass Salomon den Tempel von Jerusalem nach den Vorgaben seines Vaters David erbaute, in Bezug auf den Plan und die Maße sowie die Modelle aller Gegenstände, die er enthalten sollte. Salomon bat also Hiram, den König von Tyros, ihm kostbare Hölzer zu schicken: Zedern, Zypressen und Sandelholz. Diese Überlieferung bedeutet, dass Salomon auch die Einweihungen der Phönizier studiert hatte, während die Königin von Saba ihm das Wissen der Äthiopier brachte. Doch es ist überall dasselbe Einweihungswissen, dasselbe Wissen wie das unsere. Und dieser Tempel, so wie Salomon ihn erbaute, war ein Abbild des Universums. Er wurde erbaut und verziert aus den kostbarsten Materialien: aus Gold und Silber, aus gefärbten Stoffen und kostbaren Hölzern, die alle eine symbolische Bedeutung hatten.

Ich möchte auch noch ein paar Worte zum Thema von Gut und Böse sagen. Im Laufe meiner Reise durch Indien besuchte ich die Nilgiri-Berge, wo ich zwei außergewöhnliche Völker besuchen wollte: die Toda und die Mulukurumba, von denen einige Schriftsteller, wie zum Beispiel Helena Blavatsky, schon berichteten. Die Toda sind sehr gute, sehr friedliche Menschen. Doch gleich in ihrer Nachbarschaft leben die Mulukurumba, die wirklich – ja –, wirklich die Verkörperung der schwarzen Loge, der Dämonen, des Teufels sind. Sie haben die Fähigkeit, jemanden aus der Ferne nur mit dem Blick zu töten, alle Geschöpfe zu verhexen und alle Tiere in ihren Bann zu schlagen, um sie lebendig einzufangen. Sie haben vor niemandem Angst, außer vor den Toda. Wenn sie einen von ihnen treffen, zittern sie vor Furcht, fallen zu Boden wie Epileptiker, pressen ihr Gesicht in den Staub, beschmieren sich das Gesicht damit und zerkratzen sich den ganzen Körper. Wenn der Toda seines Weges geht, erheben sie sich taumelnd und sie brauchen eine ganze Weile, um wieder zu sich zu kommen. Man fragt sich, weshalb Gott diesen Mulukurumba so unheilvolle Kräfte gegeben hat, und den Toda hingegen die Kräfte, das Böse zu neutralisieren. Und wie kommt es, dass diese beiden Völker, die jeweils die reine Verkörperung des Guten und des Bösen sind, so nahe nebeneinander leben! Doch es ist nicht schwer zu verstehen, es ist genau das, was ich euch gerade erklärt habe!...

Alles im Leben ist auf eine so außergewöhnlich intelligente Weise geschaffen, dass alles, was die Menschen an Gutem ausströmen, in den Raum hinaus strömt und dort Gefäße findet, die es aufnehmen und verdichten: bestimmte Pflanzen, bestimmte Tiere, bestimmte Menschen. Und all das, was feindlich, grausam oder finster ist, wird ebenso als eine Kraft freigesetzt, die an anderen Stellen des Raumes angesammelt wird. Die giftigen Pflanzen sind Gefäße oder Kondensatoren, welche die schlechten Strömungen aufnehmen, die im Raum kreisen. Pflanzen wie die Belladonna zum Beispiel oder der Stechapfel, sind von Gift durchtränkt, weil menschlicher Hass und menschliche Boshaftigkeit sich in ihnen verdichtet haben; diejenigen, die ihnen diese Säfte entziehen können, verwenden sie für das Böse. Andererseits aber sind alle Heilpflanzen und bestimmte Blumen Gefäße, in denen sich die wunderbarsten Emanationen aus Herz und Kopf von Eingeweihten, Heiligen, Schülern und rechtschaffenen Menschen sammeln. Glaubt bloß nicht, dass alles einfach irgendwie verloren geht! … Oh, nein, alles wird auf intelligente Weise überall eingesammelt.

Hierin liegt der Grund dafür, weshalb die Mulukurumba so viel Macht haben, Unglück hervorzurufen: Bei ihnen hat sich die Boshaftigkeit von Millionen von Menschen angesammelt. Und die Bevölkerung um sie herum hat so viel Angst vor ihnen, dass manche es nicht wagen, etwas zu unternehmen, weder Saat noch Ernte, ohne sie zu rufen, um ihnen Geschenke zu machen, damit sie sich einverstanden erklären, ihre Felder zu schützen, weil sonst nichts wachsen würde. Also bringen die Mulukurumba Blutopfer dar mit einem schwarzen Huhn oder irgendeinem anderen Tier, damit die Ernten gut werden. Sie haben außergewöhnliche Kräfte. Es scheint sogar, dass sie weder das

Feuer noch das Ertrinken fürchten. Sie fürchten nur die Toda, denn diese nehmen ihnen ihre Macht, anderen Schaden zuzufügen.

Ihr solltet also begreifen, dass ihr, sobald ihr euch entscheidet, an eurem Lichtleib zu arbeiten, den Willen Gottes zu erfüllen, ein göttliches Ideal zu formen, an der unermesslichen Arbeit für das Reich Gottes teilzunehmen, ihr dann bereits ein Bild im Kopf habt und dabei seid, an ihm zu arbeiten, damit es konkret wird, sich kristallisiert und greifbar wird. Nun, ihr trefft eine Entscheidung und werdet zu einem Gefäß, das sich den giftigen und schädlichen Strömungen des Lebens verschließt und sich nur allen Segen bringenden Strömungen öffnet. Euer eigenes Unterbewusstsein trifft diese Auswahl, ganz einfach, weil ihr euch entschieden habt, zum Ruhme Gottes zu arbeiten. Nach einer Weile empfangt ihr nichts anderes mehr, als die wunderbarsten Elemente der Natur. Sogar die Sterne sind euch wohlgesonnen, die Pflanzen, die Menschen, die Tiere; alles Gute ergießt sich in euch wie in ein Sammelbecken, und ihr werdet zu einem göttlichen und kostbaren Kelch.

Und einige sollten sich nun nicht zu sehr freuen bei dem Gedanken, dass ein oder zwei Monate genügen, um die schwarze Magie zu studieren und sich alle Kräfte anzueignen, die den Menschen schaden, während die Ergebnisse lange auf sich warten lassen, wenn man in der Armee des Lichtes seinen Dienst tut. Natürlich, das ist richtig, es ist viel leichter Böses zu tun als Gutes. Aber warum?… Auch das ist ein Mysterium für euch. Meine Kinder, nicht deshalb, weil das Gute schwach ist und das Böse stark, nein, sondern weil hier auf der Erde die heutigen Bedingungen, so wie die Menschheit sie geschaffen hat, sehr viel günstiger und vorteilhafter für das Böse sind. Ihr wollt etwas Böses tun? Dann sind alle da und damit einverstanden, euch dabei behilflich zu sein. Doch sobald es darum geht, Gutes zu tun, ist das ganz anders; es ist, als sei das Gute gelähmt, narkotisiert, ohne Macht und Kraft. Denn in den niederen Regionen ist das immer so, und die Menschen leben zu sehr in den niederen Regionen. Doch sobald man aus ihnen heraustritt, ist genau das Gegenteil der Fall: Das Böse ist erstickt, gebunden, gefesselt. Wenn man in den höheren Regionen lebt, ist es unmöglich, Böses zu tun, wenn man jedoch Gutes tun möchte, dann geht das ganz von allein.

Ich kann euch ein Beispiel nennen: Nehmt an, es ist Winter, alles ist feucht und mit Schnee bedeckt. Ihr wollt den Wald anzünden, aber nichts zu machen, das Feuer geht nicht an. Im Sommer jedoch, wenn es sehr heiß ist, genügt ein Glasstückchen, das die Sonnenstrahlen bündelt, dass sich alles entzündet. Versucht Feuer zu entfachen, und es wird euch gelingen, es ist, als sei der ganze Wald einverstanden, dass er in Flammen aufgeht, denn die Bedingungen sind günstig. Versucht doch mit Kanonen zu schießen, wenn das Pulver feucht ist, dann wird auch das nicht gehen…, und so weiter. Ihr begreift also, dass auf der Erde das Böse nur stärker ist als das Gute, weil die Menschen ihm die besten Bedingungen geschaffen haben. Doch eines Tages wird alles anders sein, das Gegenteil wird der Fall sein. Das Böse wird sich nicht mehr manifestieren können, es wird keine günstigen Bedingungen mehr vorfinden.

Diejenigen, die sich der schwarzen Magie verschreiben, weil sie meinen, diese würde ihnen im Leben große Dinge ermöglichen, täuschen sich: Sie werden sich selbst verlieren, sie werden schlimm enden und vollständig vernichtet werden. Nimmt der Organismus eine schädliche Nahrung auf, dann stößt er sie wieder aus. Ebenso kann nichts Schädliches lange Zeit im Körper der Natur fortbestehen: Sie spuckt es wieder aus. Nur die Materialien oder Elemente bestehen weiter, die mit ihrem unermesslich großen Körper in Harmonie schwingen. Auf diese Weise werden bösartige Menschen früher oder später aus dem Leben ausgeschieden. Und warum haben diese Menschen die Täuschung akzeptiert? Aus Unwissenheit, ganz einfach; denn niemand hat ihnen erklärt, dass sie nicht nur nichts gewinnen, sondern im Gegenteil auch noch alles verlieren werden. Es ist besser, in der Armee des Lichtes seinen Dienst zu tun. Wenn man für das Licht arbeitet, erzielt man großartige Ergebnisse. Selbst wenn sie nicht augenblicklich sichtbar sind, so sind sie dennoch vorhanden, beständig und unveränderlich. Oben sind sie da, auch wenn man sie noch nicht sieht. Ihr wollt sie auf der Erde sehen? Nein, noch nicht, hier sind sie noch verborgen, aber oben existieren sie schon; und wenn man in die höheren Regionen schauen könnte, würde man feststellen, dass das Gute mächtiger ist als das Böse, genau so wie die Toda mächtiger sind als die Mulukurumba, ganz einfach.

Nur wer in der Reinheit lebt, im Licht, kann sicher sein, dass er eines Tages den Sieg davonträgt. Man darf nicht so denken wie die gewöhnlichen Menschen, die glauben, das Böse sei vorteilhafter: »Engagieren Sie sich für das Gute«, sagen sie, »und Sie werden schon sehen, was Ihnen passiert!« Nun, ja, sie sehen aber nicht all die Vorteile, die am Ende des Weges auf sie warten. Wenn ich »Vorteile« sage, meine ich damit nicht materielle Vorteile. Nein, unter »Vorteilen« verstehe ich das ewige Leben.

Genau das ist es, meine lieben Brüder und Schwestern… Und wenn es noch nicht ganz geklärte Fragen gibt, seid nicht beunruhigt, der Moment kommt, wo alles im Licht offenliegen wird, und ihr werdet Mysterien verstehen, die seit Jahrtausenden im Dunkeln geblieben sind! Geduldet euch und habt vor allem die absolute Überzeugung, dass der Weg, auf dem ihr geht, der wirklich wahre Weg ist. Wenn ihr dauernd zweifelt, wenn ihr gute Entschlüsse fasst, um sie gleich danach wieder fallen zu lassen, dann werdet ihr die Wahrheit niemals finden.

Und wenn sie sich euch eines Tages persönlich vorstellt, werdet ihr antworten: »Nein, nein, das bist du nicht, ich für meinen Teil suche meine eigene Wahrheit!« Und wie sieht »eure Wahrheit« aus? Eine Wahrheit, die euch alle Befriedigungen, Reichtum, Macht, schöne Frauen und Vergnügungen bringt… Nun, dann sucht ihr eine Sklavin, eine Dienerin, ein Mädchen für alles! Doch die Wahrheit ist eine Prinzessin, und ihr müsst ihr dienen. Da man ihr aber nicht dienen will, schickt man sie wieder weg. Und dann antwortet euch einer mit blasiertem Gesicht: »Seit fünfundsiebzig Jahren suche ich schon die Wahrheit!« Manch einer ist vielleicht begeistert von solch einem Greis, der noch immer auf der Suche nach der Wahrheit ist. Ich jedoch nicht, und ich antworte ihm: »Nun mein Herr, ich habe eine ganz schlechte Meinung von Ihnen. « – »Was? Ich suche doch nach der Wahrheit!« – »Eben deshalb; wenn Sie diese während dieser ganzen Zeit nicht gefunden haben, dann spricht das nicht für Sie. Schon mehrere Male stand sie in ihrem Leben vor Ihnen, Sie aber sagten zu ihr: »Nach dir suche ich nicht, du bist eine zu fürstliche Erscheinung; ich suche eine Sklavin, die mich nähren, mir dienen und mich zufriedenstellen soll.«

Wie oft präsentiert sich die Wahrheit und man will nichts von ihr wissen aus diesem oder jenem »guten« Grund. Doch es handelt sich immer um einen Vorwand. Ich sehe den wahren Grund. Warum haben Kinder Angst vor dem Wasser? … Weil es sie waschen wird!

Licht und Friede seien mit Euch!

Lausanne, den 10. April 1960

Teil 3

Die Heimkehr des verlorenen Sohnes

Freier Vortrag

Lesung des Tagesgedankens:

»Im Paradies waren die ersten Menschen wie die Engel, sie besaßen keine individuelle Intelligenz und konnten daher weder frei wählen noch frei handeln; sie waren unschuldig und kannten keine Sünde. Doch das galt für einen gewissen Zeitraum. Damit sie Freiheit und Intelligenz erlangen konnten, brachte Gott sie mit bestimmten Geschöpfen in Kontakt, die im irdischen Paradies lebten und die »Schlange« genannt wurden. Die Schlange sagte dann zu den Menschen: »Wenn ihr auf uns hört, werdet ihr Gott gleich, ihr werdet allmächtig und frei.« Aber natürlich erklärte sie ihnen nicht, wie viele Millionen Jahre sie brauchen würden, um Gott gleich zu werden…

Die ersten Menschen wurden also fortan von diesen luziferischen Geistern unterrichtet, weil es zum Plan Gottes gehörte, dass sie andere Fähigkeiten entwickelten. Auf diese Weise erlernt die Menschheit durch Leid, Krankheit und Tod nach und nach Intelligenz und Freiheit.«

Der Gedanke, den ich euch gerade vorgelesen habe, erscheint manchen unverständlich, weil die Dinge in der christlichen Religion im Allgemeinen nicht ganz auf diese Weise erklärt werden:

Man erzählt immer, dass die ersten Menschen Gott ungehorsam waren und aufgrund dieses Ungehorsams aus dem Paradies verjagt wurden, weil das, was sie mit dem Essen der Frucht vom Baum der Erkenntnis des Guten und des Bösen taten, nicht mit den Plänen des Herrn übereinstimmte … Was war diese Schlange, die so schlau zu sprechen wusste und die so viel Wissen besaß, für ein Geschöpf? Warum erlaubte der Herr anderen Geschöpfen (denn die Schlange steht für eine ganze Kategorie von Wesen), im Paradies zu wohnen? Niemand hätte sich im Paradies niederlassen können ohne die Erlaubnis des Herrn. Und Er erschuf die Schlange nur deshalb vor dem Menschen, weil Er Projekte und Pläne hatte. Nichts konnte außerhalb Seines Willens geschehen.

Selbstverständlich weiß ich sehr wohl, dass die Theologen aufschreien würden, wenn ihr ihnen diese Zeilen vorlesen würdet, sogar ihre Haare würden ihnen zu Berge stehen: Ihrer Meinung nach muss man alles, was in den Texten der Bibel steht, wortwörtlich glauben. Aber nein, es gibt viele Dinge, die nur für einen bestimmten Zeitabschnitt geschrieben sind. Und da nun ein neuer beginnt, muss man den Menschen andere Erklärungen geben. Die Geschichte des Sündenfalles ist die Geschichte vom Abstieg des Menschen in die Materie. Und die Frage, die sich stellt, ist, ob einzig und allein die Menschen entschieden haben oder ob Gott in Seinem Kopf bestimmte ferne, wunderbare Pläne hatte, in denen die Menschen dennoch eine gewisse Wahlfreiheit haben sollten: im Paradies zu bleiben oder von dort wegzugehen. Übrigens sagte die Schlange zu ihnen: Ihr könnt bleiben, ihr könnt aber auch nicht bleiben. – Und die Menschen entschieden sich dafür, fern des Paradieses Erfahrungen zu sammeln.

Der Sündenfall ist nichts anderes, als die Wahl der ersten Menschen, Forschungen anzustellen zum Erwerb von Wissen. All das kann man mit dem Bild vom Baum erklären. Nehmt an, die ersten Menschen wären im Gipfel des Baumes angesiedelt worden. Der Gipfel stellt die Blüten dar; sie lebten in diesen Blüten und waren dort in Kontakt mit dem Licht, mit der Wärme, dem Leben, der Schönheit, der Freiheit. Nun stellten sie sich aber einige Fragen: »Was hat es mit diesem Baum auf sich? Woher kommt die Energie und der Saft? Wir sehen einen Stamm, aber weiter unten gibt es noch etwas, was ist das? Wir möchten es gerne kennenlernen.« Und da man die Dinge erforschen muss, wenn man sie kennen will, verließen sie ihre herrliche Wohnstätte, die den Himmel berührte, und stiegen über den Stamm hinab, um zu sehen und zu erforschen. Und nun, da sie sich in den Wurzeln befinden, jammern sie, weil es dort dunkel und schwül ist und sie sich erdrückt fühlen. Nun, das ist ein Zeitabschnitt: die Wurzeln.

Die ersten Menschen wollten den gesamten Baum kennenlernen, und, wie ich euch schon sagte, wenn man etwas kennen will, muss man es erforschen. Nur, wenn der Ort wechselt, wechseln auch die Bedingungen. Adam und Eva lebten zunächst in der göttlichen Welt. Die physische Welt war auch erschaffen, sie existierte, aber sie kannten sie nicht; und um sie kennen zu lernen, gaben sie die göttliche Welt auf. Genau das bedeutet der Sündenfall, das bedeutet es, aus dem Paradies verjagt zu werden. Denn die Erde, auf die sie hinunterfielen, war nicht so feinstofflich, so lichtvoll, so herrlich wie der Himmel: Dort gab es Kälte, Finsternis, Krankheit, Tod, und sie waren gezwungen, das auszuhalten. Sie wollten die Kenntnisse der Schlange besitzen, und da sie sich ihrer Freiheit bedienen konnten, gaben sie sich die Erlaubnis, hinunterzusteigen. Und Gott war nicht wütend, Er war nicht gegen diese Erfahrung, Er hat die Menschen nicht völlig verbannt, im Gegenteil. Er ist immer da, wenn sie zurückkehren wollen. Er wartet auf sie und empfängt sie, um sie in Seine Arme zu nehmen. Sie müssen jetzt nur ihre Experimente beenden, die sie begonnen haben. Und da auf der Erde nicht mehr dieselben Bedingungen herrschen wie oben, gibt es da Schwierigkeiten: Man muss arbeiten, sich abmühen, »im Schweiße seines Angesichtes« sein Brot verdienen, wie es in der Genesis heißt, und die Frau muss unter Schmerzen Kinder gebären.

Die Erde ist also eine Schule, in der man viele Dinge lernt, man könnte sie manchmal sogar als Besserungsanstalt bezeichnen. Aber man darf sich nicht vorstellen, dass Gott auf die Menschen wütend ist, nein, Er wartet auf den Tag, an dem sie zurückkehren wollen. Er ist weitherzig, verständnisvoll, Er gab ihnen die Ewigkeit. Er sagt: »Sie werden eine kurze Zeit leiden, ein paar Millionen Jahre, und danach werden sie zurückkommen und so glücklich sein, dass sie alles vergessen werden. Ihr Geist ist unsterblich; es ist nicht schlimm und nicht schlecht, einige Millionen Jahre zu leiden. Was sind schon ein paar Millionen Jahre angesichts der Ewigkeit?« So denkt der Herr, seht ihr! Er denkt nicht so wie wir, Er hat es nicht eilig. Und während die Menschen darauf warten, dass sie zu Ihm zurückkehren können, lernen sie viele Dinge.

Aber das Wunderbare ist – und ihr wisst es nicht einmal oder vielleicht wisst ihr es ja einfach so, unbewusst – dass das ganze Leben, das wir im Paradies gelebt haben, in unserem Inneren aufgezeichnet ist, wie eine unauslöschliche Erinnerung. Sie ist da, und von Zeit zu Zeit haben wir ein sehnsüchtiges Verlangen nach diesem Leben, eine Erinnerung, und wir erleben in der Schönheit, der Musik und der Poesie von Neuem paradiesische Momente. Dieses Paradies ist im Inneren jeder Menschenseele, denn alle Seelen hielten sich bereits im Paradies auf.

Doch heutzutage ist das Leben, das die Menschen führen, so dicht, dunkel und eng begrenzt, dass sie nicht mehr die Zeit finden, sich zu erinnern; sie leben wirklich in Traurigkeit und Entmutigung und wissen nicht einmal mehr, dass sie diese unbeschreibliche Herrlichkeit schon einmal gekostet haben. Wenn sie sich in eine mystische Lektüre vertiefen oder in erhabene Meditationen eintauchen, wenn ihnen bestimmte

Geschöpfe begegnen, wenn sie manche Landschaften betrachten oder bestimmte Musik hören, dann erwacht etwas in ihnen, eine Erinnerung und sie erleben von Neuem einige paradiesische Momente, sie fühlen sich ermutigt, erhoben und lichterfüllt. Aber leider nehmen sie einige Zeit danach ihre alte prosaische Lebensweise wieder auf, tauchen wieder ein in schwierige Lebensumstände, und alles wird ausgelöscht. Sie vergessen, was sie erlebt haben, und manchmal denken sie sogar: »Das sind Illusionen, man sollte sich nicht damit beschäftigen, man sollte nicht daran glauben.« Das ist schade, eine solche Denkweise, denn diese Zustände sind wahre Erfahrungen, sie spiegeln Realitäten wieder; man muss versuchen, sie festzuhalten, sich mit ihnen zu befassen, um sie immer wieder zu durchleben. Und genau das bringt man euch hier bei: wie man in das Paradies zurückkehrt, wie ihr wieder zu genau dem werdet, was ihr in der fernen Vergangenheit wart, im Schoße des Ewigen.

Und glaubt nicht, dass sich die luziferischen Geister nur im irdischen Paradies aufhielten! Nein, sie folgten dem Menschen, sie stiegen mit ihm hinab auf die Erde, wo sie ihn immer noch unterrichten, um ihn unabhängig und frei zu machen. Gott hatte zu Adam und Eva gesagt: »Wenn ihr vom Baum der Erkenntnis des Guten und des Bösen esst, werdet ihr sterben.« Doch sie sind nicht gestorben. Sie haben davon gegessen und sind doch nicht tot. Denn der Tod, von dem der Herr sprach, das war der spirituelle, geistige Tod. Hätten sie weiterhin nur vom Baum des Lebens gegessen, diesem kabbalistischen Baum, dann hätten sie im ewigen Glück gelebt.

Ich habe euch schon erklärt, dass die Früchte des Lebensbaumes die Eigenschaft hatten, die Materie zu verfeinern, zu verfeinstofflichen, so dass der Mensch, wenn er sich von diesen Früchten ernährte, seinem Körper dessen Leichtigkeit, seine Transparenz und sein Licht bewahrte. Deshalb sagt man, er sei nackt gewesen. Nackt sein bedeutet, keine konkreten, materiellen Hüllen zu haben, das heißt, keine Begrenzungen zu haben.

Der Baum der Erkenntnis des Guten und des Bösen hingegen hatte zusammenziehende Eigenschaften, und als Adam und Eva davon kosteten, fing ihr Körper an, sich zu verdichten. In diesem Augenblick sahen sie sich nackt und verbargen sich. »Nackt« bedeutet hier arm, elend, ohne alles, ihres Lichtes beraubt; deshalb schämten sie sich. Es wird berichtet, dass der Herr dann im Garten spazieren ging. Da Er sie nicht sah, rief er nach ihnen. Ihr kennt die weitere Geschichte: Der Mann beschuldigte die Frau und die Frau beschuldigte die Schlange; so läuft das immer im Leben: Man beschuldigt ständig jemand anderen, um sich zu rechtfertigen.

Nun, wenn man sich mit diesem Teil des Berichtes in der Genesis, der sich mit Adam und Eva beschäftigt, kritisch auseinandersetzen will, wird man viele dunkle und unverständliche Einzelheiten finden. Warum erwähnt Moses nicht die anderen Bäume des Paradieses mit ihren Tugenden und guten Eigenschaften, sondern nur den Baum des Lebens und den Baum der Erkenntnis des Guten und des Bösen? Wo befand sich dieses Böse und worin bestand es? Wie lebten die ersten Menschen unter den Tieren, die wir heute als Raubtiere bezeichnen? Wie waren die Beziehungen zwischen Adam und Eva? Stellte sich ihnen die Frage der Sexualität? Da sie reproduzierende Organe besaßen, warum bedienten sie sich ihrer dann nicht? Sie lebten rein und keusch; was praktizierten sie also, um rein und keusch zu bleiben? Welche Rolle spielte dabei der Baum des Lebens? Und warum musste die Frau nach dem Sündenfall unter Schmerzen gebären? Hatten sie im Paradies nicht das Recht, Kinder zu zeugen? Wer hat sie diesbezüglich unterrichtet? Und warum waren Abel und Kain so verschieden? Wer war der Vater von Kain, und wer von Abel? Und wo fand Kain Frauen auf der Erde, als er verjagt wurde, nachdem er seinen Bruder Abel getötet hatte? Es wird nirgendwo erwähnt, dass es andere Frauen auf der Erde gab … Und wie kommt es, dass Moses den Herrn als ein Wesen darstellte, das so wenig Hellsicht besaß, dass Er den Ungehorsam der ersten Menschen nicht vorhersah? Und anschließend, als sie sich versteckten, nachdem sie die Frucht gegessen hatten, musste Er sie auch noch rufen, damit er wusste, wo sie waren, und sie fragen, was sie getan hatten? Und warum hat Er, der so vollkommen war, nicht auch die ersten Menschen vollkommen erschaffen? … Und wie kommt es, dass Er die Schlange, die Eva verführen sollte, im Paradies wohnen ließ? Wenn doch die Schlange das Böse symbolisiert, warum hat Er ihr dann erlaubt, an diesem idealen und reinen Ort zu wohnen? Und da der Herr alle Dinge erschaffen hat, und die Schlange das Böse ist, warum soll Er dann gegen das Böse kämpfen? Und außerdem, wie kommt es, dass es Ihm seit Millionen von Jahren nicht gelingt, es niederzuringen und dass Er den Menschen braucht, um ihm dabei zu helfen? Wenigstens ist die Kirche dieser Meinung…

Wenn ich mich mit all diesen Fragen befassen und sie beantworten würde, könnte ich euch unglaublich viele Dinge erzählen, die beweisen würden, dass Moses das wahre Einweihungswissen besaß. Nur, es ist sehr heikel, sich an die Auslegung einer solchen Frage zu machen. Der Himmel hat mir zu diesem Thema wunderbare Dinge offenbart, und selbst wenn ich sie euch nicht vollständig übermitteln kann, so kann ich euch doch sagen, dass die Schlange die Schlange der Weisheit war, es war nicht die Schlange des Bösen, weil im Paradies nichts Böses existieren konnte. Erst danach, als die Schlange »hinabgestiegen« ist, verlor auch sie ihre Weisheit und fing an zu beißen. Das Symbol der Schlange hat eine zweifache Bedeutung: die Schlange der Weisheit und die Schlange des Bösen, ich habe schon darüber gesprochen.

Was ihr euch nun von dem Tagesgedanken merken solltet, den ich euch gerade vorgelesen habe, ist, dass der Mensch verschiedene Zustände durchlaufen, einem langen Weg folgen muss. Solange er in der göttlichen Welt lebte, hätte er dort ewig bleiben können, doch mit dem Beginn des Abstiegs muss er nun auch bis zum Ende gehen und alle Etappen durchlaufen, bevor er wieder hinaufsteigen kann. Stellt euch vor, ihr seid auf dem Gipfel eines Berges: Wenn ihr vernünftig seid und acht gebt, dass ihr nicht ausrutscht, dann fallt ihr auch nicht hin und könnt so lange dort oben bleiben, wie ihr wollt. Kommt ihr aber ins Rutschen, dann müsst ihr einen vorherbestimmten Weg über Felsen und Dornen entlanggleiten und lauft sogar Gefahr, in einen Abgrund zu stürzen. Ab dem Moment könnt ihr nichts mehr beeinflussen, ihr habt einen Mechanismus ausgelöst und seid nicht mehr frei.

Wenn ihr frei sein wollt, müsst ihr auf dem Gipfel bleiben. Dort oben gehört euch der ganze Raum und ihr seid keinem Wechsel unterworfen, denn in der göttlichen Welt gibt es keine Zeit. Aber hier auf der Erde sind wir Wechseln und verschiedenen Zeitabschnitten unterworfen, wie zum Beispiel den vier Jahreszeiten Sommer, Herbst, Winter und Frühling. Wir sind gezwungen, uns dem zu unterwerfen, uns nach den Gesetzen einer Welt zu richten, über die wir keine Macht haben. Wir sind von ihr abhängig. Als wir uns hingegen in der göttlichen Region befanden, hing alles von uns ab, denn die göttliche Welt besteht aus einer so leichten und formbaren Materie, dass wir alles mit ihr machen konnten, was wir wollten.

Ihr denkt vielleicht, es läge ein Widerspruch darin, weil ich euch gerade sagte, dass die Menschen im Paradies weder über Freiheit noch Intelligenz verfügten. Das ist sehr schwierig zu erklären. Im Paradies waren die Menschen wie die Engel. Wenn man die Menschen mit den Engeln vergleicht, glaubt man natürlich sie seien frei, weil sie über Kräfte und Qualitäten verfügen, welche die Menschen nicht besitzen, aber im Vergleich zum Herrn sind sie nicht frei, sie sind die absoluten Diener Seines Willens. Obwohl sie außergewöhnliche Möglichkeiten haben, verfügen sie über keinerlei Freiheit in Bezug auf den Herrn. In diesem Sinne kann man sagen, dass die Menschen im Paradies nicht frei waren, weil sie mit dem Herrn so verbunden waren, dass sie alle Seine Wünsche erfüllten: Sie lebten gemäß der Schönheit und der Herrlichkeit, die Gott überall offenbarte. Tatsächlich aber waren sie freier, freier als wir heute; sie waren jedoch unfrei insofern, als dass sie sich dem Licht, der Güte und dem Willen Gottes auf keinen Fall entziehen konnten.

Doch ich wiederhole es, das ist eine Frage, die sehr schwer zu erklären ist, weil wir in einer dreidimensionalen Welt leben, wo es beinahe unmöglich ist, die Realitäten der vierten oder der fünften Dimension zu erklären. Versuche ich es euch zu erklären, gelingt es mir nicht. Aber erkläre ich es nicht, dann ist es klar in meinem Kopf, ich weiß genau, wie es ist. Aber ja, ich bin genau wie der Mathematiker, den eine Dame bat, ihr zu erklären, was ein Punkt ist. Er antwortete ihr: »Meine Dame, wenn sie mich danach fragen, weiß ich nicht, was er ist, wenn sie mich aber nicht fragen, dann weiß ich es ganz genau.« Und ich meinerseits antworte euch: »Wenn ihr mir mit der Frage auf die Nerven geht, was die Ursünde ist, dann weiß ich es nicht, aber wenn ihr mich nicht fragt, wenn ihr nett seid und mich in Ruhe lasst, dann weiß ich es ganz genau!« Übrigens wisst auch ihr es, aber dieses Wissen ist so weit in den Tiefen eures Wesens vergraben, dass ihr nicht einmal vermutet, dass ihr überhaupt solch ein Wissen haben könntet. Ich hingegen lasse es nie in Ruhe, ständig berühre ich es, bringe ich es in Bewegung, steche ich hinein, damit es ein klein wenig hervorkommen kann. Und wenn es dann genug hat von mir, dann lässt es von Zeit zu Zeit ein paar kleine Teilchen entschlüpfen. Auch ihr besitzt dieses selbe Wissen. Nur, damit es einem gelingt, es zu berühren, muss man ihm viel mehr Zeit widmen, als ihr das tut.

Solange ihr euch auf prosaische Beschäftigungen einlasst, bleibt dieses Wissen natürlich verborgen, und ihr könnt euch seine Existenz nicht vorstellen. Denkt ihr aber von Zeit zu Zeit daran, euch zu sammeln, zu meditieren, zu beten, dann dringt ihr in die Tiefen eures Wesens vor und könnt dort ein paar Bruchstücke dieses Wissens hervorholen, bis zu dem Tage, an dem es sich endgültig in euch niederlässt. Das ist die wahre Erleuchtung: der Augenblick, in dem man sich erinnert, in dem man das ewige Wissen wiederfindet, das man in seinem Inneren besitzt. Meine lieben Brüder und Schwestern, hört mir gut zu, ihr befindet euch einer wunderbaren Wirklichkeit gegenüber, mit der ihr euch befassen müsst, damit ihr sie erkennt. Wenn ihr dem aus dem Wege geht, wenn ihr ständig in gewöhnliche, triviale, irdische Beschäftigungen eintaucht, so bleibt für euch diese Wirklichkeit immer fern, unsichtbar, unbekannt, und ihr seid schwach, kümmerlich und unglücklich.

Nun, so viel zum Wesentlichen dieser Seite, die ich vorgelesen habe. Ich habe so viel gesagt, wie mir erlaubt ist euch zu sagen. Man darf sich nicht vorstellen, dass die Geschichte des Menschen einfach so ablaufen konnte, ohne das Einverständnis des Herrn, und dass nichts, weder sein Ungehorsam noch die Wechselfälle seines Schicksals, nicht schon im Vorhinein vorhergesehen waren. Der Mensch hat sich von Gott entfernt, doch Gott war nicht absolut dagegen, sonst hätte der Mensch sich nicht entfernen können. Alles, was der Mensch tut, geschieht irgendwie auch mit dem Einverständnis von Gott. Und nun wird der Mensch zu Gott zurückkehren. Nach der Involution vollzieht sich die Evolution, oder, wie man es in der Einweihungslehre nennt: die Reintegration, die Wiedereingliederung, die Rückkehr in den Schoß des Ewigen.

Damit ihr seht, dass diese Auffassung nicht im Gegensatz zur Philosophie Jesu steht, sage ich euch, dass sie im Gleichnis vom verlorenen Sohn enthalten ist. Ihr kennt dieses Gleichnis. Ein Sohn hatte sein Elternhaus verlassen, um in ein fernes Land zu gehen, wo er sein ganzes Geld vergeudete. Eines Tages musste er Schweine hüten, um zu überleben, doch man weigerte sich sogar, ihm von den Eicheln zu geben, die die Schweine fraßen, und er hatte Hunger. So erinnerte er sich an das Haus seines Vaters, wo er Essen in Fülle hatte, und er entschloss sich, dorthin zurückzukehren. In dieser Erzählung hat Jesus die Geschichte des Menschen zusammengefasst. Und ihr wisst, wie der Vater seinen Sohn dann empfing. Schon von Weitem sah er ihn kommen und lief ihm entgegen und umarmte ihn, und anschließend ließ er ein fettes Kalb schlachten für ein Fest anlässlich seiner Rückkehr. Genau das habe ich euch gerade erzählt.

Der Herr wartet auf die Rückkehr des Menschen, der die Welt sehen wollte. Er wollte reisen, und warum sollte er daran gehindert werden? Der Herr wusste im Vorhinein, dass er unglücklich sein würde, Hunger und Durst haben würde, dass er leiden würde, weil niemand ihn so sehr lieben würde wie Er, dass er aber anschließend zurückkehren und alles wieder in Ordnung sein würde. Man tut immer so, als sei der Herr wütend gewesen über den Verstoß des Menschen. Ganz und gar nicht, der Herr ließ ihn gewähren, Er hatte Seine guten Pläne, Er sagte: »Früher oder später werden meine Kinder zurückkehren, ich bereite ihnen ein Festmahl vor, bei dem sie sich satt essen können.« Und was ist das für ein Festmahl? Das wird der Leviathan* sein, das Ungeheuer, das auf dem Meeresgrund lebt und von dem es heißt, es werde eines Tages in Stücke geschnitten als Nahrung für die Gerechten. Was für wunderbare Dinge warten auf euch, meine lieben Brüder und Schwestern, wenn ihr euch am Leviathan satt esst! Und da ich mit euch zusammen an diesem Festessen teilnehmen werde, werde auch ich mir Stück um Stück davon nehmen. Freut euch darauf, ja, welch schöne Zukunft erwartet uns!

Bonfin, den 8. September 1974

* Über das Symbol des Leviathan siehe Band 5 der Reihe Gesamtwerke »Die Kräfte des Lebens«, Kap 4 »Der Kampf mit dem Drachen«.

Vom selben Autor

Taschenbuch-Reihe Izvor

200 Hommage an Meister Peter Danov
201 Auf dem Weg zur Sonnenkultur
202 Der Mensch erobert sein Schicksal
203 Die Erziehung beginnt vor der Geburt
204 Yoga der Ernährung
205 Die Sexualkraft
206 Eine universelle Philosophie
207 Was ist ein geistiger Meister?
208 Das Egregore der Taube – Innerer Friede und Weltfrieden
209 Weihnachten und Ostern in der Einweihungslehre
210 Die Antwort auf das Böse
211 Die Freiheit, Sieg des Geistes
212 Das Licht, lebendiger Geist
213 Die menschliche und göttliche Natur in uns
214 Liebe, Zeugung und Schwangerschaft
215 Die wahre Lehre Christi
216 Geheimnisse aus dem Buch der Natur
217 Ein neues Licht auf das Evangelium
218 Die geometrischen Figuren und ihre Sprache
219 Geheimnis Mensch.
220 Der Tierkreis, Schlüssel zu Mensch und Kosmos
221 Alchimistische Arbeit und Vollkommenheit
222 Die Psyche des Menschen

223 Geistiges und künstlerisches Schaffen
224 Die Kraft der Gedanken
225 Harmonie und Gesundheit
226 Das Buch der göttlichen Magie
227 Goldene Regeln für den Alltag
228 Einblick in die unsichtbare Welt
229 Der Weg der Stille
230 Die Himmlische Stadt
231 Saaten des Glücks
232 Feuer und Wasser - Wunderkräfte der Schöpfung
233 Eine Zukunft für die Jugend
234 Die Wahrheit, Frucht der Weisheit und der Liebe
235 Im Geist und in der Wahrheit - Wie finde ich zu Gott
236 Weisheit aus der Kabbala
237 Das kosmische Gleichgewicht - Die Zahl 2
238 Der Glaube versetzt Berge
239 Die Liebe ist größer als der Glaube
240 Söhne und Töchter Gottes
241 Der Stein der Weisen
242 Unerschöpfliche Quellen der Freude
243 Das Lächeln des Weisen
244 Dem Licht entgegen

Vom selben Autor

Reihe Gesamtwerke

1 Das geistige Erwachen
2 Die spirituelle Alchimie
3 Die beiden Bäume im Paradies
4 Das Senfkorn – Symbole im Neuen Testament
5 Die Kräfte des Lebens
6 Die Harmonie
7 Die Reinheit, Grundlage geistiger Kraft
8 Sprache der Symbole, Sprache der Natur
9 »Im Anfang war das Wort«
10 Sonnen-Yoga (Surya-Yoga) – Die Herrlichkeit von Tiphereth
11 Der Schlüssel zur Lösung der Lebensprobleme
12 Die Gesetze der kosmischen Moral
13 Die neue Erde
14/15 Liebe und Sexualität (Doppelband)
16 Alchimie und Magie der Ernährung – Hrani-Yoga
17/18 Erkenne Dich selbst – Jnani Yoga (Doppelband)
19-22 *Wird nicht ins Deutsche übersetzt*
23/24 Eine neue Religion (Doppelband)
25/26 Der Wassermann und das Goldene Zeitalter (Doppelband)
27 Die Pädagogik in der Einweihungslehre, Band 1
28/29 Die Pädagogik in der Einweihungslehre, Band 2 und 3 (Doppelband)
30/31 Leben und Arbeit in einer Einweihungsschule
32 Die Früchte des Lebensbaums

Vom selben Autor

Reihe Broschüren

301 Das neue Jahr
302 Die Meditation
303 Die Atmung
304 Der Tod und das Leben im Jenseits
305 Das Gebet
306 Musik und Gesang im spirituellen Leben
307 Das hohe Ideal
308 Das Osterfest – Die Auferstehung und das Leben
309 Die Aura – Unsere geistige Haut
310 In die Stille gehen
311 Wie Gedanken sich in der Materie verwirklichen
312 Die Reinkarnation
313 Das Vaterunser
314 Das Gesetz der Gerechtigkeit und das Gesetz der Liebe
315 Die Quelle des Lebens
316 Die Nahrung, ein Liebesbrief des Schöpfers
317 Die Kunst und das Leben
318 Die wesentliche Aufgabe der Mutter während der Schwangerschaft
319 Die Seele, Instrument des Geistes
320 Menschliches und göttliches Wort
321 Weihnachten und das Mysterium der Geburt Christi
322 Die spirituellen Grundlagen der Medizin
323 Meditationen beim Sonnenaufgang
324 Der Friede, ein höherer Bewusstseinszustand
325 Das Ideal des brüderlichen Lebens
326 Die ganze Schöpfung wohnt in uns
327 Der Preis der Freiheit

Vom selben Autor

Reihe Stani

Omraam Mikhaël Aïvanhov hat in seinen Vorträgen viele praktische Übungen und Methoden empfohlen, die den Menschen helfen, ihren Alltag sinnvoll zu bereichern. Diese Übungen sind erprobt, wirksam, einfach und leicht im Alltag integrierbar. Ihr Ziel ist es, die Gesundheit von Körper, Seele und Geist des Menschen zu fördern und ihn in seiner Weiterentwicklung zu unterstützen. Die Bücher enthalten anschauliche Farb-Abbildungen, Fotos, Tabellen und Diagramme, welche das Verständnis und die Umsetzung der Übungen noch erleichtern.

904 Die Messe und die Sakramente
905 Die Gymnastik-Übungen – Sinn, Ablauf und Entsprechung zu heiligen Symbolen (mit DVD)
906 Erhebende Gedanken – Die Meditation
907 Das Licht und die Farben – Kräfte der Schöpfung
908 Vom Sinn des Betens – Erklärung und Gebete

E-Books

Die meisten Bücher von Omraam Mikhaël Aïvanhovs sind auch als E-Book erschienen.

Die E-Books sind in verschiedenen Formaten erhältlich und auf jedem E-Reader lesbar. Sie stehen bei weltweit fast 1.000 Handelspartnern zum Download bereit, z. B. bei:

Amazon, Apple, Thalia, Hugendubel, Osiander, Weltbild, Bücher.de, Orell Füssli, Buchhandel.de, Legimi, Kobo, Ebook.it und vielen weiteren…

Reihe »Gedanken für den Tag«

Das Taschenbuch »Gedanken für den Tag« enthält für jeden Tag des Jahres ein Zitat von Omraam Mikhaël Aïvanhov als geistige Anregung und Begleiter für den Alltag. Es ist eine gute Meditationshilfe und auch als Geschenk bestens geeignet. Das Buch erscheint jährlich mit neuen Texten und ist einer unserer Bestseller. Ausgaben aus vergangenen Jahren sind ebenfalls noch erhältlich (solange Vorrat reicht).

Auf unserer Internet-Seite können Sie alle Tagesgedanken von 2005 bis 2019 lesen (www.prosveta.de, www.prosveta.ch, www.prosveta.at). In diesen mehr als 5.000 Tagesgedanken können Sie mit Hilfe der Suchfunktion nach Themen oder Begriffen Ihrer Wahl suchen.

Abschließende Information

Es kann ein kostenloser Katalog bei uns angefordert werden, der alle Werke von Omraam Mikhaël Aïvanhov enthält.

Bestellen können Sie im Verlag oder im Buchhandel. Wenn Sie ein Buch in Ihrer Buchhandlung nicht erhalten, ist es im Verlag in der Regel dennoch lieferbar.

Ausführliche Informationen über den Autor Omraam Mikhaël Aïvanhov, sein Leben und sein Werk erhalten Sie zum Beispiel auf der Internetseite www.aivanhov.de.

Verlage und Auslieferungen

Hauptverlag:
Editions Prosveta S.A. – 1277, Av. Jean Lachenaud – 83600 Fréjus
Tel. 04 94 19 33 33, contact@prosveta.fr, www.prosveta.fr

Verlage und Auslieferungen international:

AUSTRALIEN

PROSVETA AUSTRALIA
108 Grand Ocean Boulevard
Port Kennedy WA 6172
Tel. (61) 8 9594 1145
prosveta.au@aapt.net.au

BELGIEN UND LUXEMBURG

PROSVETA BENELUX
Chaussée de Merchtem 123
1780 Wemmel
Tel. (32) 2 460 108 53
prosveta@skynet.be,
www.prosveta.be

BENIN

ETS Evera-Librairie
Abomey-Calavi
Tel. +229 977 759 50, etsevera@gmail.com

BOLIVIEN

VIRGINIA BELTRÁN
Reemanso 2 Núrnero
9080 Santa Cruz – Bolivia
mavibel@gmail.com

CHILE

AGRUPACIÓN VEHADI
Paula González Morel
Tel. +56 982 948 670 / 998 901 258
vehadi.chile@gmail.com

DEUTSCHLAND

PROSVETA VERLAG GMBH
Grabenstr. 14, 78661 Dietingen
Tel. +49 7427 3430, kontakt@prosveta.de
www.prosveta.de

ENGLAND UND IRLAND

PROSVETA, THE DOVES NEST
Duddleswell Uckfield
East Sussex TN 22 3JJ
Tel. (44) (01825) 712 988
orders@prosveta.co.uk
www.prosveta.co.uk

GABUN

Librairie Tiphéret
BP 1554www.pyrinoskosmos.gr
Libreville
Tel. +241 662 241 35
a.dirat@gabontelecom.ga

GRIECHENLAND

PYRINOS KOSMOS
Egeou 29 – Koropi
G-19400 Athens Attica
Tel. +30 210 360 28 83

HAITI

PROSVETA DÉPÔT HAITI
Angle rue Faustin 1er
et rue Bois Patate #25 bis
6110 Port-au-Prince
rbaaudant@yahoo.com

INDIEN

VIJ BOOKS
2/19 Ansari Road, Darya Ganj
New Delhi 110 002
www.vijbooks.com
vijbooks@rediffmail.com
Tel.: + 91-11-43596460 / 1147340674

BOOK MEDIA (MALAYALAM)
Coondacherry P.O.
Pala, 686579 Kottayam - Kerala
Tel. (+91) 94 47 53 62 40

ISRAEL

prosveta.il@hotmail.com
Hadkeren Publishing House
PO Box 8426
6 108 301 Tel-Aviv – Jaffa
info@hadkeren.co.il - www.hadkeren.co.il

ITALIEN

PROSVETA COOP. A R.L.
Casella Postale 55
06068 Tavernelle (PG)
Tel. (39) 075-835 84 98
prosveta@tin.it, www.prosveta.it

KAMERUN

Librairie Bibliothèque, Vera Book Center
Yaoundé au Carrefour MEEC
BP 17506 Etétak – Yaoundé
Tel. +237 699 959 044 / 694 546 116
verabookcenter@gmail.com

KANADA

PROSVETA INC.
3950 Albert Mines – Canton de Hatley – (QC)
J0B 2C0
Tel. +1 819 564 82 12
prosveta@prosveta-canada.com
www.prosveta.ca

KOLUMBIEN

PROSVETA COLOMBIA
Calle 174 Número 54B
50 Interior 6
Villa del Prado – Bogotá
Tel. (57 1) 6 14 53 85
Tel. 6 72 16 89
Mobil: (57) 311 8 10 25 42
prosveta.colombia@hotmail.com

KONGO

Librairie Providence
19 Rue Maleke Moukondo (Mfilou)
Brazzaville
Tel. +242 066 193 927
librairieprovidence2021@gmail.com

LETTLAND

Cilveka Pasatjaunosanas, biedriba
Ravija Astahova
Anniņmuižas bul. 43 – 135
Riga, Latvija LV-1069
Tel. +371 292 93298
ravija@inbox.lv

LIBANON

PROSVETA LIBAN
P.O. Box 90-995
Jdeitet-el-Metn, Beirut
Tel. (03) 448560
prosveta_lb@terra.net.lb
www.prosveta-liban.com

LITAUEN

LEIDYKLA MIJALBA
Gedimino G 26 B – 44319 Kaunas
Tel. 370.687 8760
info@mijalba.com
www.mijalba.com

NEUSEELAND

PROSVETA NEW ZEALAND LTD
49 Stottholm Road
Titirangi 0604
Aotearoa New Zealand
Tel. +64 686 727 89 / +64 220 212 414
johnson.susan34@gmail.com
www.oma-books.co.nz

NIEDERLANDE

STICHTING PROSVETA NEDERLAND
t.a.v. K. Laan
Zeestraat 50
2042 LC Zandvoort
Tel. +31 235 716 473
laan@prosveta.nl, www.prosveta.nl

NORWEGEN

PROSVETA NORDEN
Postboks 150 Sentrum
N-0102 Oslo
Tel. (47) 90 27 43 33
info@prosveta.no, www.prosveta.no

ÖSTERREICH

HARMONIEQUELL VERSAND
Ulmenweg 8, A 5302 Henndorf
Tel. und Fax +43 6214 7413
info@prosveta.at, www.prosveta.at

PERU

Contact Prosveta
Viviana Hermosa Mattos
Tel. + 51 999 355 919
vivihermosa@gmail.com

POLEN

Księgarna – Galeria Nieznany Świat
00-062 Warszawa
Tel. +48 506 063 920, www.nieznany.pl

Instytut Wiedzy Waleologicznej (IWW)
62-064 Plewiska
Tel. 605 030 642, www.krainazdrowia.com.pl

PORTUGAL

PUBLICAÇÕES MAITREYA
4100 - 027 Porto
flora@publicacoesmaitreya.pt

RUMÄNIEN

EDITURA PROSVETA SRL
Str. N. Constantinescu, Nr. 10, Bloc 16A
71253, Bucarest
www.prosveta.ro

RUSSLAND

EDITIONS PROSVETA
Elena Jitniouk
ul. Partizanskaya, d.22, kv. 87
Moskow 121351
Tel. +8 903 795 70 74
prosveta@prosveta.ru,
www.prosveta.ru

SCHWEIZ

ÉDITIONS PROSVETA
Société coopérative
Chemin de la Céramone 13
1808 Les Monts-de-Corsier
Tel. +41 21 921 92 18
prosveta@prosveta.ch
www.prosveta.ch

SERBIEN

EDITION BABUN D.O.O.
Ana Bešlić, Tel. +381653193913
babun.info@gmail.com

Izdavačko Preduzeće Paleja D.o.o
(Editions Paleja), Željko Mojsilović
Put za Trešnju 1. deo br. 9, Ripanj
Beograd, Tel. +381 653 433 857
info@svetlostknjige.com

SPANIEN

ASOCIACION PROSVETA ESPAÑOLA
C/ Diputacio, 385 local bajos 2
SP-08013 Barcelona
Tel. (+34) (93) 412 31 85
aprosveta@prosveta.es
www.prosveta.es

TSCHECHISCHE REPUBLIK

PROSVETA
Ant. Sovy 18
370 05 České Budějovice
Tel. +420 723 581 030
prosveta@iol.cz / info@omraam.cz
www.omraam.cz

TOGO

Le Livre SARL
Rue Kedjessinawe Tokoin Novissi
BP 1723 - Lomé Togo
Tel. +228 900 483 73
Tel. +228 982 959 58
lelivre1@yahoo.fr

TÜRKEI

Hermes Yayinlari
hermeskitap@gmail.com
www.hermeskitap.com

USA

WELLSPRING OF LIFE
404 N Mount Shasta Blvd # 320
Mount Shasta CA 96067, USA
Tel. +1 530 918 33 91
wellspringsoflife@mail.com
www.prosveta-usa.com

VENEZUELA

PROSVETA VENEZUELA C. A.
Tel. +58 412 904 89 94 / +58 414 134 75 34
prosvetavenezuela@gmail.com
www.prosvetavenezuela.com

Wenn Sie sich für Veranstaltungen interessieren, in denen die Lehre von Omraam Mikhaël Aïvanhov vertieft werden kann, wenden Sie sich bitte an eine der folgenden Adressen:

Deutschland
UWB e.V.
www.aivanhov.de, info@aivanhov.de

Schweiz
FBU, Chemin de la Céramone 13, 1808 Les-Monts-de-Corsier
Telefon 021 925 40 80, www.videlinata.ch

Österreich
UWB, Telefon 01 27 698 32
Internet: www.uwb.at, E-Mail: info@uwb.at